潘明明　徐　峰　主编

汽车故障诊断方法与案例

图解版

化学工业出版社

·北京·

本书结合现代汽车维修作业的先进理念，并借鉴了企业员工培训的内容编写。书中按汽车故障现象编排的方法，分为汽车发动机、底盘、电气设备、总线系统几部分，详细介绍了汽车使用过程中出现的具有普遍性、典型性的故障现象、产生的主要原因、诊断流程，并采用了大量图片和诊断流程图，内容通俗易懂，可以有效增强实际诊断能力。书中最后一章列举了大量典型实例，并配有维修人员对维修的总结和感悟，可供在学习了前面诊断方法之后，通过实际案例巩固知识，开阔思路。

本书适合汽车维修技术人员使用，并适合作为培训教材，还可作为职业院校的教材，也可供车辆评估员、汽车维修接待及维修主管等相关人员学习使用。

图书在版编目（CIP）数据

汽车故障诊断方法与案例：图解版/潘明明，徐峰主编. —北京：化学工业出版社，2018.3
ISBN 978-7-122-31508-3

Ⅰ.①汽… Ⅱ.①潘… ②徐… Ⅲ.①汽车-故障诊断-图解 Ⅳ.①U472.42-64

中国版本图书馆 CIP 数据核字（2018）第 025843 号

责任编辑：韩庆利　　文字编辑：张绪瑞
责任校对：宋　玮　　装帧设计：刘丽华

出版发行：化学工业出版社（北京市东城区青年湖南街 13 号　邮政编码 100011）
印　　刷：北京京华铭诚工贸有限公司
装　　订：北京瑞隆泰达装订有限公司
787mm×1092mm　1/16　印张 10¾　字数 273 千字　2018 年 6 月北京第 1 版第 1 次印刷

购书咨询：010-64518888（传真：010-64519686）　售后服务：010-64518899
网　　址：http://www.cip.com.cn
凡购买本书，如有缺损质量问题，本社销售中心负责调换。

定　　价：39.00 元

《汽车故障诊断方法与案例（图解版）》
编写人员名单

主　　编　潘明明　徐　峰

副 主 编　魏金营　杨光明　姚东伟

编写人员　杨小波　夏红民　卢小虎　满维龙　程宇航　汪倩倩
汪立亮　连　昺　黄　芸　张能武　潘旺林　陈忠民
徐伟平　冯宪民　周　钊　程宇航　邱立功　潘珊珊
陈梅艳　刘兴武　唐亚鸣　韩满林　桂黎红　王治平
江建刚　夏红民　方立友　杨　文　孙　波　王吉华
李树军　姚韵红　程国元

前言

Preface

随着科学技术和汽车工业的迅速发展，汽车电气设备日趋繁杂，不仅用电设备的数量和功率在增大，产品的质量和性能在提高，而且汽车新技术正以惊人的速度发展。汽车的保有量的急剧增长必然带来汽车售后产业的迅速发展，对汽车维修从业人员也提出了更高的要求。汽车故障诊断与排除是汽车维修工作的基本部分，而随着汽车系统的日益复杂，对汽车维修人员诊断技能的要求也越来越高。本书按汽车故障现象编排的方法，详细介绍了汽车使用过程中出现的具有普遍性、典型性的故障现象、产生的主要原因、诊断流程；并针对汽车维修人员的特点，避免了大量的理论和文字，采用了大量图片和诊断流程图，内容通俗易懂，可以有效增强实际诊断能力。本书特点如下。

（1）本书在编写过程中，在内容的安排上遵照循序渐进的原则，文字和图片在分量上更加均衡。

（2）本书在编写过程中，紧密结合汽车技术发展方向，对最新技术进行了更新，特别是加入了 CAN 总线的故障诊断与分析。

（3）本书在编写过程中，参考了大量汽车品牌的售后服务培训资料，内容、形式和体例都有创新。

（4）本书精选了维修企业中部分经典故障诊断与排除实例，这些案例来源于实践中，详细介绍了故障诊断思路和排除方法，并配有维修人员对维修的总结和感悟。

本书深入浅出地把读者领入汽车故障诊断的世界，使其在不知不觉中就学会用逻辑的思想去考虑问题、解决问题，运用先进的故障诊断仪器查找故障。本书非常适合汽车维修初学者发展诊断技能、学习故障诊断和维修方法，并有助于有经验的汽车维修人员进一步改进技能。这正是本书的魅力所在。能诊断出难倒别人的故障，使很多汽车维修人员拥有很强的自豪感，也是汽车维修人员乐于从事与汽车相关工作的原因之一！掌握这种诊断技能除了学习外，还需要有实践经验的积累，要耗费几年时间，但是这很值得。故障诊断工作更像是一个侦探侦破一个棘手的犯罪案件，所有的线索通常就在某处——如果你知道关注哪儿的话。私家侦探福尔摩斯曾说过：当你排除了所有的不可能，那么剩下的，即使不可能，也一定是真相。对一个故障诊断技师而言，这是一个要牢记的伟大想法。

本书结合现代汽车维修作业的先进理念，并借鉴了企业员工培训的内容编写，书中内容既适合汽车维修技术人员使用，又适合企业员工技术培训、职业学校教学使用，还可供车辆评估员、汽车维修接待及维修主管学习使用。其内容与实际结合紧密，并紧跟市场发展，适用面广，且通俗易懂。

由于水平有限，书中疏漏与不妥之处在所难免，恳请读者批评指正。

编　者

目录

Contents

第一章 汽车故障诊断基础知识

第一节 汽车故障诊断流程的确定

一、如何进行故障诊断

故障诊断最关键的要点：

• 准确找出故障的症状。进行故障诊断时，准确找出用户所指出的故障症状是非常重要的。

• 确定推测的故障原因以便找出真正的故障原因。为了准确快速地进行故障诊断，必须进行系统的操作。

推测必须有逻辑和事实作依据：

技师不可依赖没有逻辑支持的第六感觉，凭空想象造成故障的原因。问问自己几个“为什么”是非常重要的。当一个技师对造成故障的原因进行推测时，他必须检查那些支持他推测的所谓“事实”是否存在。为了查找故障的真正原因，技师必须遵循下列循环过程：推测、验证，再推测，再验证。

二、故障诊断流程图

故障诊断流程图主要由五个步骤构成。如果维修员检查车辆时不按照必要的程序操作，则故障很可能变得复杂，最后很可能由于他错误的推测而采取不相干的维修程序。为了避免发生这种情况，在故障诊断时应正确领会这五个步骤。

步骤 1：
验证和重现故障症状。

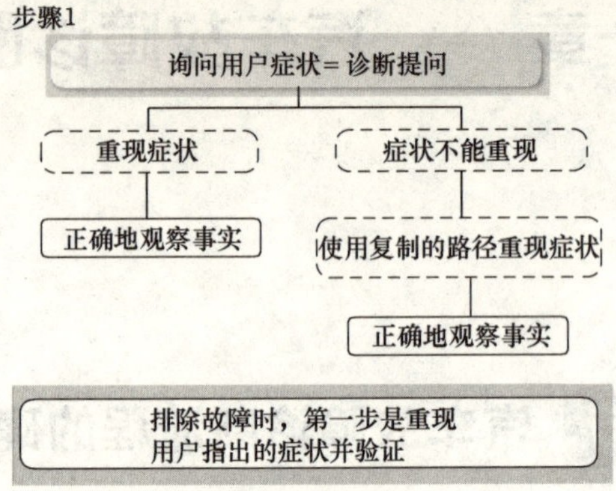

验证和重现故障症状是故障诊断的第一步。

故障诊断中最重要的一个因素是正确地观察用户所指出的实际故障（症状）并以此做出不带任何偏见的、正确的判断。

什么是诊断提问？为了重现故障症状，维修员应该询问用户这种症状在什么条件下出现。

诊断问题	具体的问题
什么	为了重现故障的症状
何时	日期，时间，故障频率
哪里	路况等。
在什么情况下	行驶条件，天气
发生了什么	这些症状是什么样的

步骤 2：

判定这种症状是不是故障。当用户对车的故障提出抱怨时，这种抱怨可能是由很多原因造成的。然而并不是用户所说的所有症状都是故障，但这些症状很可能与车辆特性有关。如果维修员花大量时间去修理一辆实际上并无故障的车，他不仅仅浪费了宝贵的时间，而且会失去用户的信任。

何为故障？

故障是指由于车上某一部分上的某种异常运转所导致的缺陷。

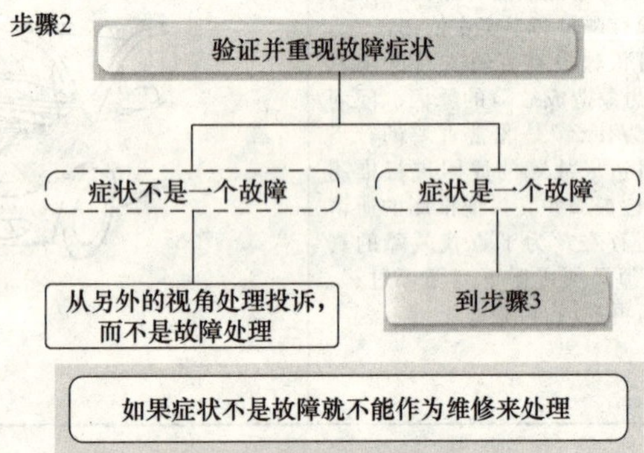

步骤 3：

推测故障发生的原因。

推测故障发生的原因应当在维修员所确定的故障症状基础上系统地进行。

准确推测故障的原因：

• 如果故障反复出现，在这些事件中是否有共同特性。

• 是否是用户的一些使用习惯从而影响车辆的运行。

• 在这之前类似的故障维修的原因是什么。

• 在过去的维修历史中是否有故障的前兆。

• 因此，推测故障的原因必须从大处着手。

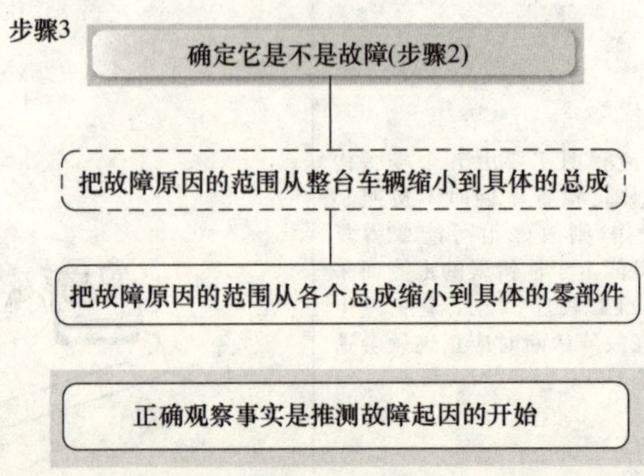

续表

步骤 4： 检查可疑部位找出故障产生原因。 故障诊断是在通过验证（检查）所获取数据的基础上，逐渐寻找故障真正原因的一个反复过程。 检查的要点： • 基于车辆的功能、结构和运行系统检查各项。 • 从检查系统功能开始，逐渐缩小到检查单个零部件。 • 充分利用手持式测试仪（所测数据有利于诊断分析）。	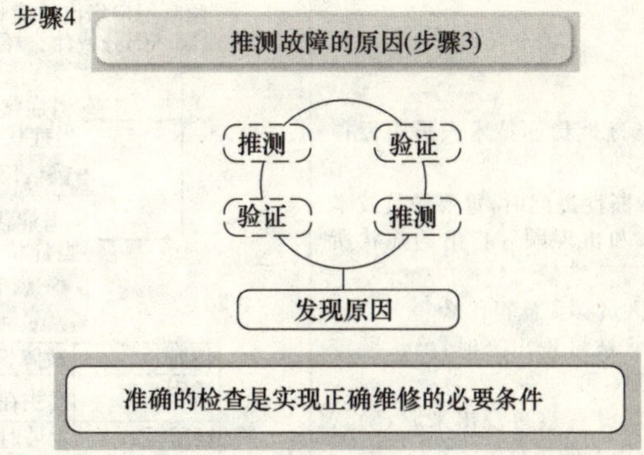
步骤 5： 避免类似故障再次发生。 只有当故障顺利排除，并消除了用户担心类似故障再次发生的心理才意味着此次修理大功告成。 避免类似故障再次发生的几个要点： • 它是一个单独的故障还是一个由于其他部件引起的联锁故障？ • 是由于零部件的寿命吗？ • 是否由于不适当的维修保养？ • 是否由于不恰当地处理和操作？ • 是否由于不适当的使用？	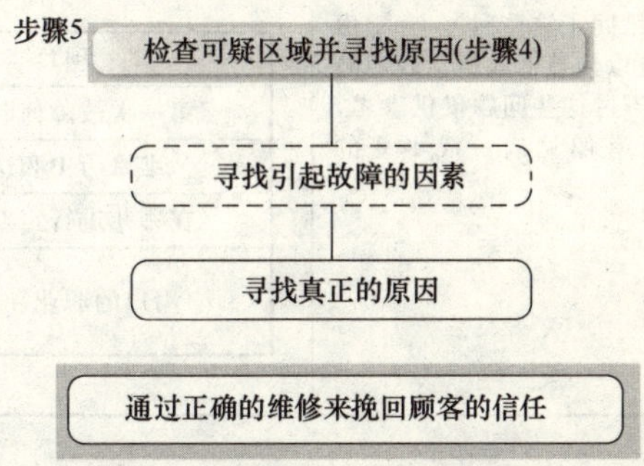

第二节　汽车故障诊断的基本技能

一、诊断性提问

诊断性提问必须包括询问顾客症状发生时的情况以再现那些症状。

1. 技术员在进行诊断性提问时必须记住什么 • 不要使用术语，不用顾客不熟悉的话语说话。 • 用实际的事例询问顾客，使顾客能容易地进行回答。 例如： 什么地方：是左前轮吗？ 什么时候：是在什么时候驾驶时？ 做什么操作：如果你踩下制动器，你能听到声音吗？ 怎样：能听到刺耳尖声吗？ 从什么时候开始的：症状从何时开始？	

续表

2. 关于诊断性提问技术人员应懂得些什么

在进行诊断性提问时，重要的是技术员完全理解和再现顾客指出的症状所需要的条件。

(1)技术人员必须懂得什么

• 当症状被再现出来时：确认顾客的请求和要求

• 当症状没有被再现出来时：确认再现症状所需要的条件

(2)技术人员应当询问顾客什么以作参考

如果他预先已问了这些问题，有一份问题清单，它可以使技术人员比较容易地排除故障。不过这些问题仅供参考，技术人员不应有偏见或一成不变的想法。

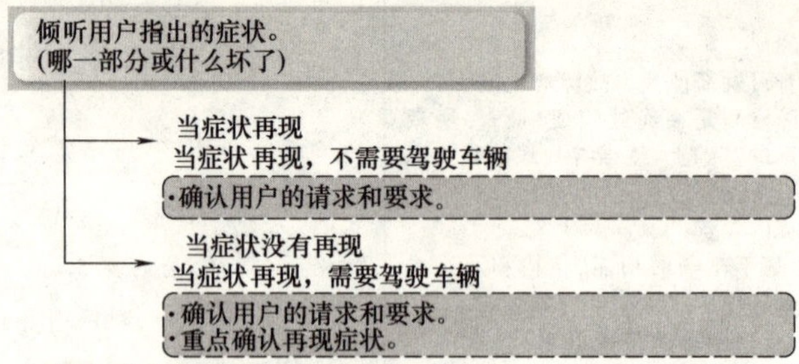

何时	故障发生的时间
诱因	发生在早上，冷天发动机发动后，汽车行驶××公里后
场所	上坡时，急转弯时，在十字路口时等
如何	轻推制动器，突然加速，等
频率	一个月一次，一个星期一次，一天一次，等

项目	使用的信息
第一次故障何时发生	作为背景信息评估故障原因
维修历史和情况	
在哪儿进行定期维护	
用户的职业和年龄	作为了解顾客的社会常识的依据

诊断问题	具体的问题	可以理解的信息
症状	—症状发生时有什么感觉 —是否与其他故障有关联	—用户的要求
何时，哪种气候	—症状发生在什么时间	—根据日期与时间，可以推测当时的天气和温度
部位	—经常发生故障的部位	—根据故障出现的位置距离和时间，可以推测发动机的暖机状态 —根据地形，可以推测出发动机负荷和发动机转速
在什么情况	—发动机失速的情况 —是否在实施制动期间 —是否在减速状态 —是否在开始减速时 —发动机失速或迟缓的情况 —是否开始加速时 —如何踩压加速踏板 —如何放开加速器 —症状发生时，在哪一个挡位 —是否在超车加速时 —是否在初速度或最高速度时 —空调是在开通还是关闭状态	—用户的习惯性操作状态 —可以推测故障出现时的车辆状态
其他	—频率	

诊断问题	具体的问题
哪种功率不足	—加速性不良 —爬坡不良 —与其他型号的相比较
自从何时，场合	—计时 —时段 —天气 —频率
位置	—顾客感到功率不足的位置
哪一种传动方式	开始加速时 —如何踩压加速踏板 —如何放开加速器 超车加速时 —初速度 —如何踩压加速踏板 —最后加速时 使用重负载时 —如何踩压低加速踏板 —发动机转速 —驾驶速度 —变速箱挡位
其他	—车辆状态 —空调是在开通还是关闭状态 —燃料类型

二、再现症状

当技术人员再现故障时的考虑方法。当技术人员试图再现顾客指出的症状时，他必须记住下面各点。

• 为了正确地进行故障诊断，重要的是根据从诊断性提问中得到的信息，创造出与症状发生时相符合的条件和情况。

1. 通过路试确认症状

• 这项试验应当根据诊断性提问得到的信息和ECU的定格数据，按照症状发生时的条件进行。

提示

如可能，最好与顾客一起进行路试。

2. 汽车停止后的再现法

该项试验是在汽车停止后进行的，以便再现其再现性不明显的症状或在行驶中发生的症状。

(1)检查诊断代码

当故障代码被输出时，如果故障代码被显示出来，则应关注与该代码有关的症状以便使用再现法再现症状。

当正常代码被输出时，如果代码是正常的，则应注意诊断程序没有检测到的执行机构并用再现法再现症状。

(2)再现法

维修人员根据车主指出的症状状况，通过使用一定的方法和手段使症状再现的方法。根据症状发生的条件应综合几种方法来进行再现。

三、判断症状是否是故障

当用户抱怨时，重要的是确定故障原因是车辆本身，还是顾客的使用，或者是两者兼而有之。

还有必要判断顾客的车辆性能是否与顾客的要求相一致，方法是用它与另一辆相同型号的汽车进行比较。如果性能水平相等，几乎不可能消除抱怨的原因，因此技术人员应作出判断，抱怨不是故障症状引起的，而是顾客的期望，并从另一个视角去处理它。如果性能水平大大差于另一辆相同型号的汽车的性能水平，技术人员应判断抱怨是一种故障并进行故障排除。

当技术人员将顾客的车辆与另一辆相同型号的车辆进行比较时：

- 行驶条件应当是一样的。
- 如果技术人员不能判断是否有故障，应当同几个同事商量，进行评价并作出决定。

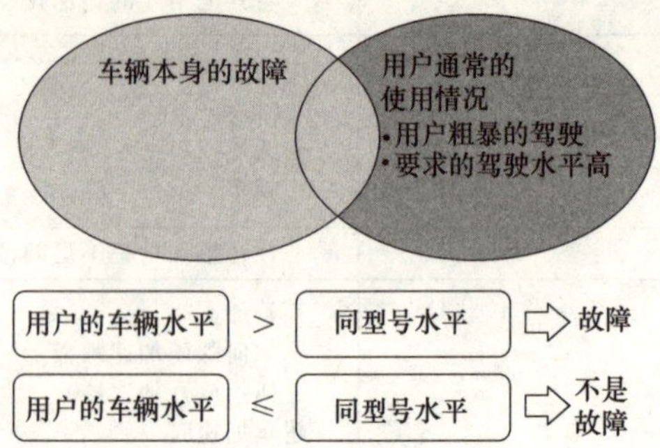

四、故障排除

1. 概述

为了排除故障所做的检查，除了已经学过的检查方法之外，还需要一种识别故障位置的方法。当排除故障时，要将几种检查综合起来进行推测以找出原因。

- 再现法。
- 诊断性检查。
- ECU 数据检查。
- 发动机转动阻力检查。
- 发动机启动状况检查。
- 点火、预热系统检查。
- 燃油系统检查。
- 压缩系统检查。
- 断缸检查。
- 空燃比检查。
- 活塞环/气门导管漏油损失检查。
- 排气状况检查。
- 端子接触压力检查。

2. 再现法

技术人员应根据产生顾客指出的症状的状况，通过使用一种方法来进行故障再现。根据症状发生的条件，应通过综合几种方法来进行再现。

(1)施加振动

(2)加热和/或制冷

(3)淋水

(4)施加电负荷

提示

在进行这个程序的过程中，如果接头无意中脱开或连接起来，接触状况有所改变，症状可能再现不出来。在症状通过再现被确认之前，不要试图脱开和连接接头。在症状已被确认，技术人员能够进行故障排除之前，接头不应当被脱开和连接起来。

如果当技术人员振动电气配线，或加热或制冷部件时症状被再现出来，原因就能判断在那里。在这种情形下，进行再现法，同时测量电压以确定故障是否在规定电压时发生以确定故障位置。

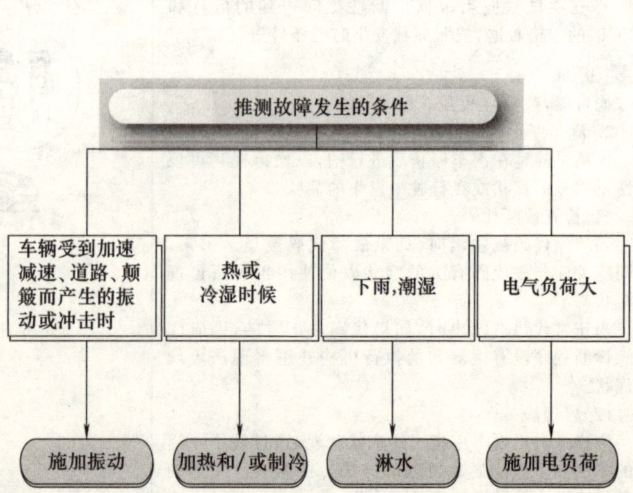

续表

<table>
<tr><td>(1)施加振动
模拟车辆振动的时候，造成发动机倾斜或电气配线被拉的情况，振动传感器和电气配线，以再现故障，包括接触不良。
检查方法：
• 部件和传感器。用手指轻轻敲击部件和传感器，以检查是否发生了故障。
注意：就继电器而言，当有强烈冲击时触点会开。因此，即使它们是正常的，故障也可能发生。
• 电气配线和接头。轻轻地上下或左右摆动电气配线以检查故障。尤其是电气配线，主要检查接头的根部，振动的撑点和车身的贯通部分。
注意：如果接头中的端子脱开了，粗心地推入电气配线会接上端子，使故障不能被再现出来。
• 发动机振动。当发动机由于反转力矩而倾斜时，发动机舱电气配线可能发生故障。在A/T车辆中，使发动机在D或R范围内失速可以再现症状。</td><td>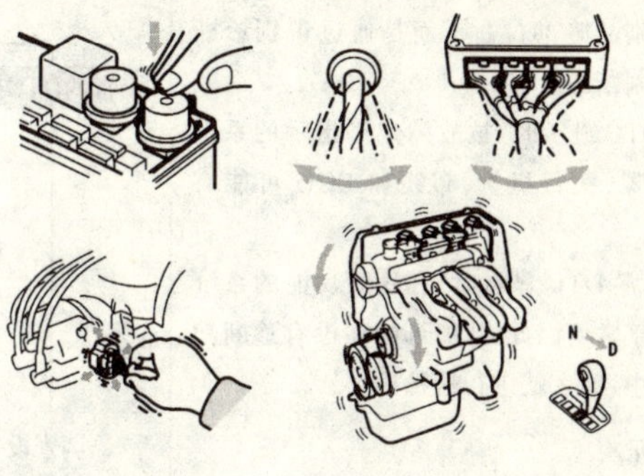
</td></tr>
<tr><td>(2)加热或制冷
造成部件由于温度变化而扩张或收缩的状况，加热或制冷部件，以便再现接触不良或短路。
检查方法：用吹风机、小型空调机、冰箱等对部件施加热或制冷，以检查是否发生故障。
注意：
• 加热到技术人员仍可以用手触摸的温度［约摄氏60度(华氏140度)或更低］。
• 不要打开ECU等的盖子直接对电子部件加热或制冷。</td><td>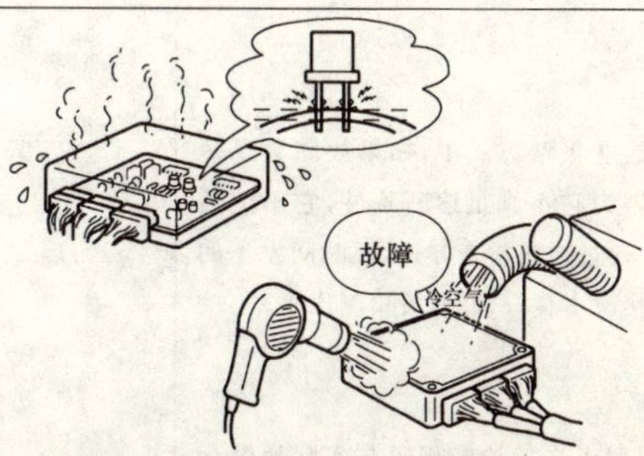
</td></tr>
<tr><td>(3)淋水
造成进水或在接头处水汽冷凝的状况，把水洒到车辆上，以再现故障，包括接触不良或短路。
检查方法：把水洒到车辆上以检查是否发生故障。
注意：
• 不要直接把水洒到发动机舱，但把水喷到散热器的前部，以间接地把水汽加到车辆上。
• 不要直接把水洒到电子部件上。
提示
如果雨水漏进发动机舱，水可能会通过电气配线进入ECU或接头。因此，应检查这个情况，尤其是如果车辆有漏水的历史，那就更要检查。</td><td>
</td></tr>
<tr><td>(4)施加电负荷
造成蓄电池电压降低或发生波动的状况，加上一个大的电气负荷以再现故障，包括压降或波动。
检查方法：打开所有电气装置，包括加热器鼓风机、大灯、后窗去雾器以检查故障。</td><td>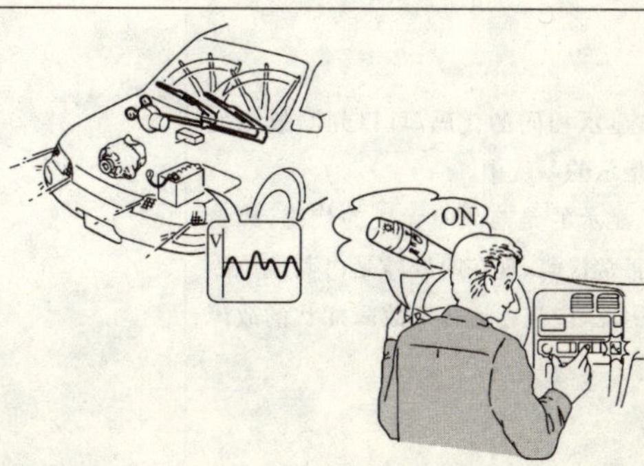
</td></tr>
</table>

续表

3. 诊断性检查

概述：为了有效地进行故障排除，使用诊断代码以识别故障部位。下面是通过识别诊断代码进行判断的。

• 当DTC显示时：被故障代码指示的系统中的传感器、执行机构、布线和ECU可能有故障。

• 当正常DTC显示时：有诊断功能的系统可判断为正常。因此，故障可能在没有诊断功能的系统中，那么就进行这种检查。

提示

无诊断功能的系统包括点火次级系统、燃油系统等。

• 当无DTC显示时：ECU或ECU的电源系统有故障。

提示

检查方式：在正常方式中，如果故障只是短时间发生，因为它不满足诊断条件，它不能被检测出来。通过转入检查方式，短时间发生的故障，例如接触不良等，能够被检测出来。

检查目的：

检查被识别出来的诊断代码与实际故障症状是否相符。代码指示的故障系统可能与实际显示故障的系统不相符。

检查方法：

(1)检查诊断代码和定格数据并记录下来。

(2)清除诊断代码，根据诊断提问再现故障症状。

提示

要判断车辆被带进来时显示代码是由现时故障还是由过去故障引起的，清除显示代码一次，然后进行再现试验。

(3)再次识别诊断代码并判断代码是否与故障有关。

标准：

• 如果显示相同的代码，可以判断故障发生在代码指示的系统中。

• 如果显示的是与故障无关的代码，或者显示的是正常代码，现在的故障是由其他原因引起的。因此，应进行适合于故障症状的故障排除。

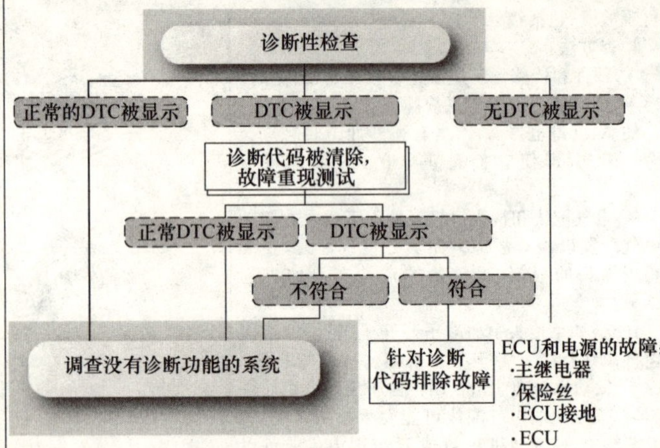

续表

4. ECU 数据检查

检查目的：

当故障发生后检查 ECU 的状况(输入信号、输出信号)并通过检查 ECU 的数据确定故障原因。

• 定格数据：当诊断代码被记录下来后，定格数据就是 ECU 的数据。

故障是根据故障信号系统是开路还是短路，以及冻结帧的类型进行判断的。

例：当检测到了来自水温信号系统的代码后。

检查关于水温信号的定格数据。如果温度是－40℃，故障可判断为开路。如果它是200℃或更高，故障可判断为短路。

提示

• 当诊断代码被清除或方式被转换后定格数据被删除。因此，要在检查诊断代码后立即检查定格数据。

• 关于诊断性检测，在发生故障与检测故障之间有时滞。因此，它不是故障发生时的数据，而是在时滞后被作为一项定格数据储存在储存器中的数据。

• 通过参考定格数据，有可能在某种程度上推测在故障时候的运行状况。

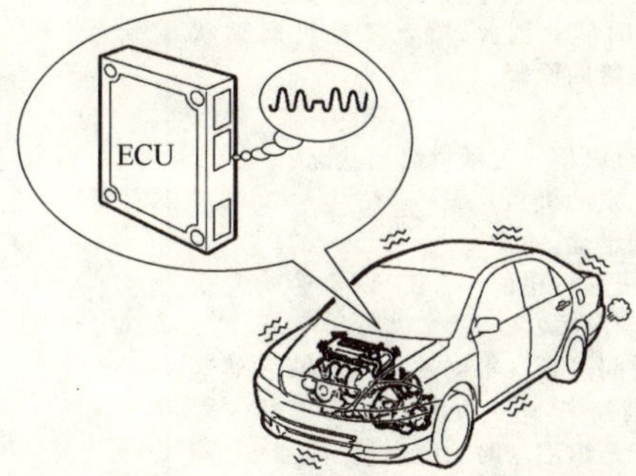

• ECU 数据

即使诊断代码没有被识别出来，也可通过 ECU 数据检查 ECU 状况。自动触发功能使得在故障被发现前后自动记录 ECU 数据成为可能。在手持测试仪上记录 ECU 数据的功能使得在故障发生后分析 ECU 数据成为可能。这个功能能够找出诊断代码不输出的故障，包括错误的传感器范围和执行机构故障。

检查方法：参阅 ECU 数据并确定此症状发生后什么东西已大大改变或者是否某些东西有不正常的值。

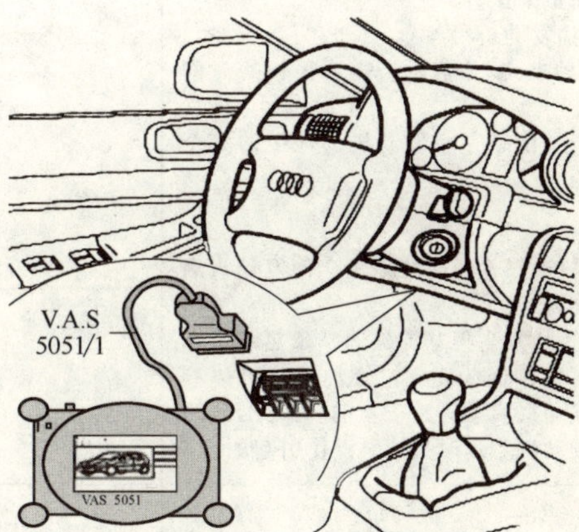

5. 发动机转动阻力检查

检查目的：这项检查确定发动机不能正确启动的原因是在启动系统中还是在发动机本身。

检查方法：

(1)拆下所有火花塞/预热塞。

(2)将弯颈扳手放在曲轴皮带轮螺栓上并转动它以测量转动阻力。

由于发动机转动阻力没有标准值，故应将其与正常发动机进行比较。

• 当发动机转动阻力很大时拆下所有传动皮带，并重新检查发动机转动阻力。

标准：

• 转动阻力大，故障在发动机中。

• 转动阻力小，故障在附件中。

提示

在发生故障的条件下，例如当它是冷或热的时候，进行这项检查。

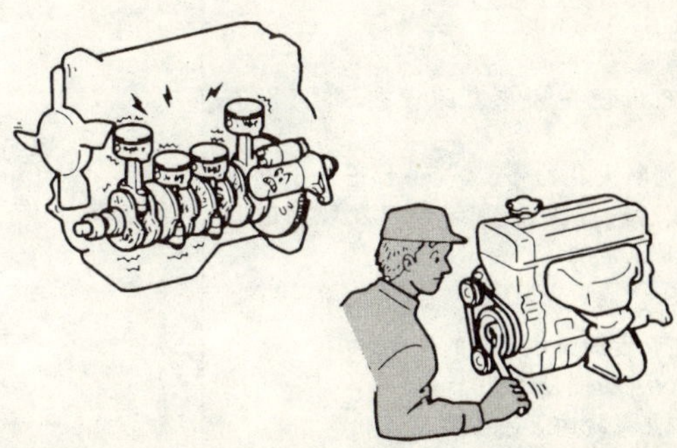

续表

6. 发动机启动状况检查

检查目的：与发动机启动有关的故障的原因是不同的，这取决于内燃是否发生，或者启动是否占很多时间。因此，检查发动机启动状况，以确定故障的原因。

检查方法：

启动发动机以检查发动机启动状况。

标准（汽油发动机）：

（1）无初始燃烧，不启动。

三个发动机部件中的一个部件（会影响发动机性能）可能存在故障。

（2）启动时间过长。根据发动机能够启动这个事实，可判断三个发动机部件为正常。因此，故障可能是由启动时的空燃比引起的。

（3）初始燃烧发生但立即失速。点火系统和压缩系统能被判断为正常。燃油系统也能判断为仅在发动机启动时正常。因此，故障可能是由燃油压力降低、ISCV（怠速控制阀）等引起的。

提示

如果故障是由ISCV开启引起的，则启动并同时踩下加速器踏板能保持进气量而且发动机能运行而不失速。

标准（柴油发动机）：

（1）无初始燃烧，不启动。需要很长的时间才启动。

故障可能是由于三个发动机部件中的一个部件引起的。

提示

在燃油系统，喷油正时故障不会使发动机启动变得困难。

（2）初始燃烧发生但立即失速。预热系统和压缩系统可以判断为正常。燃油系统可以判断为仅在发动机启动时是正常的。因此，故障可能是在发动机怠速时喷油泵操作引起的。

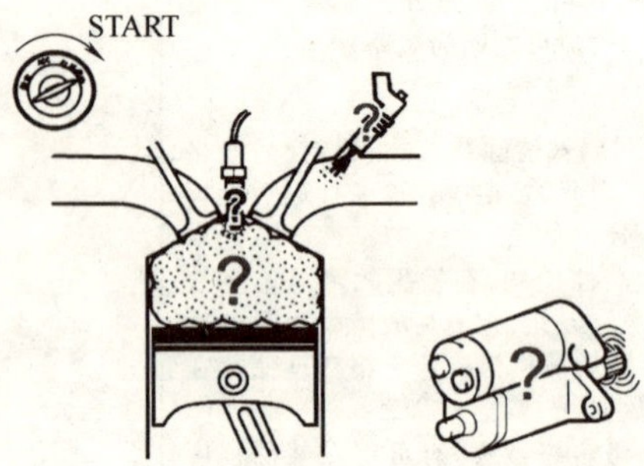

7. 点火和预热系统的检查

检查方法（汽油发动机）：拆下火花塞并发动发动机以查看火花塞尖端的火花和火花的强度。

注意：在检查前，拆下喷油器接头，使得燃油不会喷出。

标准：

□ 火花出现在火花塞的尖端，并且没有漏电。

□ 要判断火花的强度，与一台正常发动机上的火花塞进行比较，如果没有发现大的差异，它应是正常的。

提示

注意正常发动机中火花的强度。

检查方法（柴油发动机）：

检查预热系统中下述各项。

□ 预热指示灯的点亮时间

□ 预热功能

□ 余辉功能

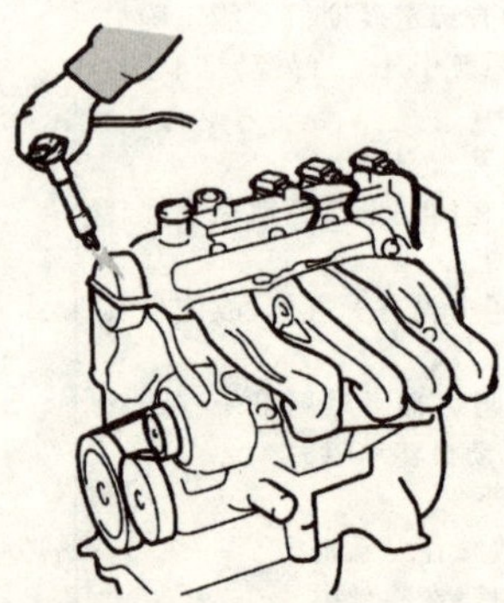

续表

<table>
<tr>
<td>
8. 燃油系统检查
检查方法(汽油发动机):在启动发动机的时候,检查以下各项。
(1)用手捏住发动机舱燃油软管并检查燃油压力是否被施加上去。
(2)检查喷油器发出的声音。
标准:
□ 燃油压力被加到燃油软管上,然后燃油压力增大,软管脉动。
当没有燃油压力时:故障可能存于在燃油泵系统中。
□ 喷油器发出声音。当喷油器不再发出声音时,用下一个气缸上的接头调换接头。如果能听到声音,喷油器可以判断为正常。
在ECU与电气配线之间能找到故障。

检查方法(柴油发动机):在检查柴油发动机的燃油系统时,将该系统分成它的各个腔室部分并检查燃油进入哪个部分。
(1)燃油正在进入喷油嘴吗?在启动发动机的时候放松喷油嘴上的接头以检查喷油状况。
注意:
用一块布盖住喷油嘴,使得燃油不溅出来。
标准:
在启动发动机时,燃油间歇地从松脱的接头上喷出来这是正常的。
(2)燃油在喷油泵中吗?检查燃油切断电磁阀的声音。
标准:
如果在点火开关开启和关掉(ON或OFF)时能听到声音,这是正常的。
(3)燃油正在进入喷油泵吗?在喷油泵进口处脱开软管并检查。当燃油被启动泵压力送出去的时候燃油是否被供给上去。
标准:当燃油从进口处出来时,油箱与喷油泵之间连通是正常的。
提示
□ 如果在上述(1)至(3)中没有故障,则故障是在喷油泵中。
□ 对于共轨柴油发动机,不能在喷油器上进行检查。
</td>
<td>

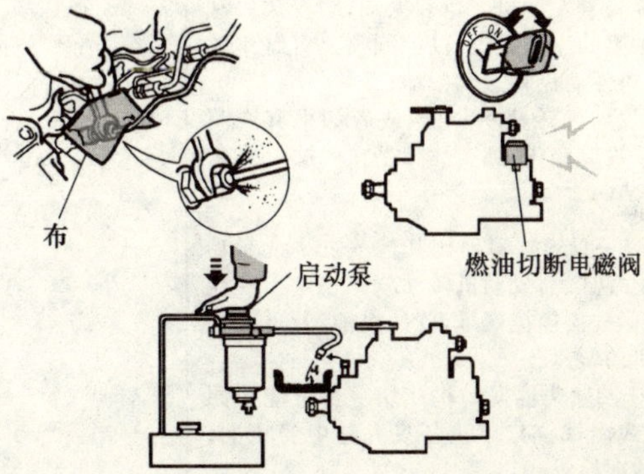

</td>
</tr>
<tr>
<td>
9. 压缩系统检查
检查方法:使用压力表,测量压缩压力。
标准:
标准值会因发动机型号而有所不同,因此请参阅"修理手册"。
当压缩压力低时用油注满气缸,检查压缩压力的变化情况。
□ 不变化:气缸盖一侧
□ 变化:气缸体一侧
提示
作为压缩压力的快速检查,下述方法可供使用。
□ 检查压缩空气是否在启动时从火花塞孔中出来。
□ 检查在启动时凸轮轴皮带轮是否转动,检查方法是从正时皮带盖中的检修孔中查看。
□ 可以通过听取启动时发出的声音发现由于正时皮带的切口而引起的压缩的缺失。
</td>
<td>
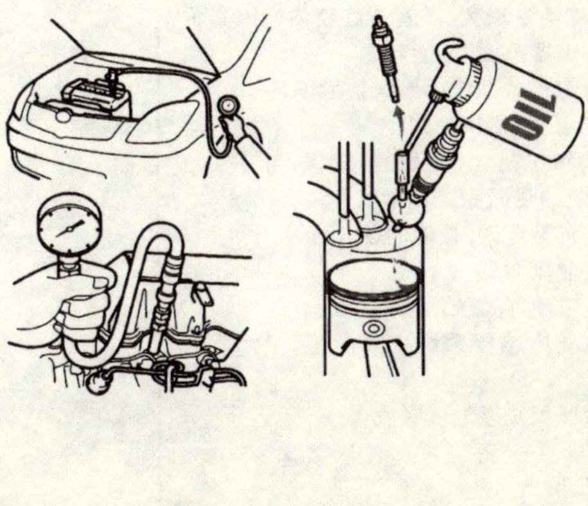

</td>
</tr>
</table>

续表

10. 断缸检查 检查目的：通过确认气缸的燃烧被逐个停止时，发动机转速的变化进行断缸检查，判断故障是影响特定的气缸还是影响所有气缸。 检查方法（汽油发动机）： 当发动机转动时逐个拆下喷油器接头以检查发动机转速以及振动是怎样变化的。 标准：发动机转速不降低，或者如果有一只气缸有小的变化，那么故障是在气缸中。 **提示** 当判断困难时，稍微增大发动机转速会使判断容易些。 检查方法（柴油发动机）： 为了要检查发动机转速和振动，缓慢放松和旋紧喷油嘴的连接螺母，以控制喷入气缸中的油量，检查发动机转速和振动。 标准：发动机转速不降低，或者如果有一只气缸几乎没有变化，那么故障是在气缸中。 **提示** □ 如果一只气缸喷油比其他气缸多或者功率比其他气缸大，发动机转动就不稳定。在这种情况下，放松连接螺母，放掉燃油，就可以稳定发动机的转速。 □ 对于共轨柴油发动机使用一台智能检测仪（手持式测试仪），停止各只气缸中的喷油，以进行该项检查。	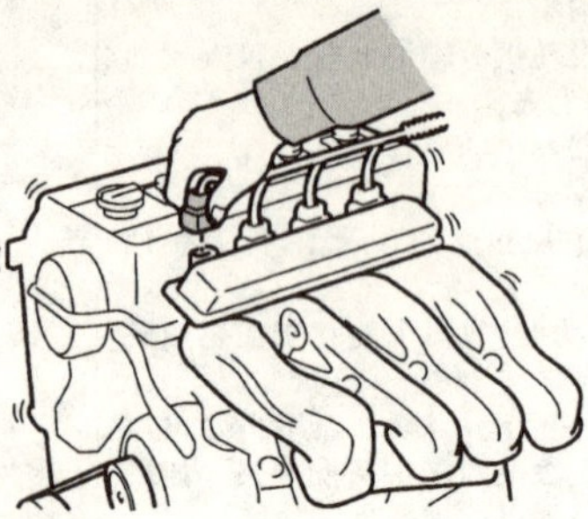 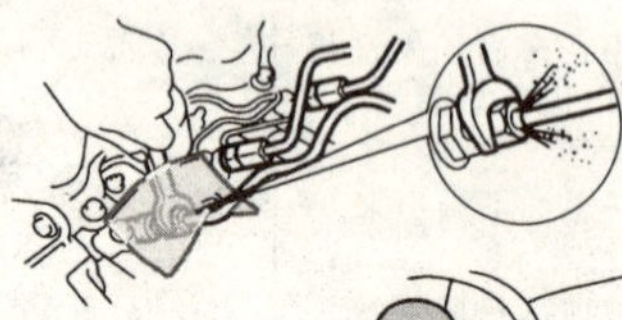 
11. 空燃比检查 检查目的：为了确定故障是空气燃油混合物过稀还是过浓。 标准： 使用一台智能检测仪（手持式测试仪），检查氧气传感器或短期燃油调整器的电压。 改变空燃比平衡的因素： （1）当空燃比是小的（浓的）时候，考虑引起燃油系统喷油量增大，或者连续喷油的因素。 □ 传感器范围/性能问题 □ 与传感器系统的地线接触不良 □ 喷油器滴漏等 （2）当空燃比是大的（稀的）时候，考虑引起燃油系统喷油量减少的因素。 □ 传感器范围/性能问题 □ 燃油压力低 □ 与喷油器系统的地线接触不良 □ 氧气传感器系统故障（信号显示混合物稠） □ 由于积炭燃油被吸收等	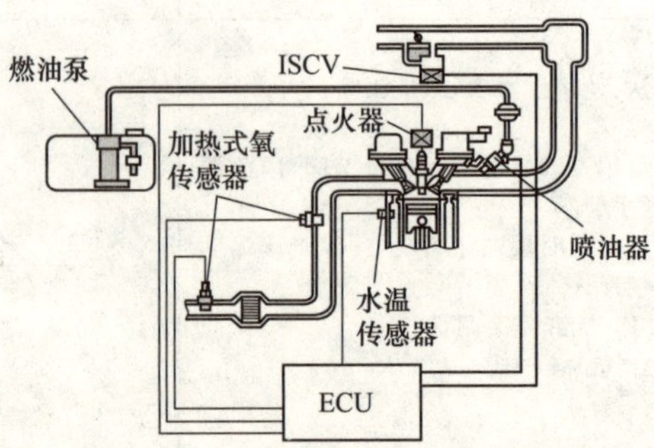

续表

12. 机油通过活塞环/气门导管损失检查

检查目的：

当机油燃烧造成在排气中能看到白烟时，改变发动机每分钟转速以改变白烟的量，能让你判断是否有机油通过活塞环损失或油液通过气门导管损失的情况存在。此外，拆开发动机并判断积炭情况。

排气检查：

(1)判断是否有机油通过活塞环损失。在预热发动机后，以大约2000～3000r/min的转速使发动机空转以检查排气状况。

标准：

当发动机空转时白烟增多。

当转速增加时白烟增多。

(2)判断是否有机油通过气门导管损失。在预热发动机后，让它怠速运转约5min，然后使它空转，以检查排气的状况。

标准：在开始空转时白烟将排出约30～60s，但烟量会逐渐减少。

为什么产生白烟的原因能依据机油通过活塞环损失这一现象来确定。

(1)当发动机怠速运转时，燃烧室里的温度是低的，因此即使发生机油通过活塞环损失，机油也不燃烧。因此，白烟的量是少的。

(2)当发动机转速增大时，燃烧室里的温度升高，供至气缸的机油的量也增多。结果排出的白烟的量就增多。

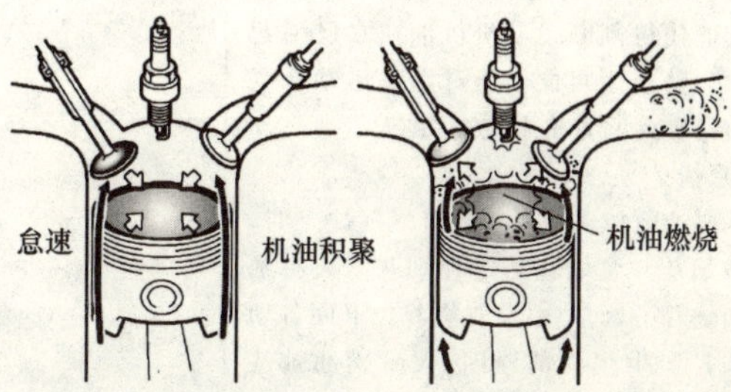

为什么产生白烟的原因能依据机油通过气门导管损失这一现象来确定。

(1)当发动机怠速运转时，进气管的负压是高的，因此，机油从气门杆上被吸入燃烧室。然而，燃烧室内的温度是低的，因此机油附着在积炭上，而且积聚在气门或燃烧室上，从而使白烟的量减少。

(2)当使发动机从上面的状态(1)起空转，燃烧室的温度升高，立即燃烧积聚起来的机油使得大量的白烟排出。当机油完全燃烧后，白烟的量就会减少。

(3)如果发动机连续空转，燃烧室内的温度会升高，因此即使机油被吸入，它在积聚起来前就燃烧掉了，从而使白烟的量减少。

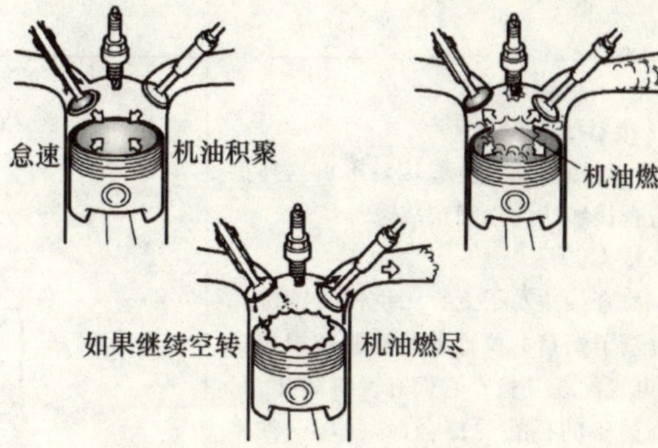

发动机拆卸检查：

☐ 机油通过活塞环损失，很多积炭附着在活塞顶部的外周上。

☐ 机油通过气门导管损失。

很多积炭附着在进气阀面上，附着在活塞的顶部上，或附着在排气阀杆上。此外，机油也能附着在这些部件上，使它们变潮。

提示

当机油通过气门导管损失被发现后，拆下进气阀和排气阀并检查阀面和阀杆上的状况。

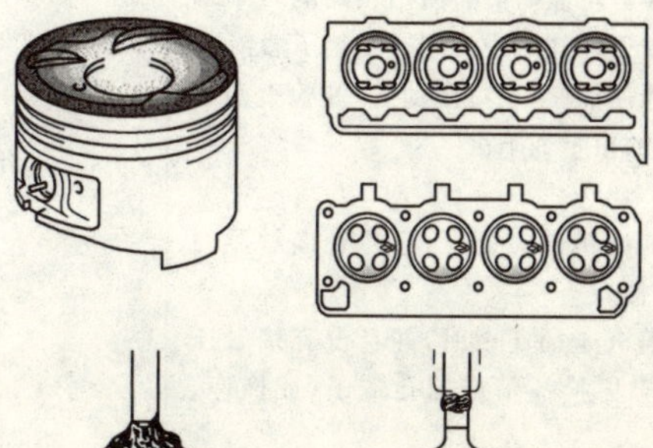

续表

13. 排气状况检查

检查目的：根据排出的烟气检查柴油发动机的燃烧情况。

(1)有白烟

白烟是在较低的温度下燃烧引起的，并且是在注入的燃油不燃烧时排出的。白烟的原因可能是喷油正时滞后时等情况。由于这些原因，检查白烟排出时的情况能确定故障的原因。

①不管情况如何都有白烟排出。

- 喷油泵内部故障。
- 压缩压力低。
- 燃油十六烷值低等。

②当在低温时有白烟排出。

提示 白烟有时是由于发动机机油或水进入燃烧室而排出的。在这种情况中，检查排气的气味能使得判断发动机机油或水已引起燃油点火失败成为可能。通过用手扇动烟气以不致直接吸入的方法来检查气味。

(2)有黑烟

注入的燃油颗粒遇到高温而且氧气缺乏时，燃油变成烟灰。黑烟就是这种烟灰。只有油滴的外面烧着了，而中心没有烧着。下面各项可以认为是产生黑烟的原因：大量燃油被注入、少量空气被吸入、燃油的喷油正时快、雾化差等。

14. 端子接触压力检查

检查目的：当短时间发生像接触不良这样的故障时，检查接触压力以确定故障部位。

(1)断开接头。

(2)目视检查接头端子上有无生锈或异物。

(3)检查端子销钉的位置上的松脱或损失情况。轻拉电气配线并检查它们有没有断开。

(4)检查插座的插孔的接合面，并将一插销分别插入每个插孔中。

提示 准备与原插头的插销相同的一个端子插销，以便于在测试中使用这个端子插销。

(5)用手握住插座，左右摆动它，并检查端子是否由于它的重量而下沉。

标准：

□ 当看到插销被夹缩时，它并有接触压力可判断为正常。

□ 当插销沉于插座中时，并且没有接触压力，那么就应更换插销或插孔端子；或插座，插头。

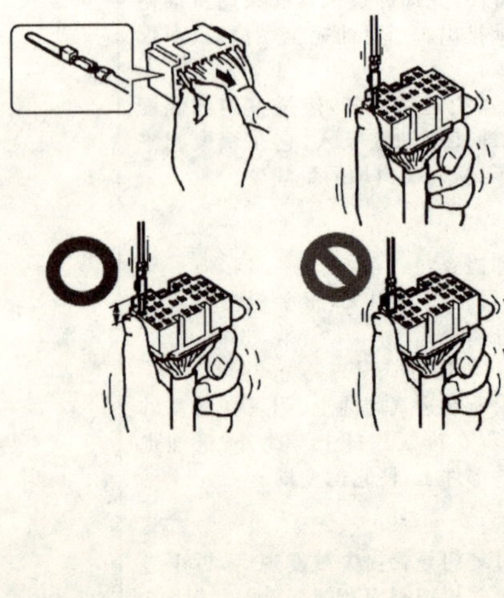

五、防止故障复发

1. 关于防止故障复发的思考

如果在修理后故障又马上再次发生，那么故障就没有被完全排除。因此，重要的是找出问题的真正原因以使它不再发生。

2. 防止故障复发的要点

□ 它是一个部件本身的故障，还是由另一个部件引起的？当由于不完全燃烧，通过阻燃的火花塞启动发动机有困难时，即使通过更换或清洗火花塞故障被排除了，但如果原因没有被检查出来，故障仍可能发生。

□ 它是由于部件的使用寿命的缘故吗？部件经过长时间使用后会老化，致使耐热性和耐用性变差或部件被磨损。结果，它们就不能保持原来的性能。因此，重要的是帮助顾客懂得部件的使用寿命是有限的这样一个概念。

□ 它是由于维护不当的缘故吗？即使由于发动机故障，所用的机油油量增多，真正的原因可能是由不充分的机油维护造成的机油降级而引起的发动机磨损。因此，重要的是帮助顾客懂得维护的重要性。

□ 它是由于不恰当的驾驶、操作或使用情况造成的吗？即使在使用或道路条件相同的时候，加速或换挡上的不同也可能引起故障。通过诊断性提问检查有无不适当的驾驶情况，包括长途行驶，过载和车轮歪斜等。

□ 是顾客期望的性能太高吗？如果没有故障而且顾客车辆的性能不比相同型号的其他车辆差，则重要的是根据诊断性提问向顾客说明车辆的性能/性能情况，以帮助他理解。

第三节　汽车故障诊断案例分析

一、故障排除流程概述

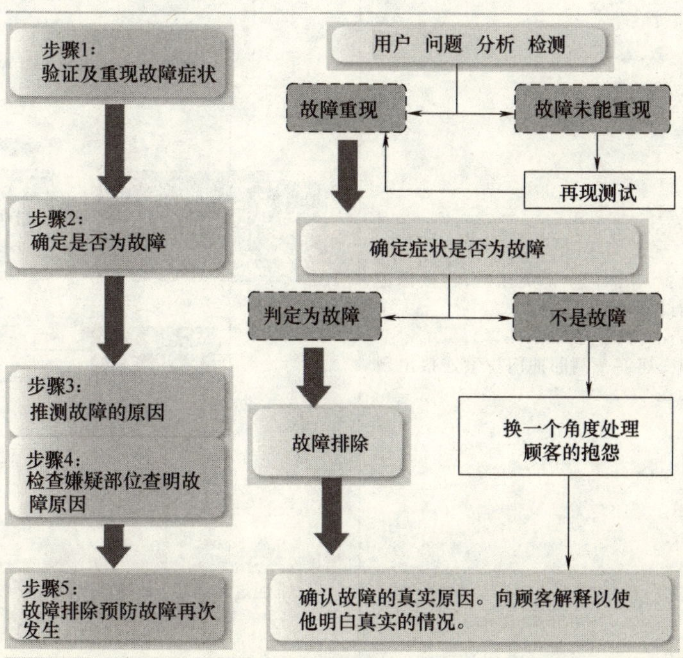

二、汽车故障排除案例

下面以 A/T 车辆驱动系统的啮合噪声故障排除为例进行介绍。

A/T 车辆驱动系统的强烈振动的症状大致分为以下两种：一是只能感觉到振动；二是振动和振动噪声都能感觉到。

如果振动和振动噪声都能感觉到，即使振动本身并不很强烈，但由于这种能够听到的振动噪声和身体能够感受到的振动是同步发生的，所以用户会提出强烈的抱怨。车辆振动情况视原因不同而各异，比如启动、变速、加速、节气门开度突然变化等。对 A/T 车辆驱动系统的强烈振动进行检修时要注意以下各点。

□ 判断这种振动是否达到故障级别是非常重要的，因为由于 A/T 车辆的自身结构和功能的缘故当车辆变速时发出振动是在所难免的。为了做出正确的判断，通过日常驾驶 A/T 车辆能够熟悉各种 A/T 车型的基本特性，从而对这种振动症状是否是故障形成一种良好的判断感觉是非常重要的。

□ 可以根据故障出现时的情况将汽车振动大的原因大大缩小到一定范围内。要同时考虑除自动变速器以外的其他原因，所以准确了解症状发生时的情况和问题症状是非常重要的。

提示

如果使用了非指定的 ATF（自动传动桥油），当离合器啮合或打滑时这种机油会对振动产生不良影响，所以使用指定 ATF 是非常重要的。ATF 的摩擦系数越大，变速时产生的振动就越大。

A/T 车辆驱动系统的啮合噪声

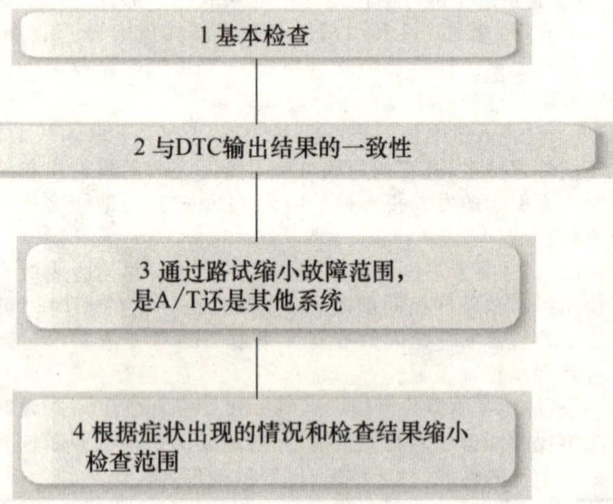

1. 基本检查

进行维修手册中的“基本检查”。

提示

□ 油门拉索标记位置：当油门全部关闭时，在该标记和外拉索末端有一个行程余量。

当油门完全打开时，油门拉索有间隙（不紧）。

□ 油门拉索支架和变速器一侧的油门拉索连接出现变形。

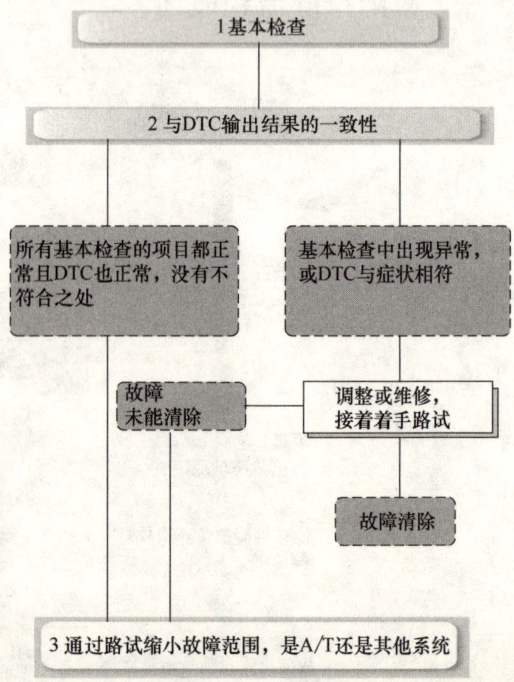

续表

2. 与 DTC 输出结果的一致性

即使 DTC 输出结果显示异常，也可能 DTC 所显示的故障与用户所指出的故障并不相同。在这种情况下就要检查 DTC 和问题症状之间的关系。

显示正常的 DTC 可以判断故障出现在无 DTC 显示的部位。显示 DTC 检查 DTC 输出结果与问题症状是否一致。

如果没有 DTC 值显示，可以考虑 ECU 自身工作不良。在这种情况下可以判定在电源或相关部位出了故障。

提示

□ 检查 ECU 数据。

当检测到 DTC 时，该代码可能与减振控制有关。但这些对发动机或 ECT 控制有非常大的影响，当该故障出现时可能伴有其他问题症状。

例如，当 IDL 触点经常处于“OFF(关闭)”状态时，当车从 N 挡变速到 D 挡时发动机不稳或怠速故障往往比振动更为明显。

在与 ECT 相关部位有关的 DTC，如果 S_1 或 S_2 电磁阀相关部位有 DTC 输出，那么症状很可能是变速部位发生故障或动力不足而不应是乘员感觉到有强烈的振动。

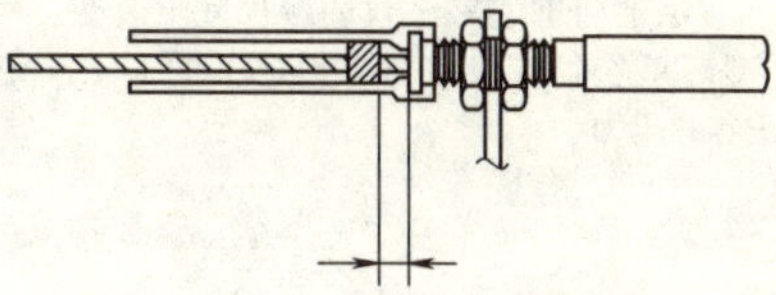

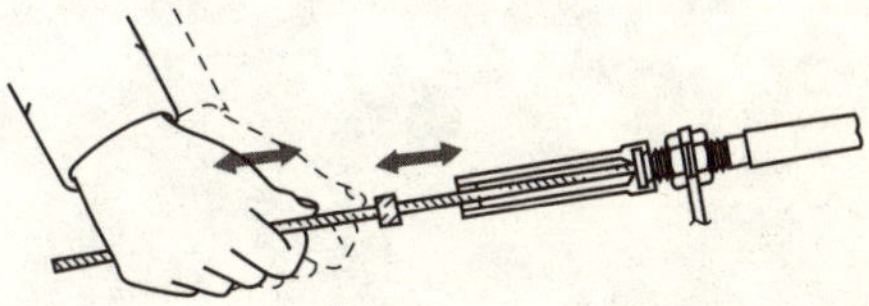

3. 通过路试缩小故障范围，是 A/T 还是其他系统

使变速器工作在一个挡位上，确认在加速和减速时是否发生振动。将故障原因限定在自动变速器或其他别的部位上。

提示 如果在这种情况下发生振动，可以判断故障出在传动系和悬挂装置上而非自动变速器上，在这种情况下出现振动时齿轮还会发出噪声。

A/T 以外其他原因：

• 传动系和悬挂袋置出现故障。
• 发动机安装支架故障。
• 驱动轴有间隙，发出噪声，传动轴尺寸过大。
• 差速器的齿隙过大。
• 悬架安装条件差等。

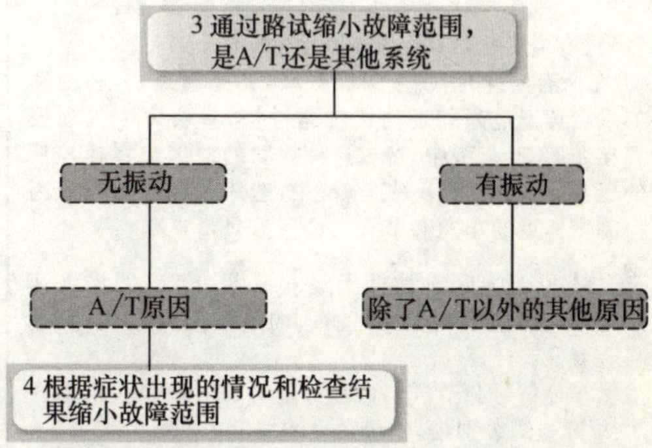

4. 根据症状出现的情况和检查结果缩小故障范围

由于自动变速器的原因所产生的强烈振动只有在换挡时才发生。因此要根据发生振动时的情况考虑哪些因素可以影响振动。

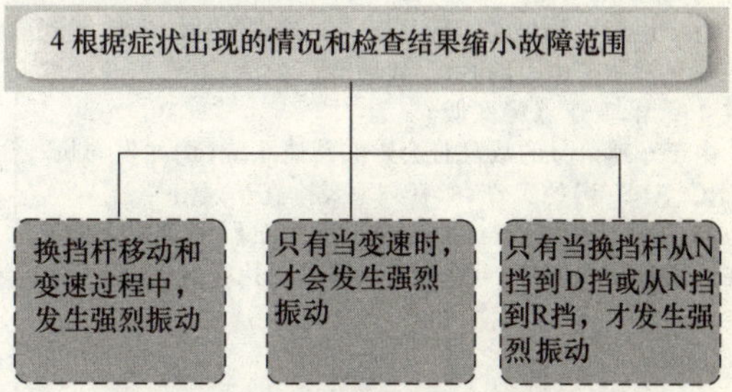

(1)换挡杆移动和变速过程中，发生强烈振动

造成这种症状的原因并不在于每个执行元件，而在于与所有执行元件有关的油路压力的压力太大了。

提示

如果开始出现这种症状的时期与更换 ATF 的时期是相同的，也许是使用了型号错误的 ATF。

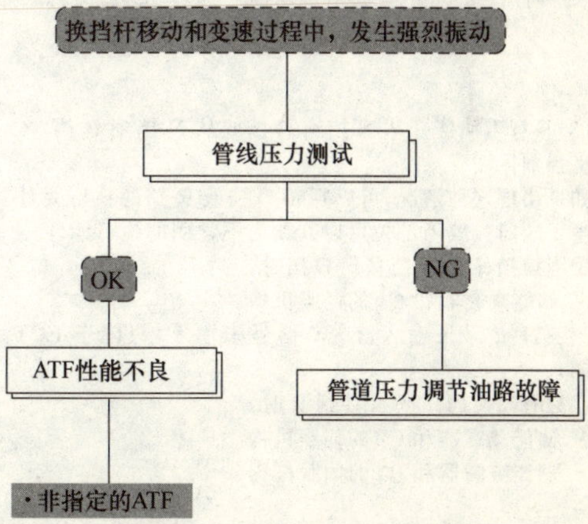

续表

<table>
<tr>
<td>参考：
管道压力调节
管道压力根据油门 E 型环个数的多少发生改变。每增加一个 E 型环就会降低大约 0.2kgf/cm^2（1kgf/cm^2 = 98.0665kPa）的压力。</td>
<td>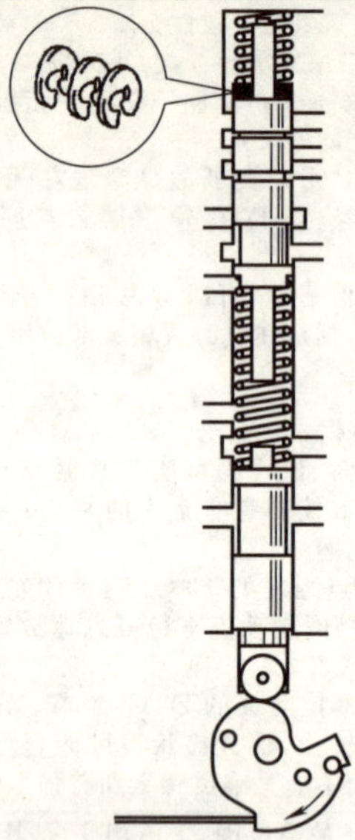</td>
</tr>
<tr>
<td>（2）只有当变速时，才会发生强烈振动
①在所有变速时，发生强烈振动（高变速点）。在变速时如果变速点过高和发动机转速过快，将会发生强烈振动。在非 ECT 车型中，造成这种症状的原因出在速控液压的压力太低。而在 ECT 车型中，造成这种症状的原因是控制变速点的车速和节气门位置信号不正确。
提示 当实际车速低于输入速度（ECU 的输入速度），或节气门信号大于实际输入的节气门开度时，变速点将会变高。
虽然车速信号和节气门信号都是 DTC 所测项目，但在 DTC 故障检测级别中，不包含检测振动。
例如：
由于用于检测节气门信号配有两个传感器，当检测到一个异常的车速代码时，失效功能被激活，节气门开度会成 0 度角，变速点将变低。
由于车速信号的故障将会影响其他系统（例如发动机、TRC、ABS 等）的工作，所有必须要检查车速信号。
②只限于某一挡位的变速时，发生强烈振动。只出现在换到这个挡位时，可以判断故障出在执行元件上。</td>
<td>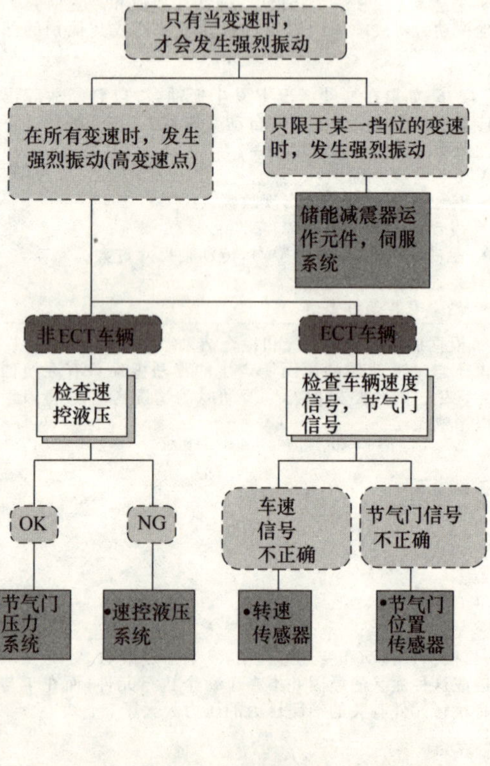
</td>
</tr>
<tr>
<td>（3）只有当换挡杆从 N 挡到 D 挡或从 N 挡到 R 挡，才发生强烈振动
如果出现这种情况，可以判断 D 挡或 R 挡的执行元件发生了故障。故障部位可以判断为不常用的执行元件。
①当换挡杆从 N 挡移到 D 挡时：
• 储能减震器和 C1 的伺服机构。
• STP 信号未输入，NSW 信号未输入（只限于 ECT 车辆）。
②只有当换挡杆从 N 移到 R 时：
• 储能减震器和 C2 的伺服机构。
• 储能减震器和 B3 的伺服机构。</td>
<td>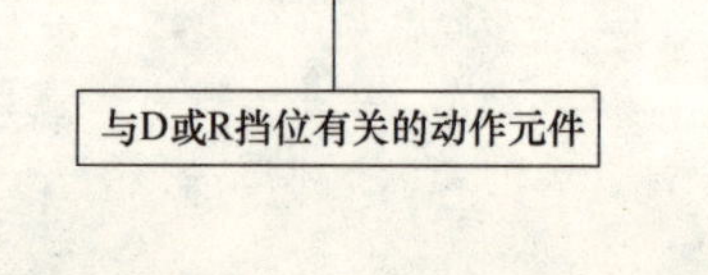
</td>
</tr>
</table>

第二章 ▸▸ 汽车发动机故障诊断与排除

第一节 发动机故障基本诊断与检查

一、排除疑难故障的基本要求

(1) 没有故障码输出，不能说明电控系统肯定无故障。如果由于某些原因使传感器的灵敏度下降，反应迟钝，输出信号偏移，则在某些车型的故障自诊断系统就无法检测出来，此时也就无故障码输出。对于 ECU 来讲，没有发出故障的信号是正确的，但事实上发动机却有故障。传感器灵敏度下降，就有可能提供错误的信号。

例如，电控发动机怠速不稳，行驶中发动机运转不稳，但故障自诊断系统却无故障码显示。此时，首先应对空气流量传感器和进气歧管压力传感器进行检查。因为这两个传感器性能的好坏，直接影响发动机喷油器的燃油喷油量。

(2) 更换故障码所指示的电子元件，不一定能排除电控系统的故障。故障码的含义是某一系统有问题，而不具体指哪一个部件损坏。

例如，故障码的含义是空气流量计信号不良。这并不说明空气流量计本身一定有问题。因为空气流量计线路断路或短路或连接器接触不良，同样会出现故障码。在这种情况下，若只更换空气流量计而不检修线路，故障是无论如何也排除不掉的。

(3) 故障码有显示，不一定故障码所指系统必定有故障。电控发动机故障自诊断系统有可能显示错误的故障码，这种情况多数是由于工况信号失误而引起的假故障码。

例如，空气流量计后面的进气歧管上的真空软管脱落，这样在发动机工作时，额外的空气由此处进入气缸，使缸内的空气量增多，造成混合气过稀，发动机无力。但这部分空气未经过 ECU 检测，经发动机燃烧后，在排气中含有大量的剩余氧气。氧传感器反馈给 ECU，电脑 ECU 根据反映的混合气过稀信号，进行相应的加浓。氧传感器一直在给加浓，自诊断系统则诊断为氧传感器有故障，便输出相应的故障码。其实氧传感器是完好的，它反馈的信号也是完全正确的，但电脑 ECU 不知道，只能根据信号判断故障。

能引起氧传感器故障码出现的可能部位有：

- 燃油压力调节器损坏；
- 真空软管脱落，热线式空气流量计脏污；
- 进气系统漏气；
- 空气滤清器堵塞等。

(4) 电控发动机的故障不一定都是电控系统引起的。电控发动机其他部分照样会发生故障，不一定都出在电控系统，例如排气管放炮、加速断火等。在无故障码的情况下，应优先检查机械部分或传统发动机部分，在有故障码的情况下，应优先检修电控系统。

（5）电控发动机的插接件不能随便拔。当发动机有故障，故障指示灯点亮时，在点火开关打开，甚至在发动机运转的情况下，将一些线路的插头拔下再插上。这样每做一次或每拔一个传感器的插头，电脑 ECU 便会记录一个故障码。而且，在插拔一些感性元件时，由于会产生很高的反向电压，严重时，会烧损电脑。维修中要特别注意区分。

二、掌握正确的维修方法

（1）应使用正确的检测工具检查点火系统有无高压火。

（2）检修电控发动机燃油系统之前必须卸压。

卸压方法是：关闭点火开关，拔下电动汽油泵保险片、继电器或者电动汽油泵电源插头，启动发动机，待发动机自行熄火后，再转动启动开关，启动发动机 2～3 次，燃油压力即可释放，关闭点火开关，装上拔下的部件。

（3）对电控车进行电焊作业或车身烤漆时，必须拆下电脑 ECU。

（4）没有读取故障码，不准拆除蓄电池连接线。

（5）检修燃油系统前，必须先拆蓄电池的连接线或熔丝。

（6）在检修或更换新旧汽油泵时，不允许在空气中通电运转试验。

（7）电控发动机的 ECU 不适宜用换新的方法来鉴别其好坏。

ECU 电脑产生故障的原因多数是由于外部元件或线路损坏造成的，因此在没有排除外围故障的情况下，一定不能把新电脑装在故障车上试验，只能采用将故障车的电脑换到同类型非故障车上来试验。

（8）点火开关处于接通位置时，不允许拆除蓄电池连接线和与蓄电池电压相同的电气装置的导线。

除蓄电池连接线外，还有点火系统控制装置的任一导线；怠速控制装置的步进电动机；混合气空燃比（A/F）控制电磁阀；喷油器电磁线圈的电线接头；ECU 的 PROM 及任一导线；二次空气喷射控制电磁阀的导线；空调离合器的导线及鼓风机导线连接器等。

（9）不是所有的电控车，都是采用拆除蓄电池连接线的方法来消除故障码的。

因为车辆防盗、音响、石英钟的内存也是存储在存储器中。采用断电消码便会将这些内存也一起消除掉，从而导致音响锁码等。

（10）检测气缸压力，应断开点火系统电源和燃油泵电源。

三、排除疑难故障的基本思路

1. 故障的确认

电控发动机的控制系统（ECU）所控制的仅仅是发动机的电控部分，而无法兼顾到发动机的全部，特别是机械部分。

电控发动机电脑 ECU 不能监测由以下原因引发的故障。

（1）一般低档车的 ECU 不能监测不工作的点火线圈、污染或损坏的火花塞以及高压线断芯而引起的高压点火电路的故障。

（2）ECU 不能监测电动汽油泵进口滤网、燃油滤清器管路的堵塞，进油管线或回油管挤扁而引发的来油不畅，或混合气过稀的故障。

（3）ECU 不能监测空气滤清器进口或空气滤芯堵塞或节流的原因使空气流量变化而引发的故障。

（4）ECU 不能监测气缸压力的高或低，或者各缸压力的均匀度。

（5）ECU 不能监测插头、插脚损坏，但会产生因这种情况所导致的故障码。

（6）ECU 不能监测接地不良，但会产生因这种情况所导致的故障码。

（7）ECU 不能监测真空助力器在发动机控制系统中的真空管路的泄漏或节流，然而进气歧管绝对压力传感器的真空度会被监测且 ECU 还会记录故障码。

以上几条是电控发动机监测不到的故障原因，检查中，如果发动机有故障，而发动机故障警告灯没有点亮（未显示故障码），此时说明发动机的故障可能在机械部分。

一般来讲，机械故障大都发生在下列情况：

- 火花塞和高压线路本身有缺陷；
- 发动机曲轴箱强制通风装置阀门或管道堵塞；
- 空气滤清器堵塞；
- 进气管附近漏气或真空管有缺陷。

大的机械故障则发生在配气机构（配气相位失准、气门弹簧断裂、液压挺柱堵塞）和点火正时上（正时齿轮记号不对）。配气相位和点火正时不正确，一般都需拆解检查。

除上述外，还有气缸和活塞环配合间隙过大、发动机窜油和轴瓦响等也属于机械故障范围，电控系统监测不到，这部分故障较容易判断，不容易混淆。

2. 故障的分析

电控发动机上的电磁开关、电磁阀、继电器、电动机及喷油器等，这些器件在正常工作中都会发出一定的响声。如出现的响声变小、响声无规律或根本无响声等现象，就可以判定该器件或该电路出现了故障。

3. 排除疑难故障前的检查项目

（1）检查各熔丝是否有损坏现象。

（2）检查空气滤清器和汽油滤清器，查看滤芯及周围是否有脏物、杂质和污染物，必要时予以清洗并更换滤芯。

（3）检查各真空管道是否有渗漏、堵塞和连接不良，真空软管是否破损老化。

（4）检查电控系统导线的连接情况是否良好，有无松动、断开和脱落现象，特别是插接部分。

（5）检查每个传感器和执行器是否有明显的损伤。

（6）检查发动机在运转情况下，进排气歧管及氧传感器处是否有泄漏，燃油管道是否有渗漏。

（7）检查喷油器是否有脏物，燃油喷射压力是否在规定范围内。

（8）检查高压是否正常。

（9）检查各缸压力是否在规定范围内。

（10）倾听发动机有无异响。

在完成上述检查基础上，利用发动机的基本工作原理和电控喷射方面的原理，从油路、电路、气路进行科学地综合分析。千方百计寻找与故障有关联的因素。本着由简到繁、由易到难、由外到内的原则，进而寻找产生故障的真正原因，并设法排除它。

四、数据流和波形分析诊断故障法

数据流和波形分析诊断故障法是排除电控发动机故障的基本方法。由于这种方法需要一定的理论基础和一些必要的技术数据，所以在排除一般电控发动机故障时采用的较少，而大都用在排除电控发动机的疑难故障上。

1. 用数据流诊断疑难故障

标准数据流是厂方提供的，或者是在正常行驶的汽车上提取的数据，它能监测发动机在各种状态下的工作情况。这些数据资料可通过故障检测仪，把各种传感器和执行元件输入输出信号的瞬时值以数据的方式在显示屏上显示出来，这样可以根据汽车工作过程中各种数据的变化（有故障时的数据）与正常行驶时的数据或标准数据流对比，即可诊断出电控系统故障的原因。

2. 用波形法诊断疑难故障

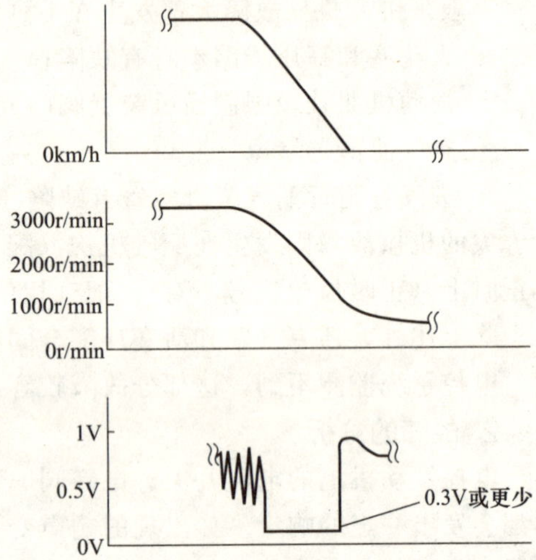

发动机发生的故障，有时属于间歇性故障，时有时无，很难用数据流分析和判断。但用示波器显示的波形却能捕捉到故障中细小的、间断的变化。它利用电控发动机正常工作时各种传感器信号所描述的波形图与有故障时的波形图相比较，若有异常之处，则表示该信号的控制线路或元件本身出了问题。

波形分析能够显示出需要维修的故障是一种什么波形，使你能看清楚故障的真实存在，通过分析你还可知道故障是否真正排除。

波形分析在汽车电子控制系统故障诊断与维修中，主要应用方式有两个方面：一是确定整个系统的运行情况；二是确定在整个状态运行正常的情况下，某个电器或电路是否存在故障。

五、疑难故障模拟技术诊断法

所谓模拟技术就是以调查研究和科学试验方式，让修理车辆以相似的条件和环境再现其故障，然后经过模拟验证和分析判断后，确切诊断出故障部位并加以排除。模拟技术诊断有以下三种方法。

1. 环境模拟法

汽车电控系统有一些故障发生在特定环境中，其主要原因是由于电子元件对特定外界环境（振动、发热和受潮）等因素非常敏感。环境模拟法分为振动法、加热法和水淋法三种。

（1）振动法。通过在水平和垂直方向对连接器、配线、零件与传感器等的振动，观察原发生的故障是否会再现的方法叫振动法。

这种振动法适合时有时无的故障或者是车辆停下来后故障就不再现的情况，利用振动法应注意检查是否有虚焊、松动、接触不良、触点烧蚀、导线断裂等。使用振动法还应注意不要用力过大，以免损坏电子元件。

（2）加热法。通过电热吹风或类似工具加热有故障的零件，使其原发生故障再现的方法叫加热法。这种加热法适用于电子元件因受热而发生故障的情况。使用中注意，加热温度一般不超过60～80℃，ECU中的零件绝对不能加热。

（3）水淋法。通过喷水的方法，使其原发生故障再现的方法叫水淋法。这种方法适用于电子元件因在雨天或高温环境下或洗车之后而发生故障的情况。使用中注意，在喷淋前应对电子元件予以保护，以免积水锈蚀电子元件，注意喷水角度，尽量喷到空中，让水滴自由落下，不可直接喷在发动机零件或电子元件上，或者将水喷在散热器前面间接改变温度和湿度。

2. 增减模拟法

汽车电控系统有一些故障发生是由于负载问题而引起，此时必须产生与故障相似的负载条件下才能使原发生故障再现。这时可使用增减模拟法来诊断。也就是利用油路、电路中增减负载的办法来模拟验证油路、电路的故障症状，以诊断由负载引起的疑难故障。增减模拟法共有两种。

(1) 增加法。当怀疑故障可能是由于油路负载过大而引起故障，故障症状表现又不明显时，可用增加油路负载的方法进行模拟验证，使故障部位和症状充分显示出来，以便于诊断和排除。对电路中由于负载过大而引起的故障，可以采用接通用电设备（如鼓风机、空调、冷却风扇、前照灯等）来增加负载，以模拟验证是否发生故障，以便进行诊断与排除。

(2) 减少法。当故障是由于某一局部电路短路而引起负载过大烧断熔丝时，可采用减少法来进行模拟诊断。其方法是：将一部分电路断开，然后用万用表测量电阻、电压或电流。用得最多的是测量电流，观察总电流的变化，就可以诊断出故障的大致范围，若断开被怀疑的某一电路后，总电流立即降为正常值，则说明故障在这一电路中。

3. 输入模拟法

维修中，若怀疑某一电路中某些元器件有故障时，可用输入模拟法来诊断。其方法是把电路参数（电阻、电压）输入到相关的元器件，进行模拟验证后诊断故障。输入模拟法有两种。

(1) 电阻法。用电阻元件代替某些被怀疑损坏的电阻式传感器进行模拟验证的方法叫电阻法。电阻法的连接方式为串联，所以这种方法称为串联法。例如，怀疑冷却液温度传感器有故障时，可用一只与冷却液温度传感器阻值相似的电阻，串联在冷却液温度传感器的插接器上，进行模拟验证，以便诊断该冷却液温度传感器是否损坏。

(2) 电压法。用外接电压来替代某些被怀疑有故障的传感器进行模拟验证的方法叫电压法，电压法的连接方式为并联，它可诊断传感器的好坏。

六、排除疑难故障的实用方法

1. 常规检查与专项检查法

(1) 常规检查。常规检查包括以下内容：空气滤芯、汽油滤芯、节气门是否脏污；故障灯是否正常，蓄电池电压是否正常；是否有漏气现象，各种插头是否插接良好、导线是否正常；各缸工作压力是否在标准范围内，各熔丝和继电器是否良好；机油，冷却液等。

这种方法不需要专用的检查工具和检测仪器，用肉眼和一些简单工具就可以了，看出问题的部位很快就可以处理了。

(2) 专项检查。经常规检查还找不到故障原因时，就要使用专用仪器、仪表和工具，配合专业维修资料进行较为复杂的检修，就是进行专项检查。

专项检查包括以下项目：检查燃油压力是否正常；检查各传感器是否正常；检查各执行元件的工作情况；检查电脑 ECU 与传感器及连接导线情况；检查电脑各插脚的电压情况，最后检查 ECU 内部电路。

2. 排除法

汽车电控发动机故障的产生可能是由多种原因造成的。因此在排除故障时，可按传统方法，把这些影响因素一一列出来，按步骤，逐步进入问题的实际部位的方法，称之为排除法。

例如，氧传感器故障码出现，换一个新的不一定起作用。因为燃油压力、配气正时、气缸压缩压力、电动汽油泵、喷油器等影响发动机正常工作的部件发生故障时，都是以氧传感器故障码的形式出现的，所以在排除故障时，可先易后难，逐一排除，最后找出故障所在。

3. 综合法

电控发动机故障不能简单地分成油路和电路来分析，电控发动机可以下面几个部分进行分析和诊断。

首先检查执行机构的工作情况。

其次检查线路连接情况及传感器部分。注意不同车型，传感器的数据不同，使用中要注意这些不同点。

最后检查 ECU。

以上这种诊断方法称为综合法。

4.“傻瓜”修车法

判断一个电控发动机电脑 ECU 的好坏，可不管它电脑内部如何动作，只要把传感器、电脑 ECU、执行元件之间的逻辑关系弄清楚，检查输入电脑的信号是否正常，输出到动作元件的信号是否不正常。如果是的话，进一步检查相关线路、电源线和搭铁线，如果线路没问题，基本上可以判定电脑出了问题。

使用中注意，电脑 ECU 接收各传感器传送来的信号，它控制的信号主要有三个：点火正时、喷油时刻及喷油时间。

5. 利用氧传感器特性诊断法

利用氧传感器输出电压可随混合气的浓度变化而变化的特性，检查和诊断电控发动机故障的方法，称为氧传感器诊断法。

这种方法主要诊断：在氧传感器完好的情况下，由空气系统、燃油或者机械部分引起混合气过稀或过浓故障的原因。诊断时可按以下步骤进行。

（1）检查氧传感器好坏。

① 检查氧传感器加热电阻是否合乎标准值。

② 可通过观察氧传感器顶尖的颜色来判断，若顶尖颜色为淡灰色，说明氧传感器正常；若顶尖颜色为黑色，说明氧传感器受铅污染；若顶尖颜色为白色，这说明是硅污染造成，这是由于在维修中使用了不符合规定的硅密封胶所造成。

（2）检查氧传感器反馈电压。

查阅有关维修手册，找到氧传感器信号线。然后用电线中的铜丝插入相应的插孔，再插好插接器，用数字式万用表直流电压挡测量铜丝对于负极的电压。

（3）拨开插接器，使氧传感器和控制单元分离。用万用表测量信号输出端对负极的电压。

6. 利用电控发动机正常工作三要素来分析诊断故障

所谓电控发动机正常工作三要素是指正常的机械技术状态、足够的电火花能量与正确的点火时刻和供给发动机在不同工况下要求不同浓度比例的混合气。这是分析电控发动机故障的重要依据。

正常的机械技术状态是指发动机机械结构能提供足够的压缩力，实际缸压不少于标准的75%，各缸压力偏差不大于 0.3MPa；进气管无漏气，发动机怠速运转时的进气管真空度能稳定在 500mmHg（1mmHg=133Pa）左右。若达到以上指标，说明该发动机机械状态正常，就可以保证可燃混合气能有效地燃烧与做功。

对电火花能量与点火时刻的要求分别是足够与正确。若电火花能量过弱，会导致燃烧不充分甚至不着火；若点火过迟或过早，都会影响发动机的功率下降，严重时会影响发动机的启动。

供给发动机在不同工况下要求不同浓度比例的混合气，其指标是：在怠速和小负荷时，提供浓的混合气，空燃比为 12 左右；在中小负荷时，为获得较好的经济性，应提供较稀的混合气，空燃比约 16～17；大负荷运行时，为满足功率要求，应提供较浓的混合气，空燃比为 13 左右；冷启动及加速时还需提供附加的燃油。空燃比过大或过小，均可导致发动机熄火，正确的空燃比，能使发动机具有良好的启动、怠速、加速等性能。

电控发动机若发生故障而又不显示故障码时，说明存在自诊断系统不能识别故障。此刻应首先了解无故障码的一些常见因素。这些因素有发动机力学性能、火花塞、高压线圈、喷油器脏污等。然后仔细分析发动机故障现象，密切联系发动机正常工作的三要素，本着先易后难、先简后繁的原则，边测试、边判断，最后排除故障。

七、常用检测方法方便程度、常见故障原因确认难易程度

以上介绍了检测故障的方法与手段，有些方法方便、省时、所用仪器设备简单，而有些方法麻烦、费时、所用仪器设备庞大繁琐。

对于各种可能的故障原因对比起来也有发生频率高低不同之分。这种不同还会因为具体车辆的品牌甚至型号不同而不同。

下表为一般车型常见故障原因发生频率、常见故障原因确认的难易程度及常用仪器或检测方法的方便程度。其中每项都按五分制打分，分数高分别代表频率高、方便、容易。

		检测方便程度	5	1	1	3	3	4	2	3	4	4	5	
发生频率高低	确认难易程度	方法仪器设备 / 可能原因确认	常规目测检查	气缸缸压	气缸泄漏	歧管真空	排气背压	内窥检查	燃油压力	尾气检测	电阻电压	波形测试	诊断仪	其他
2	5	缸压不足	√	√	√			√						
5	4	真空泄漏	√			√							√	
4	5	排气受阻	√	√		√	√						√	
3	4	配气相位	√									√	√	配气相位检查
3	3	机械损失大	√	√	√			√						启动电流检查
4	3	装配问题	√					√						装配检查
5	3	点火不良	√							√		√	√	火花测试仪、点火正时枪
5	3	可燃混合气	√						√	√			√	喷油器检测
5	4	接触不良	√								√	√	√	
5	4	节气门体	√								√	√	√	
2	5	APP	√								√	√	√	
5	5	ECT	√								√	√	√	
5	5	MAF	√								√	√	√	
3	5	MAP	√								√	√	√	
3	5	CKP/CMP	√								√	√	√	
4	5	IAT	√								√	√	√	
2	5	KS	√								√	√	√	
5	5	氧传感器	√							√	√	√	√	
2	4	可变进气	√								√	√	√	
2	4	可变涡流	√								√	√	√	
2	4	可变气门	√								√	√	√	
4	4	EVAP 故障	√								√	√	√	
3	5	PCV 阀故障	√			√								
4	3	EGR 不正常	√			√				√	√	√	√	
4	2	TWC 不正常					√			√			√	

第二节 发动机典型故障诊断与排除

一、发动机无法启动的故障诊断与排除

（一）概述

发动机启动故障大致分为两类：

□ 发动机不能正常转动。

□ 发动机能被转动，但不容易启动。在设计排除发动机启动困难的故障的程序时，要注意以下两点。

□ 为了能够启动发动机，重要的因素是充分的启动速度和发动机中的三要素。因此，针对重点进行系统性检查以找出故障原因所在的位置。

□ 有效地使用发动机 ECU 的诊断功能，进行故障排除。

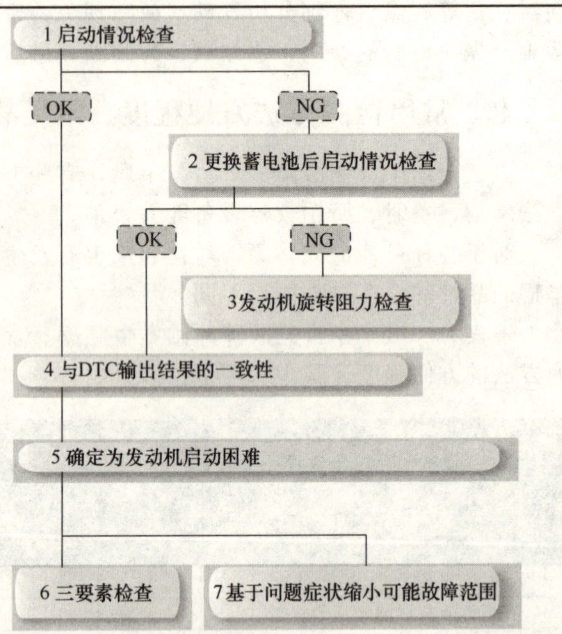

（二）故障诊断流程

1. 启动情况检查

(1)启动发动机需要一定的转速。检查中要判断是否能够保持发动机启动所需要的速度。

(2)达到足够的转速时，继续检查点火、燃油和压缩系统，这三项就是人们所说的发动机“三要素”。

(3)如果由于启动系统的故障导致无法达到足够的转速，即使发动机情况正常也无法启动。

检查方法：用一辆同型号车检查发动机的正常转速，然后与用户的车辆进行比较。

提示

发动机启动所需的最低转速为：

□ 汽油机：60～120r/min。

□ 柴油机：50～150r/min。

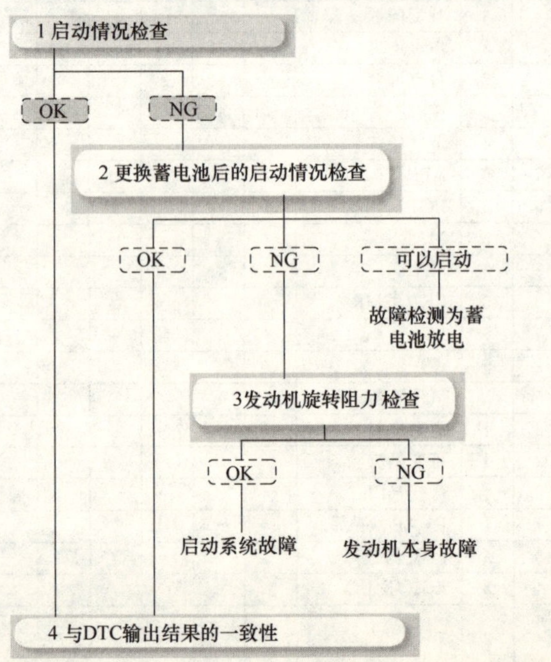

续表

2. 更换蓄电池后的启动情况检查

在一些情况下，由于出现如下恶性循环使故障原因无法找到：

发动机不启动

↓

用户启动车辆时需要很长时间

↓

蓄电池无电力（放电）

↓

转速不够

在这种情况下首先更换蓄电池，然后检查转速和启动性能。

如果蓄电池更换之后仍然不正常，无法达到足够的转速，则检查启动系统和发动机的转动阻力。

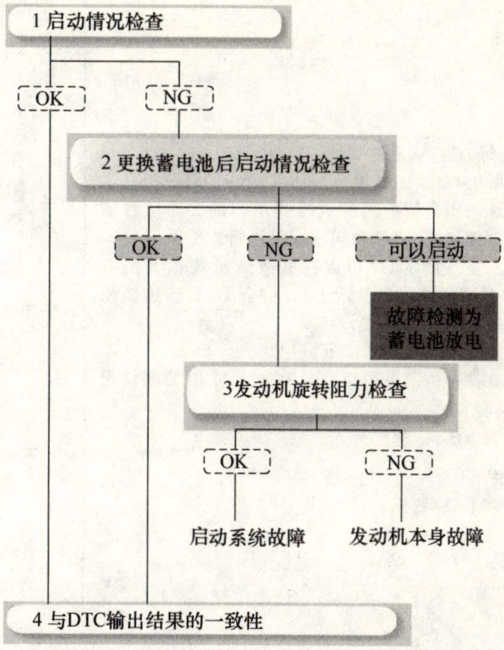

3. 检查发动机旋转阻力

如果发动机旋转不正常，可能是由两个原因造成的：启动系统故障以及发动机旋转阻力过大。

如果发动机的旋转阻力正常，启动系统可能发生故障。

启动系统的启动能力下降，发动机无法获得足够的转速。

如果发动机旋转阻力不正常，发动机旋转阻力将过大。

启动系统正常，但发动机旋转阻力过大使发动机无法获得足够的转速。

检查方法：发动机旋转阻力检查。

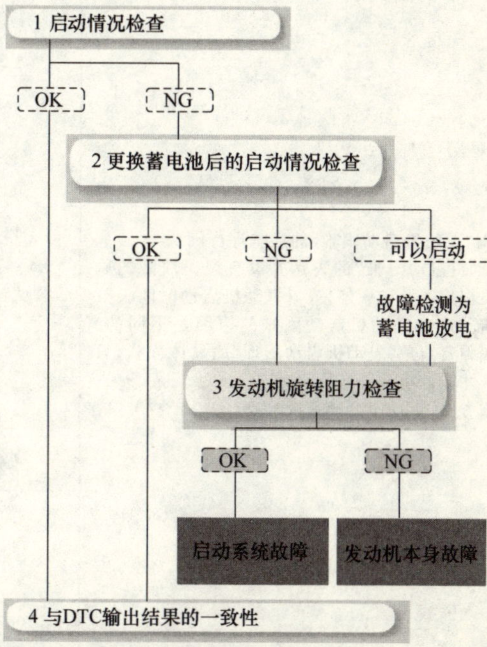

续表

4. 与 DTC 输出结果的一致性

尽管 DTC 输出结果显示异常，然而 DTC 所显示的故障与用户所指出的故障并不相同。在这种情况下就要检查 DTC 和问题症状之间的关系。

显示正常的 DTC 可以判断故障出现在无法有 DTC 显示的部位。显示 DTC 检查 DTC 输出结果与问题症状是否一致。

如果没有 DTC 值显示，可以考虑 ECU 自身不良。在这种情况下可以判定在电源或相关部位出了故障。

检查方法：诊断检查。

提示

检查 ECU 数据。

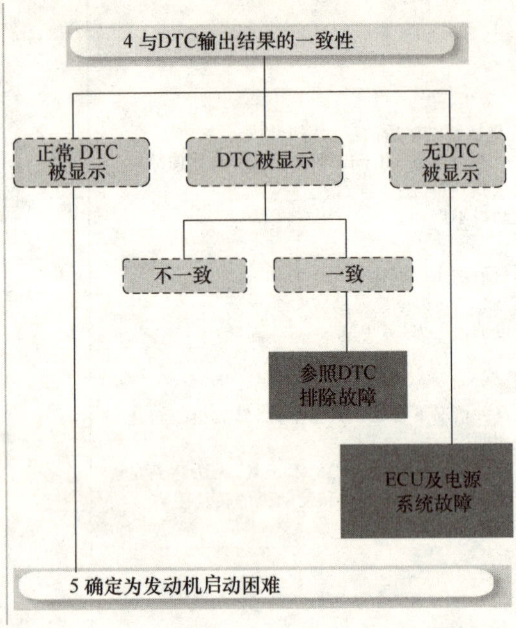

5. 对“发动机启动困难”的症状进行确认

“发动机启动困难”的表达并没有说出故障的原因。根据是否有初燃烧，或者发动机启动时间长等不同情况造成发动机启动困难的原因是不同的。在此步骤要清楚“发动机启动困难”的具体症状，只有这样才能缩小故障范围。

检查方法：发动机启动情况检查。

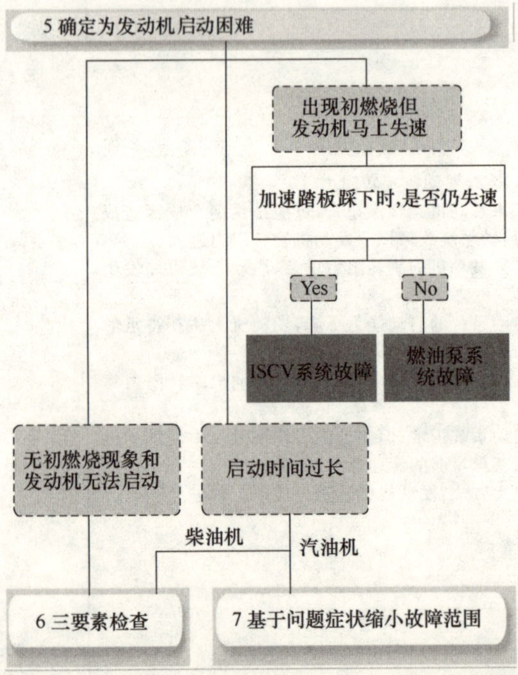

续表

6. 三要素检查

如果未显示DTC，也未出现初燃烧，可以认定是故障出在三要素上。“三要素检查”可以将故障原因范围缩小到点火、燃油或压缩系统。如果汽油机出现这种故障：

□ 点火系统：如果点火火花很弱或者根本没有火花，就不会显示与点火信号或相关部位有关的DTC数据。因此，可以判断出点火次级系统而不是点火初级系统出现了故障。

检查方法：点火及预热系统检查。

□ 燃油系统：检查燃油是否有压力，喷油器是否工作。如果燃油没压力，可以判定故障出在喷油泵或其相关部位。

检查方法：燃油系统检查。

□ 压缩系统：压缩压力下降可导致发动机启动困难。如果压缩压力下降，在出现发动机启动困难之前就会出现由于怠速不良或动力不足造成的故障。

检查方法：压缩系统检查。

如果是柴油机出现这种故障：

□ 预热系统：如果燃烧系统出现故障，进入气缸的空气就不会升到足够的温度，在这种情况下，发动机就会出现无法启动或者启动时间过长的问题。

检查方法：点火及预热系统检查。

□ 燃油系统：如果由于供油不足造成发动机启动困难，一般不会是2个以上气缸同时发生故障，这是因为故障很可能出现在燃油流经的零件，比如喷油嘴或输油管。因此，这些零件并不是导致故障的主要原因，在这种情况下就要系统地检查与喷油泵相通的零件以缩小故障原因范围。

检查方法：燃油系统检查。

□ 压缩系统：对于柴油机而言，如果压缩压力不够柴油是不会燃烧的，柴油不燃烧发动机就无法启动。在“三要素检查”中要检查压缩压力以判断喷入气缸的燃油是否经过充分的压缩。如果只有一个气缸不工作是不会出现导致发动机启动困难的压缩系统的故障的，也就是说，只有当一个以上的气缸同时出现故障时才会出现导致发动机启动困难的压缩系统的故障的，了解到这一点是非常重要的。

检查方法：压缩系统检查。

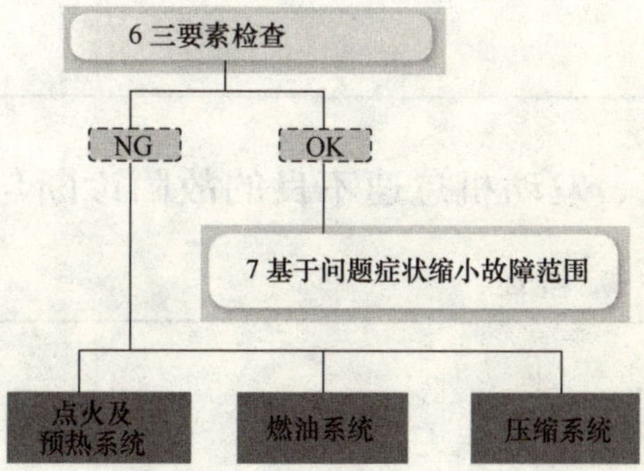

续表

7. 根据故障症状缩小故障检查的范围

根据“发动机启动时间长”和“发动机启动困难”的症状缩小故障原因范围。如果症状非常严重，即使故障原因没有区别发动机也无法启动。合适的空燃比对于启动发动机是非常重要的。空燃比对发动机稳定性的影响非常大，所以在查找故障原因时要根据故障出现时的情况首先查找那些影响空燃比的因素。

参考：

根据火花塞的潮湿情况判断空燃比的稀或浓：火花塞清洗之后，在发动机启动之前停止转动检查火花塞的潮湿情况。

如果火花塞变潮，则可判定空燃比过浓。

在清洗火花塞之前，实施这种判断会在很大程度上受到发动机情况的影响。即使空燃比较稀，火花塞仍然会由于发动机转动时间较长或失火而变湿，因此可能据此错误判断为空燃比过浓。所以维修人员有必要根据这种方法做出判断。

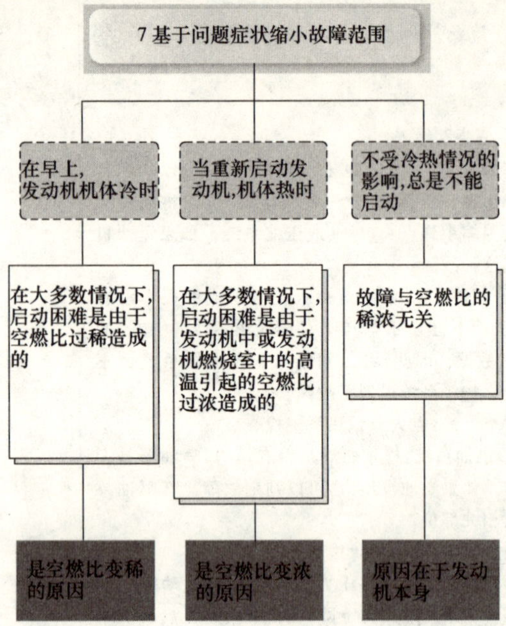

二、发动机怠速不良的故障诊断与排除

（一）概述

由于怠速不良造成的问题的症状分为以下两种：

□ 发动机转动不稳，振动大。

□ 怠速异常（速度高、低、不稳定）。

在制订怠速不良的故障检修程序时要注意：

如果怠速出现问题，故障检修方法或故障部位视故障出现情况的不同存在很大差异。对故障发生情况进行全面的确认以及确定故障范围是属于怠速不良或怠速故障是非常重要的。

参考：

故障诊断流程

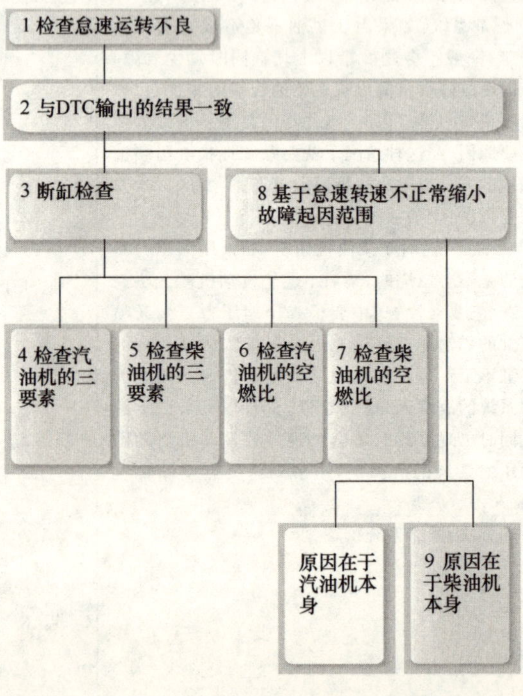

（二）故障诊断流程

1. 核实怠速不良

对怠速不良的症状进行核实，怠速不良的原因视"怠速不稳"或"怠速异常"各异。所以，只有了解怠速不良的情况才能缩小故障原因的范围。

怠速不稳：怠速不稳的症状就是发动机转动不稳，有振动。

怠速异常：怠速异常的症状就是发动机转速不在规定范围之内。具体例子：

- ☐ 怠速过高；
- ☐ 怠速过低；
- ☐ 转速波动；
- ☐ 第一怠速过低；
- ☐ 发动机负荷变化时转速下降等。

提示

☐ 尽管症状是怠速不良，然而有时这种故障可能是由于怠速异常（怠速过低）造成的。

☐ 柴油机的振动高于汽油机的振动。发动机怠速转动时，如果维修师无法找到故障原因，可以将故障车与同车型的另一辆车进行比较，然后根据比较结果做出判断。

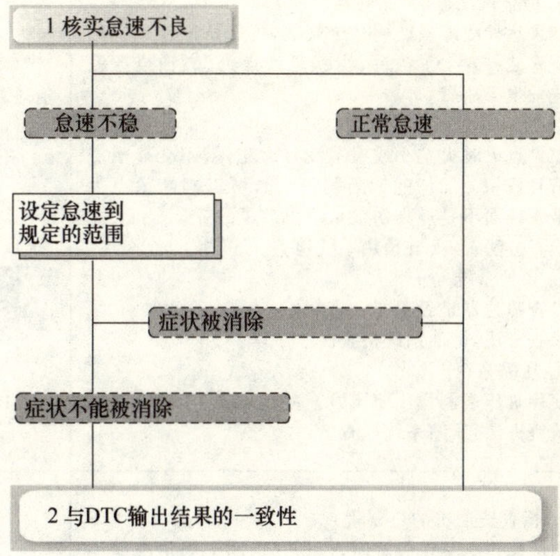

2. 与 DTC 输出结果的一致性

尽管 DTC 显示异常，然而 DTC 所显示的故障与用户所述的故障并不一样，因此要检查 DTC 与问题症状之间的关系。

☐ 显示正常的 DTC

可以判断故障出现在无法有 DTC 显示的部位。

☐ 显示 DTC

检查 DTC 输出结果与问题症状是否一致。

检查方法：诊断检查。

提示

检查 ECU 数据。

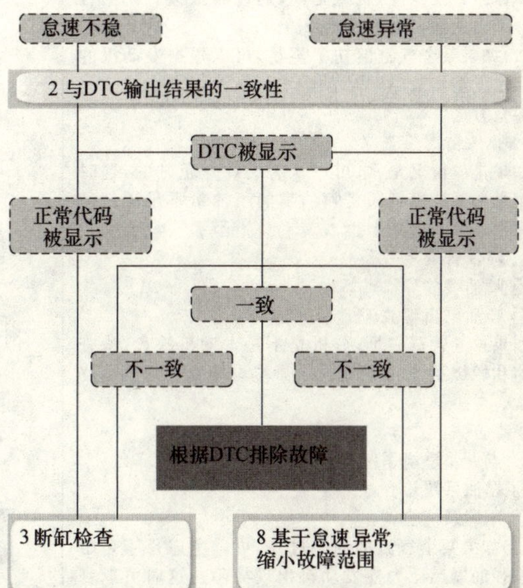

3. 断缸检查

判断这种故障是"影响某个气缸"还是"对所有气缸都有影响"。

检查方法：断缸检查。

汽油机：

☐ 如果这种故障只影响某个气缸，就检查这只气缸的"发动机三要素"。

☐ 如果这种故障对所有气缸都有影响，就检查空燃比。

柴油机：

☐ 如果这种故障只影响某个气缸，在断缸检查中根据这个气缸中的功率强弱与否缩小故障原因范围。

☐ 如果这种故障对所有气缸都有影响，检查发动机的排气情况，将故障原因范围缩小在"三要素"内。

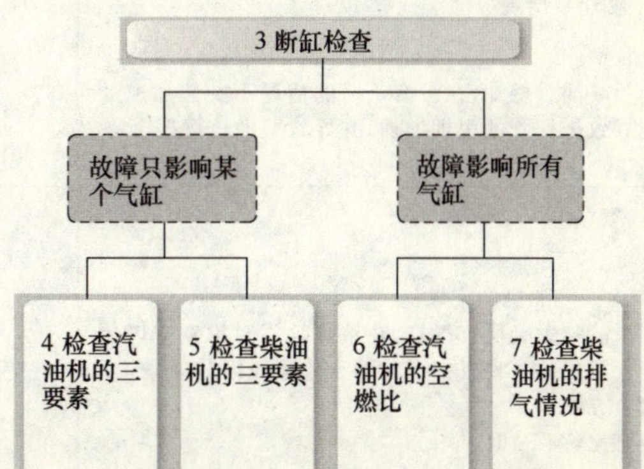

续表

<table>
<tr>
<td>4. 检查汽油机的“三要素”
如果这种故障只影响某个气缸，可以认定发动机的三要素之一发生了故障，也就是说点火、燃油或压缩系统发生了故障。
□ 点火系统
如果点火时火花小或根本没有火花，就不会显示点火信号或相关部位的诊断码，因此，可以判断出点火次级系统而不是点火初级系统出现了故障。
检查方法：点火及预热系统检查。
□ 供油系统
检查喷油器是否工作。
检查方法：燃油系统检查。
□ 压缩系统
使用缸压表测量压缩压力。
检查方法：压缩系统检查。</td>
<td>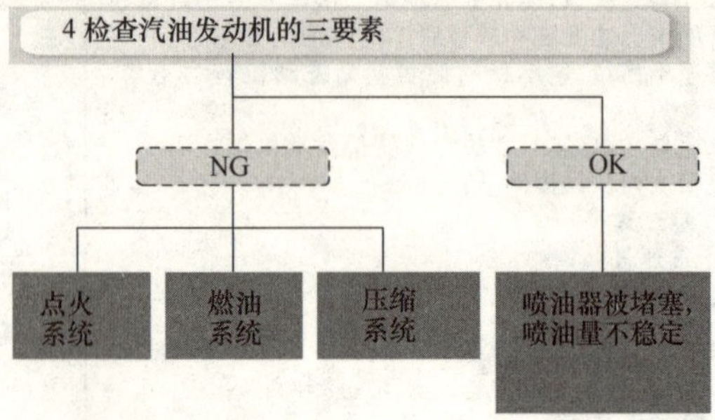
</td>
</tr>
<tr>
<td>5. 检查柴油机的三要素
当故障影响某个气缸时，根据气缸的动力情况缩小故障原因查找范围，也就是说，通过断缸检查根据各气缸动力的强弱来查找故障原因。
(1)如果某个气缸的功率不足，可以根据发动机的排烟浓度缩小故障原因范围。
检查方法：
□ 排放情况检查
如果排放情况正常，可以认为燃烧是正常的，这时检查燃油系统以判断是喷油嘴的喷油量不足还是喷油嘴根本没喷出油来。
□ 喷油管等零件漏油
□ 喷油嘴故障
□ 喷油泵出现故障
如果排气管冒白烟，分析是不是发动机缺火，检查压缩和燃烧系统，因为这两个系统可导致发动机燃烧异常。
检查方法：
□ 点火及燃烧系统检查
□ 燃油系统检查
□ 压缩系统检查
(2)如果某个气缸的功率过高，可以考虑是不是由于过强的爆燃压力使发动机出现故障。这时可以判断由于供油系统的故障使喷油量增加。
□ 喷油嘴故障
□ 喷油泵出现故障
提示
如果喷油量增加，在没有负荷的情况下突然加速就可能导致排气管的黑烟增加，并导致柴油机爆振。</td>
<td>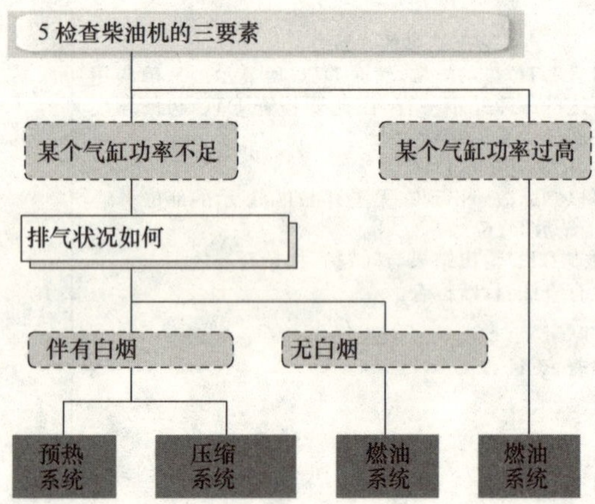
</td>
</tr>
<tr>
<td>6. 检查汽油机的空燃比
如果故障影响所有气缸，在检修故障时检查空燃比是非常重要的。检查空燃比缩小故障原因范围。
检查方法：
空燃比(A/F)检查</td>
<td>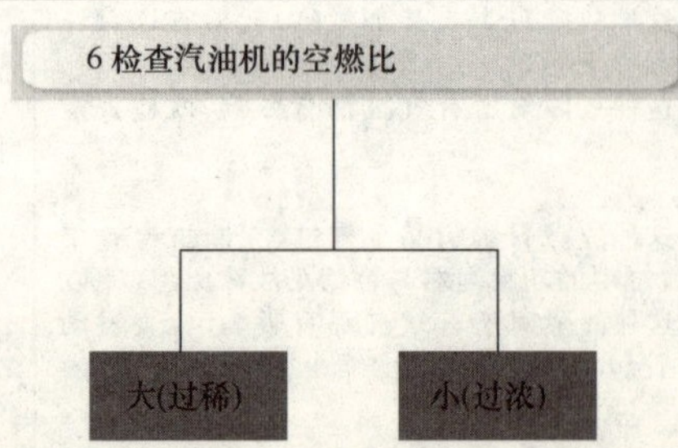
</td>
</tr>
</table>

续表

7. 检查柴油机的排气 如果这种故障对所有气缸都有影响，检查发动机的排气情况，将故障原因范围缩小在“三要素”内。 检查方法： ☐ 排放情况检查 有白烟冒出：如果气温很低，发动机启动后马上会发出柴油机爆振的声音持续几分钟。如有白烟冒出，检查余辉功能。 **提示** 如果故障出在余辉功能上，点火延迟时间就会变长，柴油机爆振声音增加，然后排出白烟。 没有白烟排出：如果空气混入燃油，喷油量就会变得不恒定。压力分布的不平均同时也会造成怠速不稳，在这种情况下检查供油和压缩系统。 检查方法： ☐ 检查点火及预热系统 ☐ 检查燃油系统 ☐ 检查压缩系统	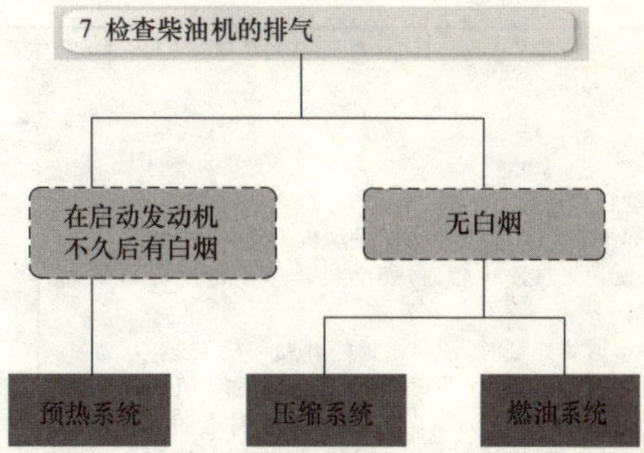
8. 根据怠速异常情况缩小故障原因范围 如果怠速过高或不稳，考虑是否进气量过大。如果怠速过低，则进气量太小。 在这种情况下检查怠速，缩小故障原因查找范围。对于汽油机，如果怠速过高或不稳定： (1)ISCV 系统 ☐ ISCV 出现故障； ☐ ISCV 控制系统(ECU，线束)出现故障； ☐ 水温传感器范围/性能出现问题。 (2)发动机系统 ☐ 节气门系统出现故障(节气门未完全关闭)； ☐ 进气系统吸气。 如果怠速过低： (1)ISCV 系统 ☐ ISCV 出现故障； ☐ ISCV 控制系统(ECU，线束)出现故障； ☐ 水温传感器范围/性能出现问题。 (2)发动机系统 ☐ 节气门体系统出现故障； ☐ 进气系统堵塞； ☐ 发动机转动阻力提高。	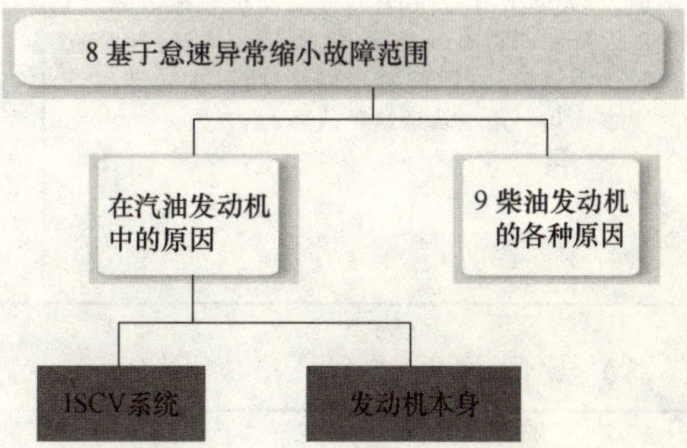
9. 柴油机的原因 ☐ 怠速高的原因：将怠速过高的原因范围缩小到油门拉索或喷油泵上。 检查方法： 检查喷油泵的调整杆是否复位到正确的位置。 ☐ 如果喷油泵的调整杆复位到正确的位置则调整怠速； 如果怠速调整之后仍然不能消除故障，考虑故障是否出在喷油泵上。 ☐ 如果喷油泵的调整杆未复位到正确的位置，则调整油门拉索。如果调整油门拉索之后仍然不能消除故障，可以判断造成故障的原因出在油门拉索拖滞或怠速提升装置出现故障。 ☐ 怠速低的原因：将怠速过低的原因缩小到可导致怠速提升装置是否工作的装置，发动机本身或喷油泵上。 检查方法：检查诸如空调开关或动力转向等可导致怠速提升装置是否工作的装置，因为这些装置可造成低怠速。 **提示** 喷油泵出现故障时，所有气缸的喷油量将同时减少，这将导致发动机转速变慢。	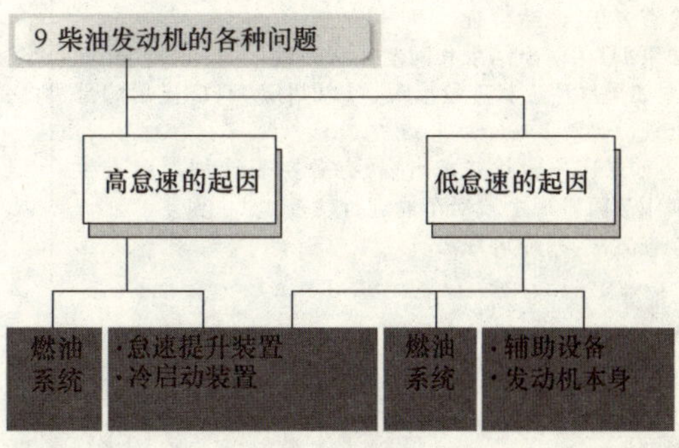

三、发动机失速和喘抖的故障诊断与排除

（一）概述

发动机失速

在如下很多情况下可出现发动机失速：

□ 发动机怠速运转时，发动机转速不稳定导致发动机失速。

□ 车遇到红灯时，油门踏板松开发动机失速。

□ 加速或爬山时，发动机动力减弱发动机失速。多数时候重现发动机失速的症状是非常困难的。在诊断故障时为了重现这一症状维修员有必要询问用户以确定在什么情况下发动机失速。发动机失速后会经常发生启动困难或怠速不良。这是故障检修中又一个要点。

发动机"喘抖"

发动机"喘抖"被认为是发动机失速造成的一个轻微症状。但是这种症状只是暂时现象，所以出现这种症状后要马上对车辆进行快速准确的检查。至于造成这种现象的原因，大体上有两种类型：即发动机机械故障，如气门黏滞以及发动机电气故障，比如 EFI 系统；同时也要考虑另一个因素，如 ECT 变速问题，所以在处理此类问题时要多从几个角度认识这种故障。

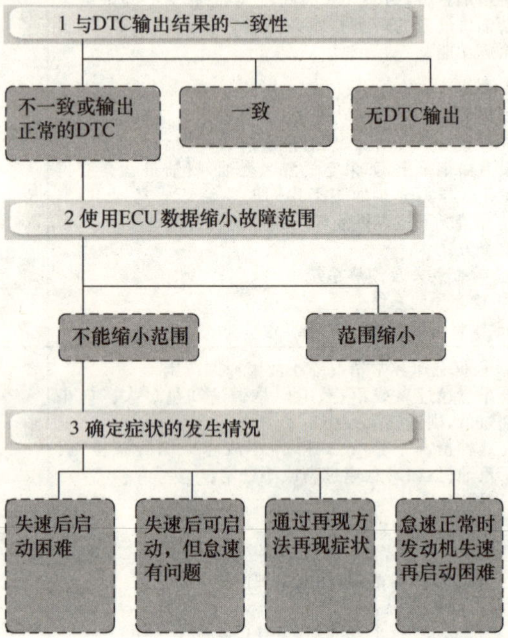

（二）故障诊断流程

1. 与 DTC 输出结果的一致性

即使 DTC 输出结果显示异常，也有可能 DTC 所显示的故障与用户所指出的故障并不相同。在这种情况下就要检查 DTC 和问题症状之间的关系。

检查方法：诊断检查。

如果 DTC 输出结果和问题症状一致：

□ 如果这种症状连续出现，可以判定 DTC 显示的部位出现故障。

□ 如果这种症状并未出现，有必要在这种故障发生时利用故障再现手段对车辆进行检查。

检查方法：故障再现法

提示

当汽车"喘抖"时，使用诊断试验模式确定出现瞬间故障的部位，然后缩小故障原因查找范围。

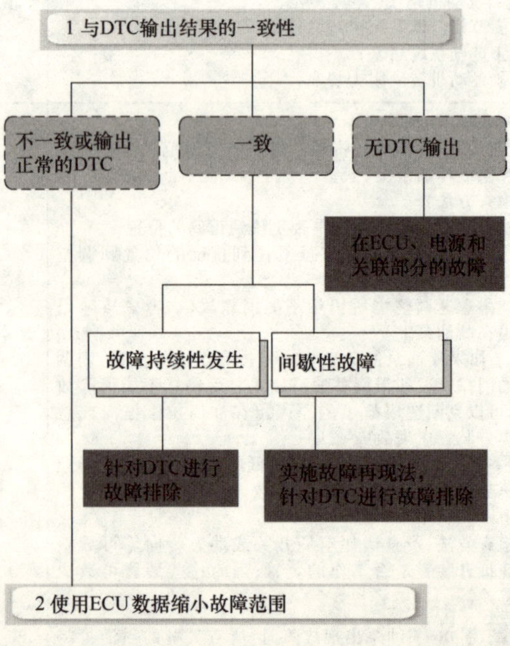

续表

<table>
<tr>
<td>
2. 使用ECU数据缩小故障范围
故障出现时对ECU数据进行分析，然后判断能否缩小这种传感器范围/性能问题或执行器的故障范围。
检查方法：检查ECU数据
</td>
<td>
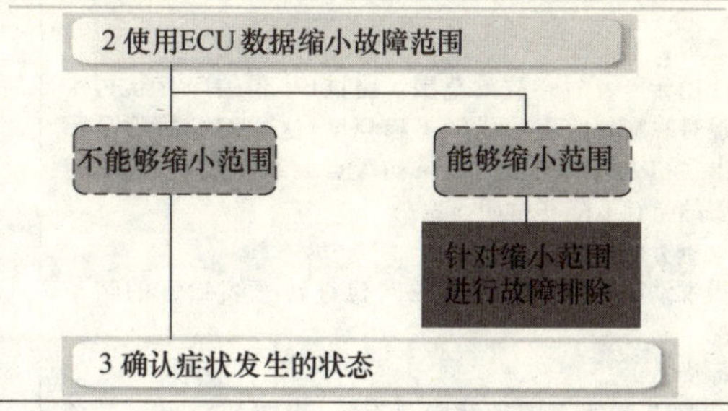

</td>
</tr>
<tr>
<td>
3. 症状出现条件确认
关于发动机的失速或喘抖，这些症状出现的条件各异。例如当发动机再启动困难或出现怠速不稳时，或者使用“故障再现法”使故障症状出现时等等，在这里采用与症状相符的故障检修法可以有效地缩小故障原因范围。
(1)发动机失速后再启动困难
当这种症状出现时，按照“发动机启动困难”的故障检修程序检查车辆。
检查方法：发动机启动困难
(2)发动机失速后能够再启动但出现怠速故障
如果发动机由于怠速过低而熄火，按照“怠速故障”的检修程序检查车辆。
检查方法：怠速故障
(3)实施故障再现法，触发症状发生
如果使用“故障再现法”使故障再现时，可以判定故障出现在采用“故障再现法”的部位。对该部位进行检查，将故障范围缩小到该部位。
检查方法：故障再现法
(4)发动机失速但无怠速故障和发动机再启动困难
这种症状出现，既没有启动困难也没有怠速不良这种症状的出现只是瞬间的。因此观察这种症状相当困难。但是当这种症状出现时如果检查了下列各项就能将故障原因缩小到供油系统或点火系统。
①将故障原因缩小到点火系统
能够清楚地判断故障出在点火系统是非常困难的事情。所以将故障范围缩小到供油系统，在确认该系统没有故障后使用“故障再现法”检查点火系统的各个零件和接头。
②将故障原因缩小到供油系统
□ 检查燃油压力：当这种症状出现时，检查燃油有没有压力。
如果燃油有压力：
□ 喷油器和喷油控制及相关部位；
□ 点火系统。
如果燃油没有压力：
□ 燃油压力供给系统，包括燃油泵；
□ 燃油泵控制系统。
检查方法：燃油系统检查
□ 空燃比检查
当这种症状出现时使用手持式测试仪根据氧传感器电压检查空燃比。
检查方法：空燃比(A/F)检查
提示
如果不能将故障范围缩小到点火系统或供油系统，检查一下发动机控制系统以外的其他系统。
□ ECT。
□ 发动机机械原因。
□ 检测仪未发现的空燃比太浓或太稀的原因。
</td>
<td>
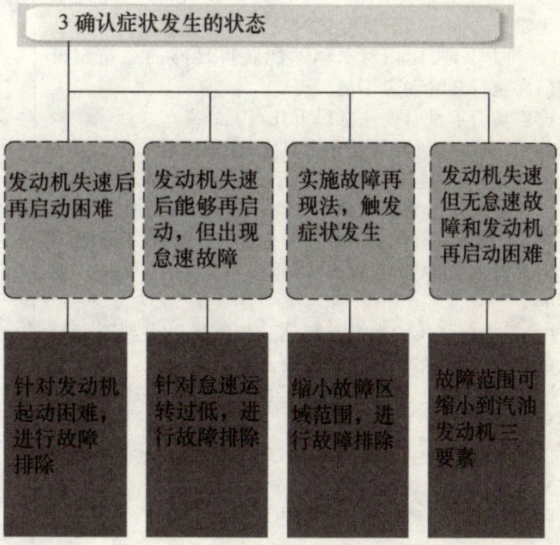

</td>
</tr>
</table>

续表

参考：

使用转速表缩小故障范围。路试中，当故障症状再次出现时观察转速表的指针下降幅度，这样判断故障是不是出在初级点火系统。如果初级点火系统出现故障，转速表的指针下降非常明显。

检查方法：

当发动机出现“喘抖”现象时检查转速表指针的转动情况。

标准：

□ 如果转速表的指针剧烈下降，表明初级点火系统出现了故障。

□ 如果转速表的指针缓慢下降，表明初级点火系统以外的其他部位出现了故障。

提示 对于配有ECU将对Ne信号做计算，并将发动机转速传递给转速表的系统，不能对该系统实施此项检查。

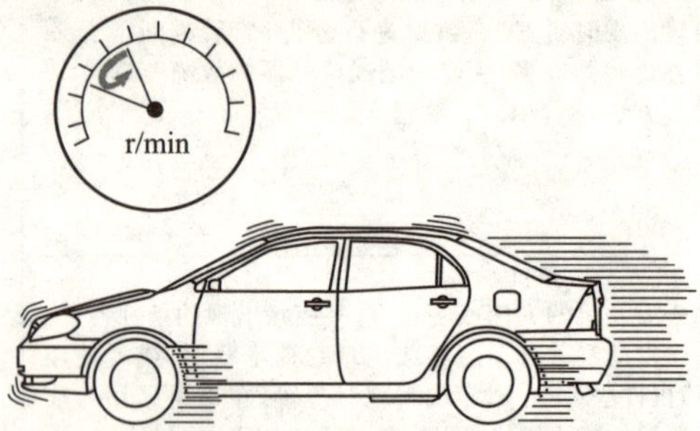

四、发动机动力不足的故障诊断与排除

（一）概述

造成动力不足的原因大体上分为以下几类。

□ 加速性能差：汽车可以平稳地行驶，但是不能完成加速操作。节气门开度变化时动力没有反应。

□ 动力不足：爬山时车辆不能获得足够的加速。当油门完全打开时动力不足。

检修动力不足时要注意以下几点：

(1)知道用户所指的是什么，他想让你做什么。

(2)为了准确地对故障车进行检修，要对用户进行充分的诊断提问。如果车仍然出现诊断码，那么在这种症状再次出现时，检查定格数据并创造一个类似于故障症状出现时的条件和环境，对于重现问题症状是非常重要的。

(3)根据测试仪的数据及其他一些数据做出判断有很大的难度，所以在进行路试时要注意以下几点：

□ 驾驶一辆与故障车同型号的车，将其与故障车进行比较。

□ 让2到3个人参与此项路试，然后根据大家的观点作出一个综合客观的判断。

□ 如果可能，要和用户一起进行路试。

提示

检修动力不足症状时，对整车进行评价是非常重要的，这就是说不仅要对发动机，还要对传动系、制动系等系统进行评价。

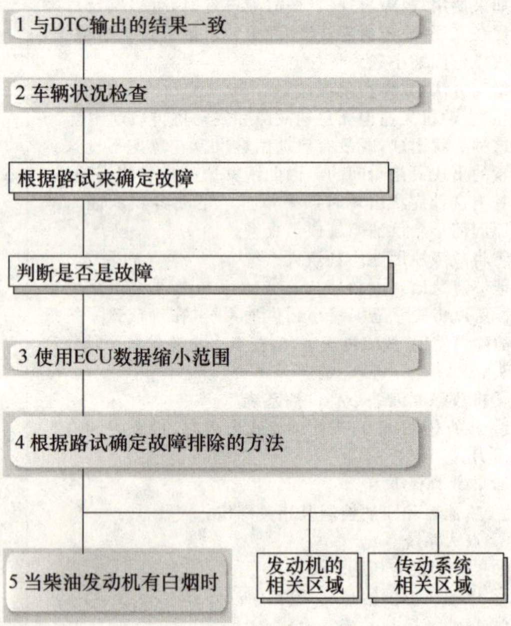

（二）故障诊断流程

1. 与DTC输出结果的一致性

即使DTC输出结果显示异常，也有可能DTC所显示的故障与用户所指出的故障并不相同。在这种情况下就要确认DTC和问题症状之间的关系。

提示

诊断检查

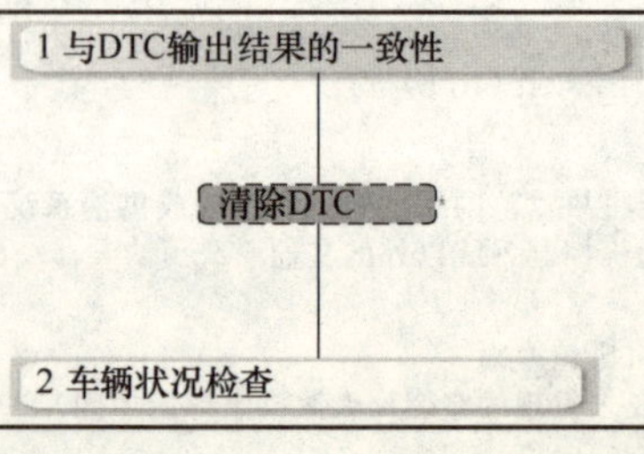

续表

2. 车辆状况检查 (1)基本检查 对除了实际驾驶否则很难确认诸如动力不足等问题的症状,为了更有效地进行检修,要在路试前对车进行基本检查。故障原因很可能通过基本检查就能发现。 检查方法:基本检查 **提示** 基本检查就是对用户指出的症状进行确认前对车辆进行的一种检查。在检查过程中,要检查车况、作记录,然后在不改变车况的前提下进行路试。 (2)通过路试对故障症状进行确认 □ 和用户一同驾驶车辆进行路试。 □ 路试不能和用户一起进行时,就要参照从用户得到的信息及建立在定格数据基础上的症状发生条件进行路试。 □ 对系统进行确认,判断这种症状是不是一种故障,判断 DTC 输出结果、车辆检查结果及故障之间是否一致。 **提示** 在路试过程中如能使用每一个 DTC 功能找出故障原因就变得很容易。 □ 如果以检查模式进行路试,发现故障原因的可能性就会大增。 □ 将 ECU 数据存储在设备中,进行路试,然后分析故障出现时的 ECU 数据。这些程序可以发现 DTC 不能输出的异常,例如传感器范围/性能问题或执行器的故障。 □ 动力不足的症状视故障原因的不同具有不同的特点。因此在路试过程中要牢记故障原因和故障症状特点是非常重要的。	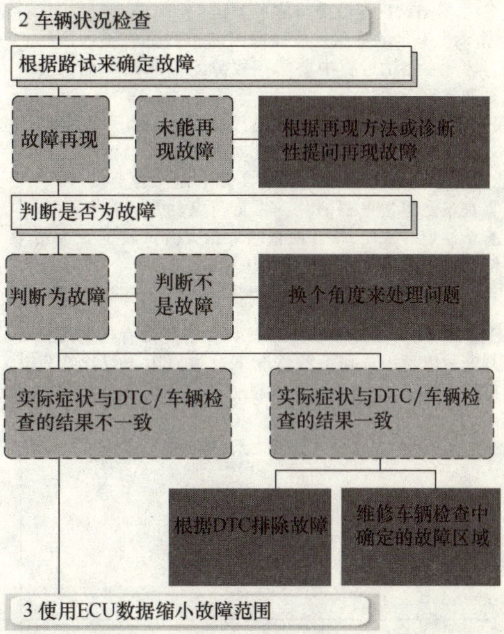
3. 使用 ECU 数据缩小故障范围 故障发生时分析 ECU 数据,判断能否将 DTC 无法检测到的传感器范围/性能故障以及执行器故障的原因缩小在一定范围内。 检查方法:检查 ECU 数据 □ 柴油机暖机后不冒白烟。如果冒白烟,可以判断发动机出了故障。然而如果发动机在极低的温度下启动,就会冒白烟,但这种"白烟"实际上是一种蒸气,所以认真观察是非常重要的。在无负荷突然加速的情况下检查柴油烟的浓度,结合检查结果和负荷试验下症状发生情况缩小故障原因范围。 检查方法:故障区域和症状出现 **提示** 对故障症状进行核实时不能带有任何成见地判断故障原因。在一些情况下故障原因不仅出在发动机控制系统上,而且还出在机械部分或传动系相关部位等。	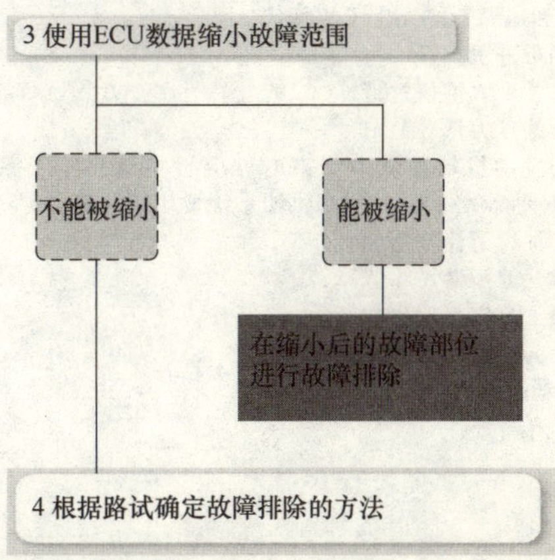

续表

4. 根据路试确定故障排除的方法 □ 动力不足的症状视故障原因的不同具有不同的特点。因此在路试过程中要牢记故障原因和故障症状特点是非常重要的。 □ 柴油机暖机后不冒白烟。如果冒白烟，可以判断发动机出了故障。然而如果发动机在极低的温度下启动，就会冒白烟，但这种“白烟”实际上是一种蒸气，所以认真观察是非常重要的。在无负荷突然加速的情况下检查柴油烟的浓度，结合检查结果和负荷试验下症状发生情况缩小故障原因范围。 检查方法：故障区域和症状出现 **提示** 对故障症状进行核实时不能带有任何成见地判断故障原因。在一些情况下故障原因不仅出在发动机控制系统上，而且还出在机械部分或传动系相关部位等。	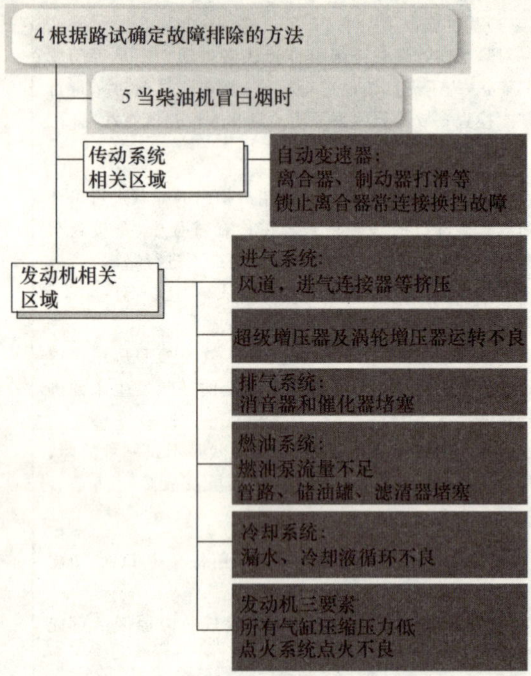
5. 当柴油机冒白烟时 根据白烟出现时的情况缩小故障范围。 □ 发动机在几乎任何的转速下都会冒白烟。分析是否燃油和压缩系统发生了故障。 □ 油中进水。 □ 燃油十六烷值过低。 □ 压缩压力低等。 □ 当发动机转速从中到高时就会冒白烟。至于原因，分析是否喷油泵、进气和供油系统发生了故障。 □ 燃油滤清器堵塞。 □ 空气滤清器污垢。 □ 喷油泵内部发生故障等。 检查方法： 排放情况检查	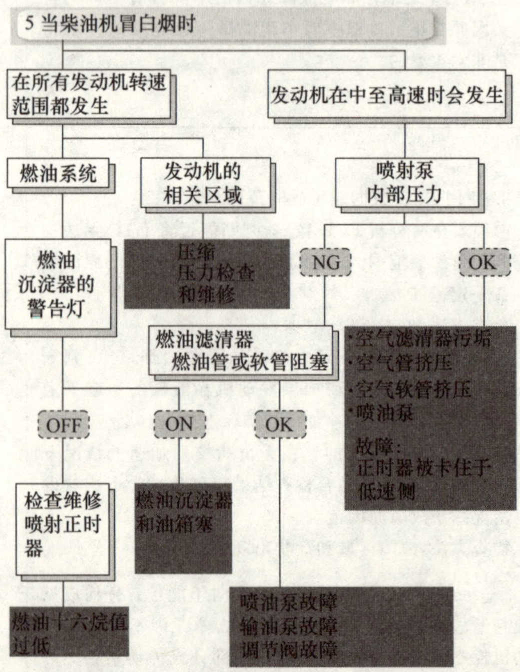

五、发动机燃油消耗过高的故障诊断与排除

（一）概述

经常性燃油消耗增加是由于车辆使用情况与路面条件造成的，而不是车辆的故障问题。因此，准确了解用户的使用习惯与要求是很重要的。本节介绍造成燃油消耗增加的几个可能因素。

□ 何时开始？

了解发动机暖机与空调使用之间以及车辆条件的变化与故障之间的关系。

□ 与什么相比？

找出用户所进行比较的目标车辆与用户的车辆之间的不同，然后查明引起燃油消耗增加的原因。

□ 如何使用？

根据用户的使用情况查找燃油消耗增加的原因。

□ 如何测定？

查明引起用户出现计算错误的原因。

（二）何时开始

1. 燃油消耗的季节性变化

夏季使用空调时，燃油消耗就会增加。增加程度取决于受温度和湿度所影响的空调负荷。冬季燃油消耗也会增加，因为为了发动机暖机，高怠速运行的时间要比平常要长一些。

2. 燃油消耗会随着时间的变化而变化

积炭在燃烧室中积累很长一段时间后会出现爆震现象。控制爆震就会延迟点火正时，从而使燃油消耗增加。如果点火正时延迟 5°，燃油消耗大约增加 6%。当一辆全新的汽车大约行驶到 5000～10000km 时，燃油消耗会降低 5%～10%。这是由于对发动机、传动系、轮胎等的摩擦减少的缘故。

3. 燃油消耗急剧变化

“同去年相比，燃油消耗增加了许多”，“燃油消耗突然间就增加了，”这种可以说是故障的情况，可能就已经出现在车辆上了。

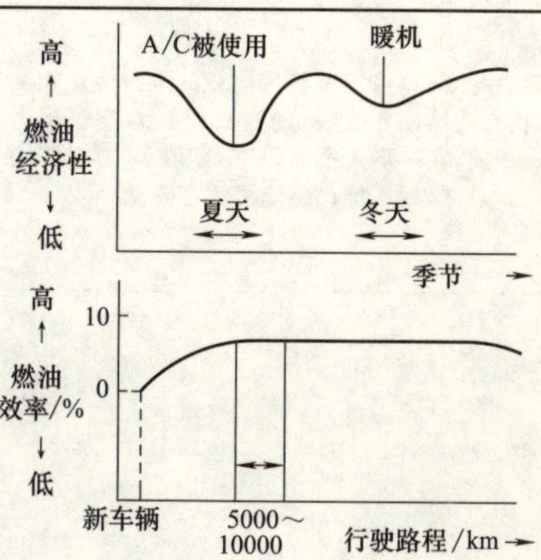

（三）与什么相比

1. 发动机的不同

□ 通常，发动机排气量的增加，汽车燃油消耗也较大。主要是因为发动机较大、汽车重量较大时会增加摩擦。

□ 尽管发动机具有不同特性，但在正常使用范围内燃油消耗几乎是相同的；在低速时扭矩较大的发动机和高速时扭矩较大的发动机中，低速时扭矩大的发动机的传动比较小，在这种情况下，可以说能够降低燃油经济性。

□ 如果发动机安装了涡轮增压器/超级增压器，由于启动和加速时它的反应较慢，驾驶员就要比必要的情况下更加频繁地踩下加速器踏板。因此，涡轮增压器/超级增压器运行时，开始加速度要比必要时大一些，所以燃油消耗也会增加。

提示

最小燃油消耗率：发动机特性曲线所示的最小燃油消耗率是节气门完全打开时的最小燃油消耗率，它不总是与正常使用范围内的燃油消耗相等。

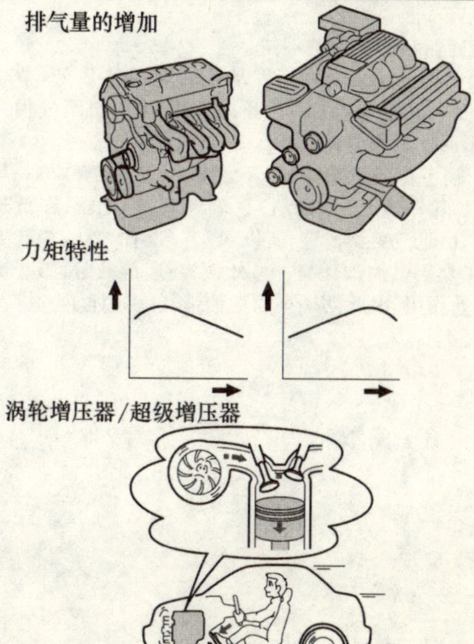

续表

2. 汽车重量的不同 当汽车重量较大时，燃油消耗也增加。当汽车在平路上以恒定的速度行驶时，车重的增加对燃油消耗的影响不大。但是，当反复启动、加速和爬坡时，车重对燃油消耗的影响很大。	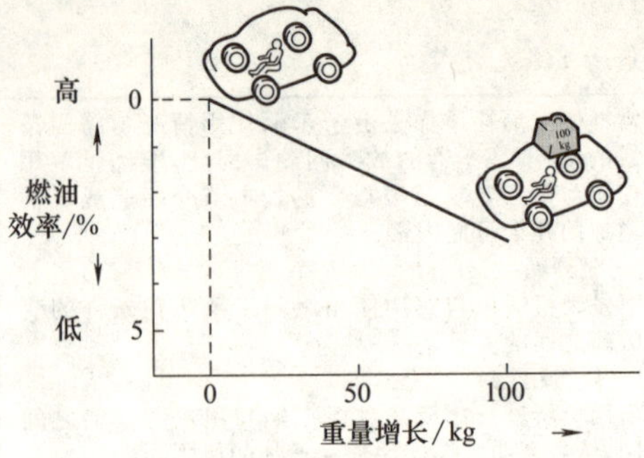
3. 造型的不同(空气动力学) 空气阻力的增大与车速的平方成正比。因此，低速行驶时，空气阻力不影响燃油消耗，但高速行驶时，它会大大影响燃油消耗。 **提示** 空气阻力与Cd值和前部迎风面积的乘积成正比。也就是说，前部迎风面积大时，即使Cd值小，空气阻力也会变大。因此，在一辆大车上即使Cd值小，空气阻力也不总是小。总之，就不能说燃油消耗会降低。	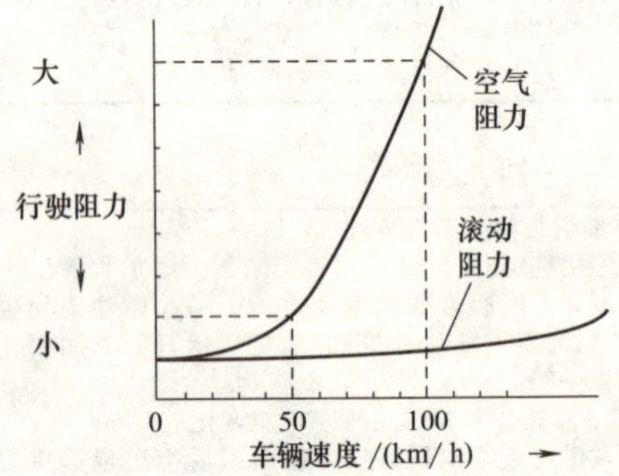
4. 变速箱和传动比的不同 • 通常，当传动比小时，发动机转速保持很低，节气门开度变大以相等的功率行驶。因此，发动机泵气损失量减少，而且燃油消耗降低。 • 一辆手动变速箱车辆(下面称 M/T 车辆)与一辆自动变速箱车辆(下面称 A/T 车辆)进行比较，在低速行驶时，由于变矩器滑差，所以 A/T 车辆的燃油消耗要比 M/T 车辆燃油消耗高。另外，在高速行驶时，锁止离合器开始作用，因此两辆车的燃油消耗就一样了。	 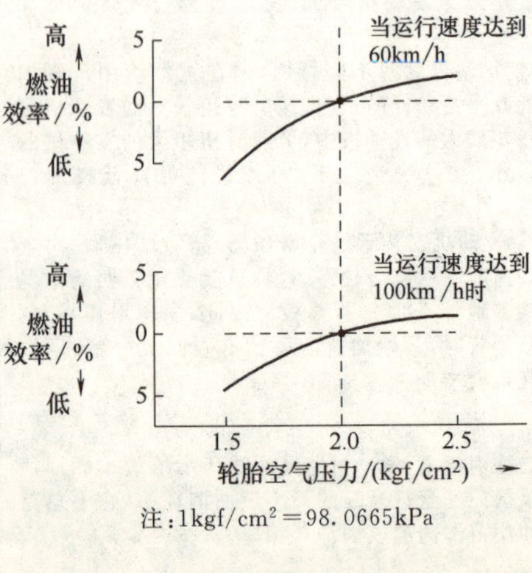 注：1kgf/cm²＝98.0665kPa

续表

提示 泵气损失：泵气损失是指发动机吸入空气时的阻力。当节气门开度小的时候，泵气损失很大。 5. 轮胎的不同 轮胎对燃油消耗会有所影响的原因在于：行驶阻力中的滚动阻力大部分都在轮胎上。轮胎滚动阻力根据气压或轮胎类型的不同而不同。	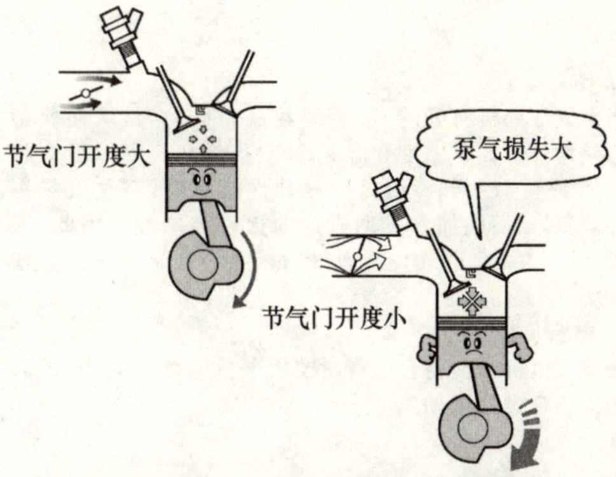
6. 实际车辆与表列数据之间的不同 目录中的燃油消耗是在规定条件下测量的。因此，在许多情况下的行驶条件不同于用户使用车辆时的路面条件，而燃油消耗的增加是由用户的路面条件决定的，例如平均行驶速度慢、车辆停车率高、突然加速等。 • 路面和环境方面的原因 温度和湿度不同 风的影响 斜坡、倾斜弯曲和坎坷路面造成速度上相当大的改变 • 车辆方面的原因 车重不同 保持节气门开度恒定是困难的，即使是在持续行驶过程中也一样，随着时间的改变而变化（车辆的摩擦力变化，积炭）	 

（四）用户使用情况

1. 发动机暖机和行驶距离 发动机长时间暖机会浪费燃油。发动机冷时，需要的油就更多，而且由于高怠速会导致高速空转。基于这些因素，当行驶距离短时，发动机处于冷状态下的行驶时间就会增大，而且燃油消耗也会增加。 **提示** 暖机：为了降低燃油消耗，就应该尽可能地减少发动机暖机时间。即使是在冬季，也要在水温指示器开始动时（水温在40～50℃）停止暖机。 2. 装载情况和乘员数量 如果装载量与乘员数量增加，重量就会加大，燃油消耗也会增加。	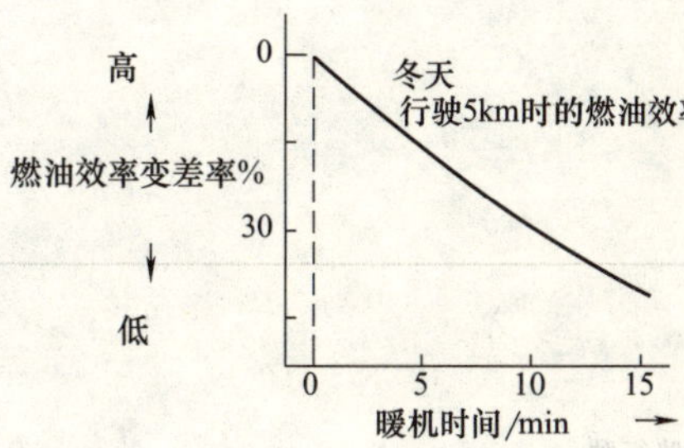 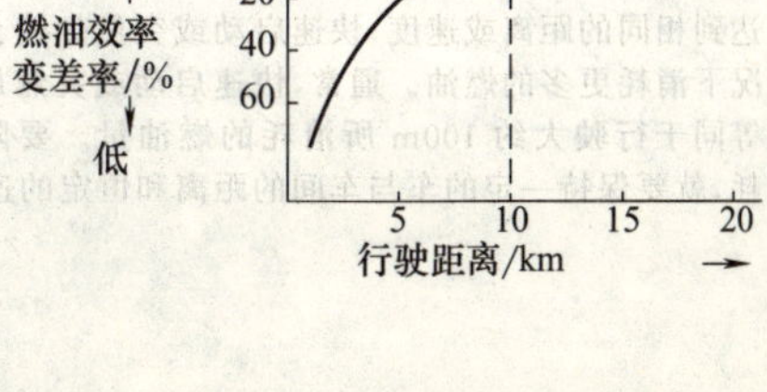

续表

3. 使用空调 当空调压缩机打开时，就会消耗发动机动力，从而使燃油消耗增加。如果温度和湿度越高，压缩机运转率就会越大。如果车速越低，冷凝器的冷却性能越差，空气流量也就会降低，从而施加到发动机上的力就会增加。因此，温度较高时在拥挤的路面上行驶，燃油消耗会增加20%～30%。 4. 电流负荷 交流发电机的负荷会随着所使用电量的增加而增大，因此燃油消耗也会增加。	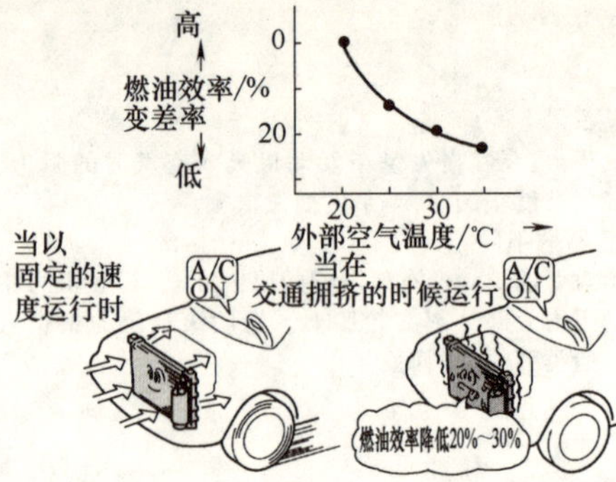
5. 在城市中和拥挤路面上行驶 在这种路面上行驶会增加燃油消耗，因为这时平均车速低，停车次数增多，时间变长，加速和减速次数也更多。在需要频繁加速和减速的间歇性阻塞路面上行驶时，燃油消耗要比要求车速相当低的路面上还要高一些。 • 平均车速 平均车速可以由距离和时间简单地计算出来，但是当车辆长途行驶时，在行驶过程中，既有阻塞路面，又有非阻塞路面，那么就有必要把一定路段分离开来加以计算，以获得每一个值。在这种情况下，就有必要把低速行驶距离和高速行驶距离的比率分离开来。 • 车辆停留时间 车停下来时，消耗燃油，但是行驶距离却是0km，因此燃油经济性就变为0km/L。如果停车时间越长，燃油经济性就越差。	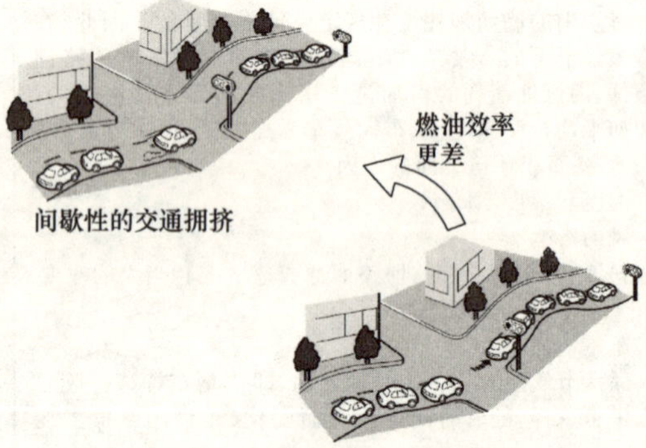 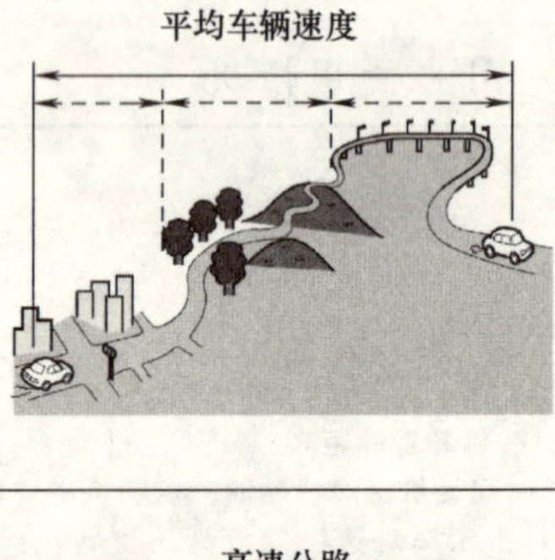
6. 公路行驶 在公路上，车辆以恒速行驶时，燃油消耗通常也会增加，但当车速上升时，燃油消耗也随着增加。通常，如果车速从100km/h降低到80km/h，燃油消耗会降低10%～30%。 7. 启动和加速 为了达到相同的距离或速度，快速启动或突然加速会比正常情况下消耗更多的燃油。通常，快速启动或突然加速会消耗等同于行驶大约100m所消耗的燃油量。要降低燃油消耗，就要保持一定的车与车间的距离和恒定的速度	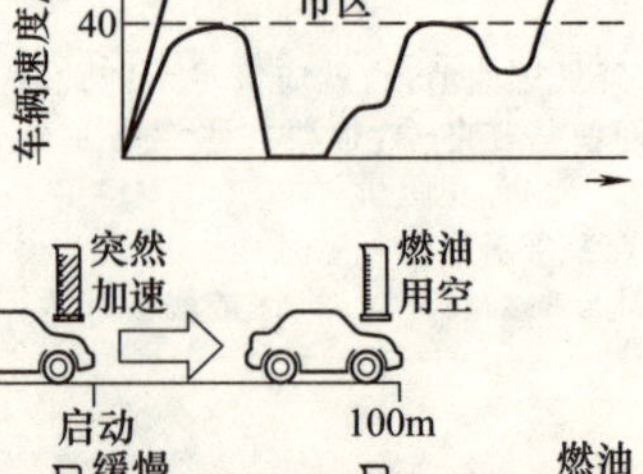 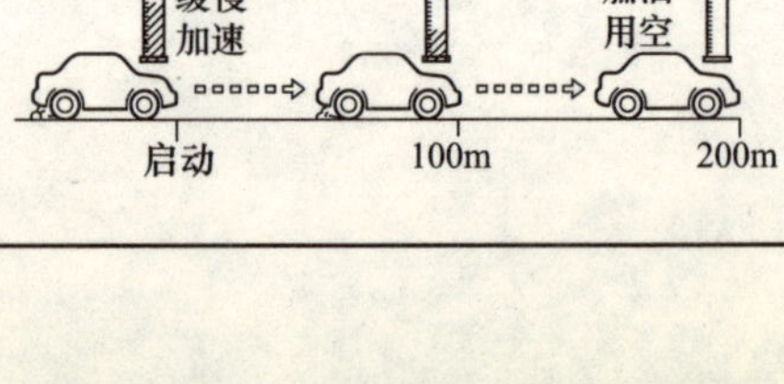

续表

8. 浪费的加速操作

急行车时的车辆所消耗的燃油等同于行驶大约 50m 所消耗的量。

9. 换挡操作

通常，如果车辆行驶性良好的情况下，例如没有爆震现象等，使用更高挡位并降低发动机转速会降低燃油消耗。

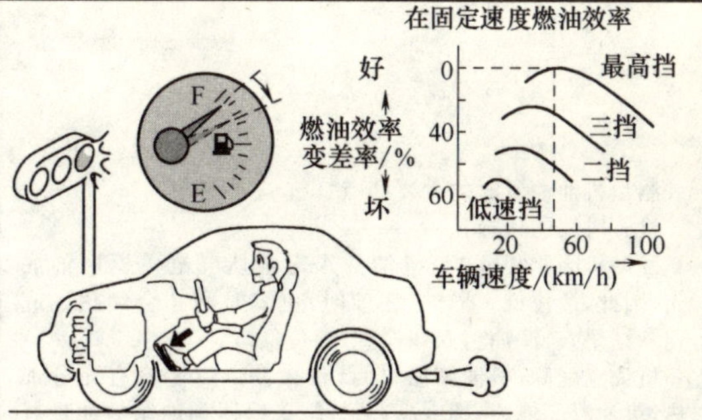

（五）计算方法

许多用户是以满油箱的方法计算燃油消耗，然而，以这种方法计算可能会导致不同的结果。因此，对以下几点加以注意是必要的。

1. 加油方法不同

车辆行驶后加油时，加油量应该与行驶前的相同。然而，车辆倾斜度、加油的人、加油速度等是不同的，所以所加的油量也会有所不同。因此，燃油消耗的计算结果也不一样。

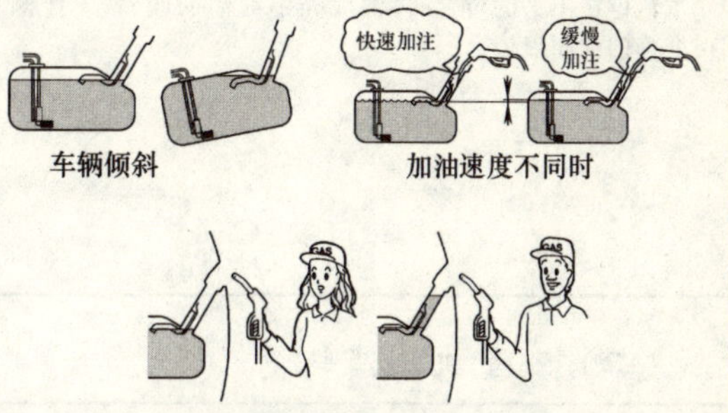

车辆倾斜　加油速度不同时

当加注人员不同时

2. 加油时间的选择及不同

如果只消耗掉少量油后就加油，行驶距离也很短，所以这种行驶条件下的燃油消耗可以计算出来。另一方面，如果在油箱几乎没油的时候再加油，行驶距离长，而且车辆也经历了各种行驶条件。因此燃油消耗的计算结果应该是总结果的平均值。

3. 计算时应考虑的重要几点

为了准确计算燃油消耗，就要在诊断性提问的基础上进行道路试验，试验用一个燃油消耗测量仪和附在上面的便携检测器，然后记录车辆在不同路面条件和行驶方法下的燃油消耗变化数据。

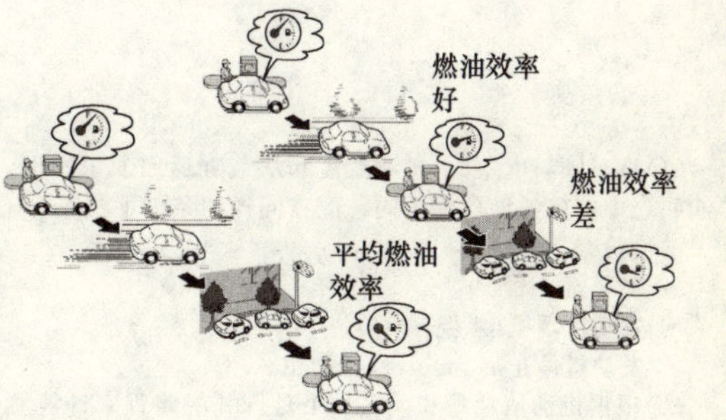

六、发动机机油消耗过高的故障诊断与排除

（一）概述

在运转过程中，发动机机油一定会减少。发动机机油流往发动机各部件，以及对部件进行润滑的通道，包括通往油底壳和燃烧室的通道，或是进入排气装置中而不流回到油底壳的通道。进入燃烧室和排气装置的发动机机油会燃烧。

机油减少的几个途径：

- 机油润滑气缸壁进入燃烧室的途径。
- 机油从气门杆与气门导管之间的缝隙进入到燃烧室的通道。
- 机油与气体一同被吸入到燃烧室中。
- 润滑涡轮增压器轴承的机油从压缩机一侧流入燃烧室、从涡轮一侧流入排气装置。

影响机油消耗量的因素：

- 由于发动机故障而导致进入燃烧室的机油量增加。
- 由于机油维护不当而导致发动机出现故障。
- 机油消耗量的变化取决于对车辆的使用习惯与驾驶方法。

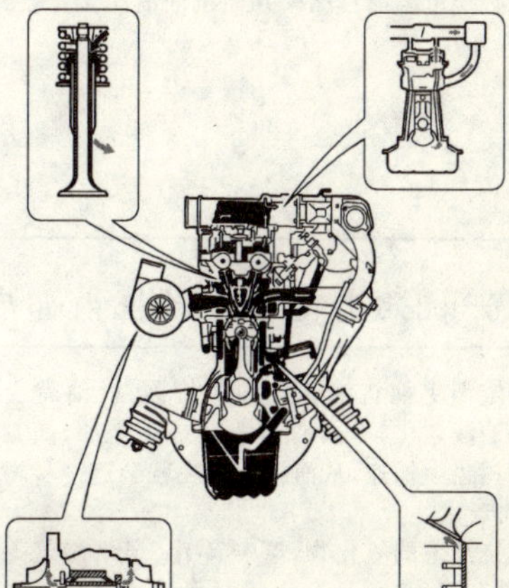

测量机油油量时的重要几点

检查时间的选择：

发动机刚刚停止后，机油并未完全从气缸盖返回油底壳，因此，油位低。同样，注油时，也需时间才会到达油底壳。结果，若注油后立即检查，油位低。

机油温度高，机油膨胀，因此油位高。由于没有充分加热，机油温度低，黏稠度高，从气缸盖返回到油箱的油量减少。结果油位变低。

检查位置：

车辆停在不平的位置时，油底壳中的油面倾斜，不能测得准确的油面液位。

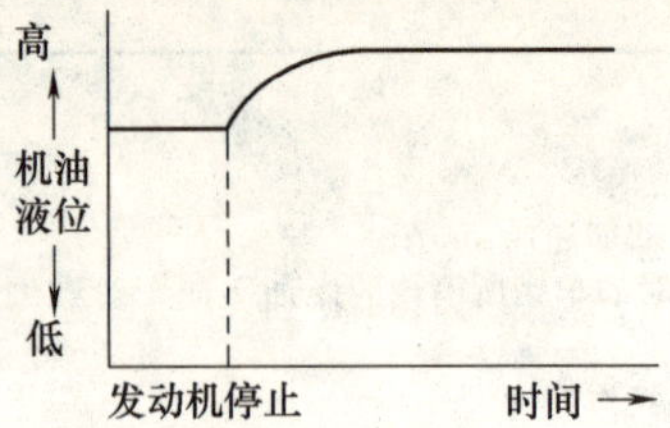

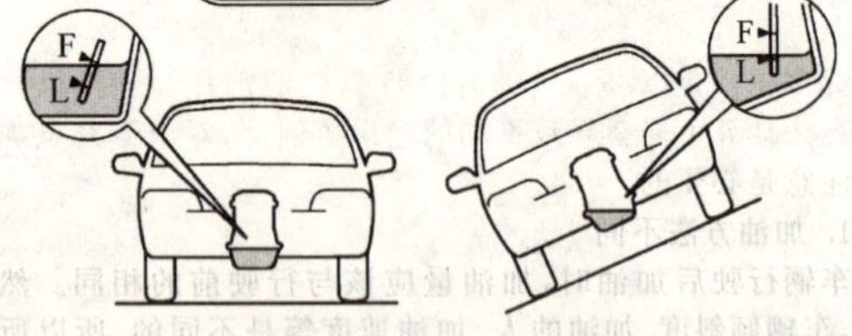

（二）测量机油消耗量

(1)汽车倾斜度不同，机油温度和从气缸返回油量不同，油底壳中的机油液位就不同。应在同样的条件下检查。

油位检查条件。

- 水平面。
- 发动机暖机（水温 80℃）。
- 发动机停止后 5min，检查油位。

(2)根据机油消耗量和顾客一个月行驶的路程来计算测量的周期。

(3)使用量筒准确测量注入的机油油量。

提示

顾客的测量差距大，稳定性小，因此，必须精确测量机油消耗量。必须依据测量结果判断机油消耗量是否合适。

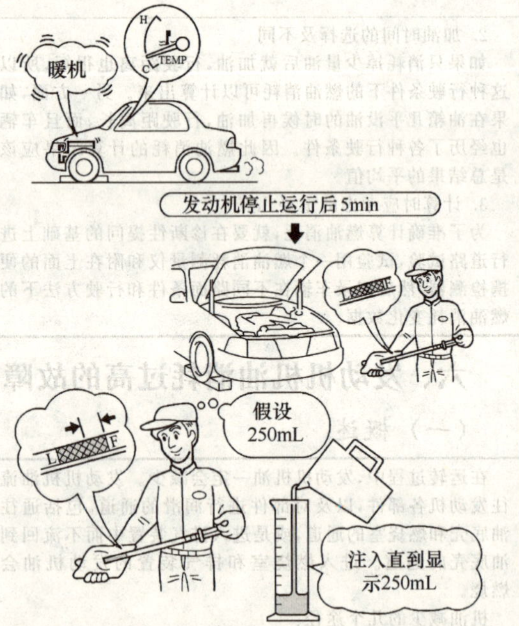

（三）机油老化和发动机内部磨损

如果不定期更换机油和机油滤清器，机油就会逐渐老化。如果油液老化，不仅油的消耗量会增加，而且发动机内部的磨损也会加速，从而机油消耗就会进一步增加。

- 机油老化

如果燃烧产生的氧化物、磨料碎片、煤烟湿气等混入机油，油液就会老化，而且净化或润滑性能降低。对于柴油发动机，如果黑烟混入到机油里，机油黏度就会变高，润滑气缸的机油刮掉性能就会变差。因此，混合到燃烧室中的机油量就会增加。与汽油机相比，在燃烧气体中柴油燃油含有多得多的硫磺和酸。因此，柴油机机油比汽油机机油更容易老化。如果柴油机的机油更换期与汽油机的相同，发动机的磨损过程就会反常地加速。

• 发动机内部的磨损

如果机油老化，就会产生油泥等物质。因此，发动机内部的磨损就会加速，就会出现经由活塞环和气门导管的机油损失。

(1)经由活塞环的机油损失

如果缸壁或活塞环老化了，其刮油性能就会下降。从而，油耗量就会增加。如果活塞环和环槽老化了，环的泵送性能增强，输送到燃烧室内的机油量就会增加。因此，油耗量增加。

(2)经由气门导管的机油损失

如果气门杆、气门导管和油封老化了，进入燃烧室内的油量就会增加，因此油耗量增加。

检测方法：

经由活塞环的机油损失、经由气门导管的机油损失的检测

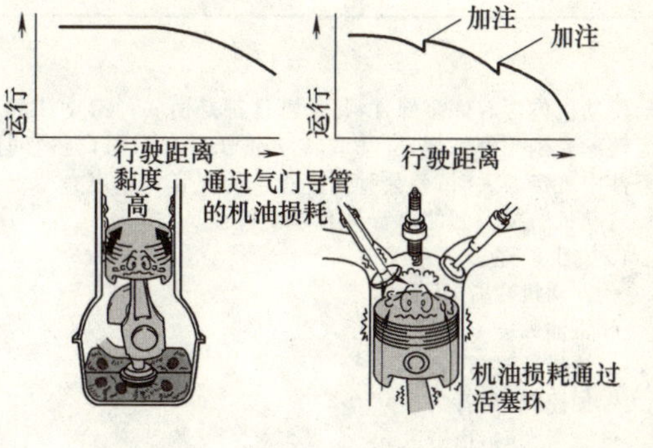

（四）机油消耗增加的原因

1. 装载条件

如果乘员和物品数量增多，发动机负荷就更大，从而踩加速踏板比平常被踩下的更多，所以，压缩压力和燃烧压力变得更高。因此，施加在活塞上的压力或震动就更大，活塞在气缸中倾斜或活塞的形状发生改变，所以机油润滑性能减弱。此外，如果气缸和活塞的温度升高，发动机机油的蒸发量和油耗量增加。

对于柴油发动机来说，载荷大时，燃油喷射量增加，从而产生更多黑烟，导致机油劣化加速。

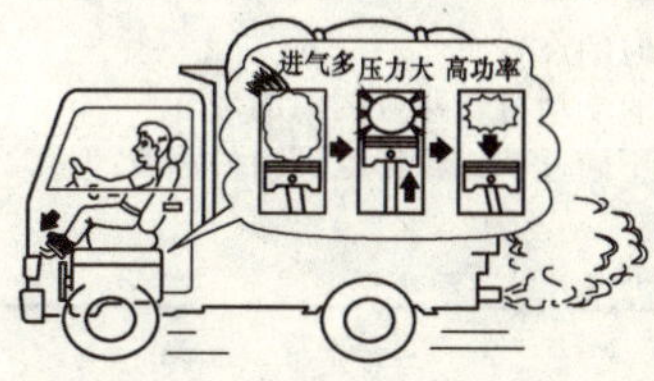

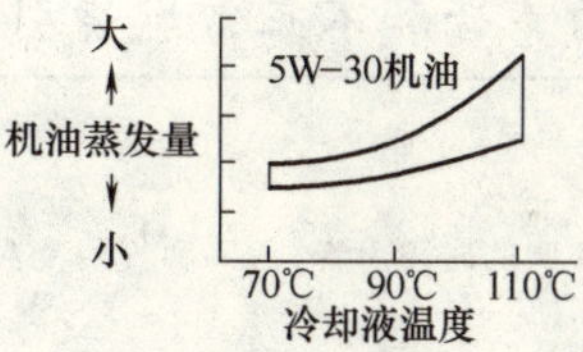

2. 使用发动机制动时的机油损失

应用发动机制动时，真空压力高，所以进入燃烧室的机油油量增加，因此机油油耗也增加。

在公路或上坡路上行驶时，常常需要操作加速踏板来控制车速，所以发动机制动的使用频率变高油耗量增加。

3. 高发动机转速

发动机转速增大时，活塞移动的更加迅速，所以活塞环刮掉飞溅到缸壁内部的润滑油就更加困难。此外，曲轴使用掉的油量也会增加，而且油的供给也会增加，油耗量增加。

4. 带涡轮增压器车辆的情况

如果车辆带有涡轮增压器，机油就会暴露在高温下(大约 700℃)，机油劣化的就更快。

进一步说，涡轮增压器施加了更大的力，因此会消耗更大的机油油量。

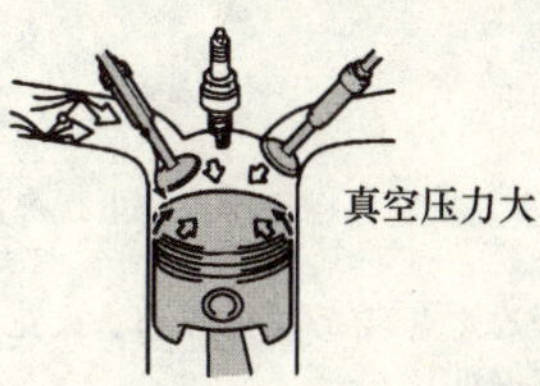

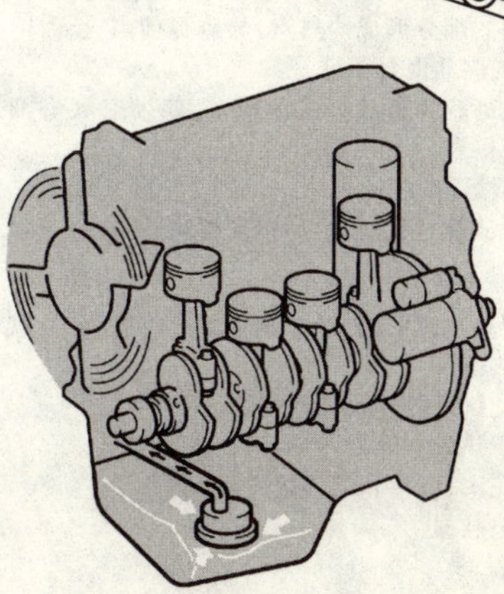

七、发动机异常声音的故障诊断与排除

（一）不正常的机械声音和噪声

发动机包含有许多部件，每个部件都是由一种滑动或转动来进行运转的。毫无例外地，滑动或转动部分会有间隙，当该间隙比技术条件中规定的大时，就会听到不正常的声音和噪声。

发动机磨损引起的声音具有以下特点。

1. 发生条件

- 发动机冷时，声音大。
- 机油黏度不够时，声音大。
- 液压低时，声音大。
- 加速时，声音大。
- 载荷大时，声音大。

2. 声音类型

- 滑动声：物体在一起摩擦时发出的声音。
- 碰撞声：碰撞所发出的声音。
- 其他声音：通常是指模糊复杂的声音。

提示

- 怠速时的声音
- 规定的发动机转速范围内的声音
- 各种不同发动机转速范围内的声音

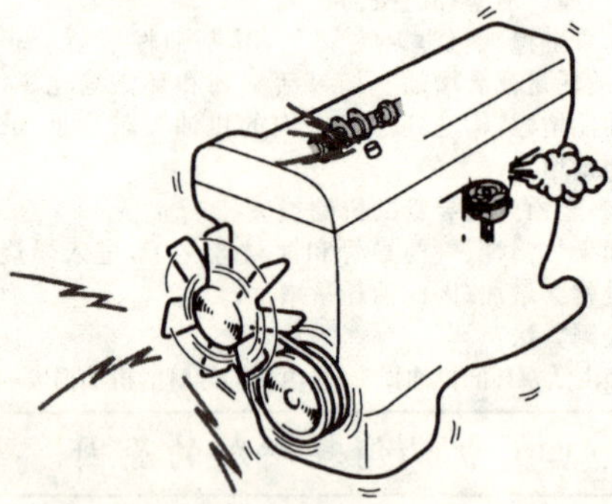

（二）不正常的声音和不正常燃烧引起的噪声

1. 爆震

加速过程中，会产生高音调的碰撞声音，活塞和气门受到不利影响，发动机可能会损坏。

主要原因如下。

- 燃油质量差

燃油的辛烷值比要求的低。

- 点火时间提前

如果点火时间提前，就会发生突然燃烧所以会出现爆震。

- 火花塞故障

过热的火花塞成为一个灼热点，导致提前点火。火花塞的合适温度：450～950℃（自洁温度）。

- 燃烧室中的积炭

如果炭在燃烧室中累积，它就会阻止散热，从而导致发动机过热。热的部分形成灼热点，导致提前点火。

- 空气燃油混合率低

车辆在高速和负载大的情况下，如果空气燃油混合率低，就容易出现爆震。

- 超载运行

发动机载荷过大时，容易出现爆震。

提示

爆震现象出现时，如果车辆仍继续行驶，会出现如下故障：

- 过热
- 发动机过热导致部件损坏
- 由于热效率降低，燃油消耗量增加
- 火花塞、活塞和气门熔毁
- 缸垫破损

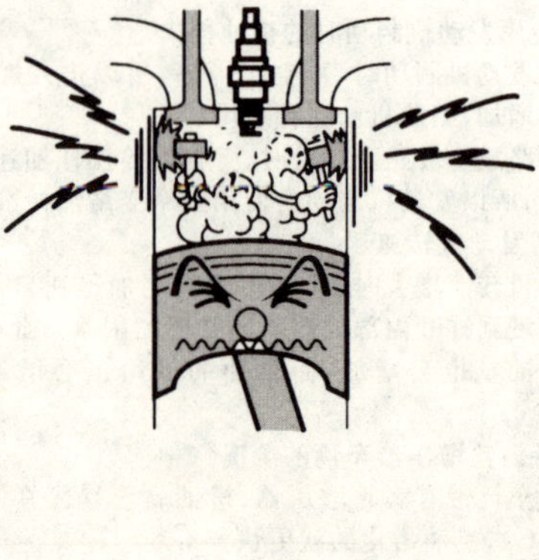

2. 熄不了火

这是自燃产生的一种现象。这种现象是由于曲轴或飞轮的惯量而使燃油吸入时产生的。过热的火花塞能够使燃烧室中未燃烧过的气体和积炭点燃，甚至在点火开关关闭时，它也能够成为一个加热源。

提示

对于 EFI 发动机，当点火开关打开时，燃油就会停下来。因此，熄不了火的现象不会出现。

主要原因如下。

- 不适当的燃油

燃油的自燃温度或辛烷值低。

- 进气温度高

被压缩的混合气变得比自燃温度高。

- 高压力压缩

（高速、高载荷运行）

燃烧温度和燃烧室壁温都很高。当压力大时，压缩空气燃油混合物温度也会变高。

- 燃烧室内积炭

炭在燃烧室内积累时会妨碍热量散发导致发动机过热。过热的部分成为一个灼热点。

- 火花塞故障

火花塞过分燃烧，变成一个灼热点。

- 怠速高

节气门完全关闭时进气量大。

- 发动机过热

燃烧室部件的温度升高。

- 点火正时延迟

最高燃烧温度降低，但是燃烧时间变长，排气温度升高。排气门周围的温度升高，成为自燃的加热源。

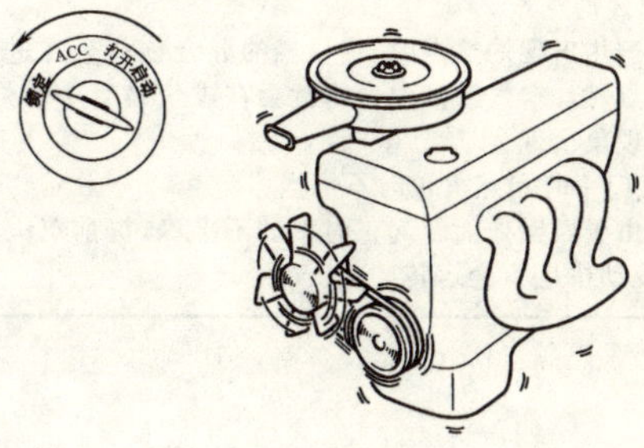

3. 消声器放炮

空气燃油混合物在燃烧室中没有完全燃烧的情况下被排出。未燃烧的气体在排气系统内受阻，爆炸燃烧。如果空气燃油混合物过浓，点火时间稍有延迟，就可能会出现这种现象。

主要原因如下。

- 空气燃油混合物过浓

氧气短缺，空气燃油混合物不能充分燃烧。未燃烧的气体在排气管中被加热，消声器放炮现象出现。

- 突然减速和换挡

进气管的真空压力突然升高，空气燃油混合物就会过浓。因为进气效率有所降低，所以“压缩效果好”和“空气燃油混合物好”这两个要素都不能够满足，燃烧变得不稳定，消声器放炮现象就易于出现。

- 点火正时延迟

燃烧时间变长，燃烧过程一直持续到膨胀行程结束，导致消声器放炮现象出现。

- 不点火

有时由于点火系统出现问题，就会出现不点火的现象。未燃烧的气体在排气管中被加热，消声器放炮现象出现。

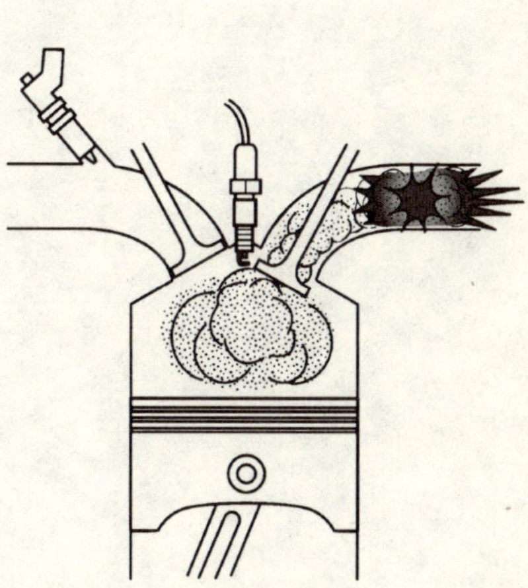

4. 回火

这种现象的出现是由于正被吸入的空气燃油混合物燃烧的结果。这是因为当气缸中的燃烧变慢、在空气燃油混合物过于稀薄或者点火延迟等情况下进气门打开的时候，燃烧仍然继续进行。回火现象在发动机冷的状态下启动车辆和发动机暖机过程中加速时容易出现。

主要原因如下。

- 空气燃油混合物过于稀薄

燃烧变慢，燃烧时间变长。如果在膨胀行程中燃烧过程不充分，而且还继续进行下一个进气行程时，“提前点火”现象就会出现。

- 出现灼热点

由于过热出现灼热点时，空气燃油混合物就会在进气行程中被点燃。空气燃油混合物就会在进气歧管中燃烧，从而回火现象出现。

- 气门正时和点火正时不恰当

如果由于误操作而引起正时上的不准确，提前点火就会出现，发动机也不会运转。

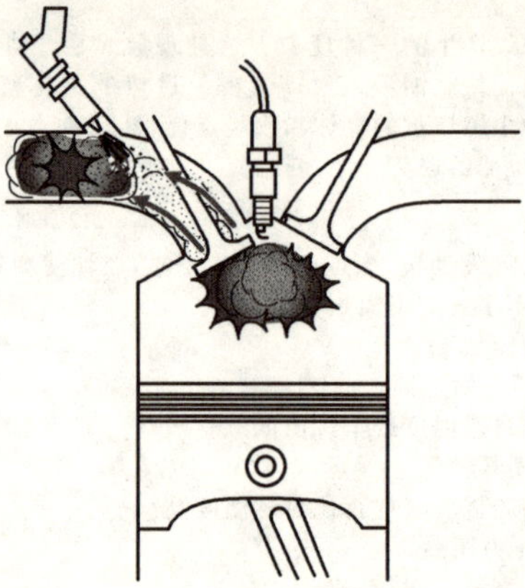

第三章 ▸▸ 汽车底盘故障诊断与排除

第一节 制动系统的故障诊断与排除

一、概述

汽车制动系统包括脚制动和手制动。

脚制动形式有液压式和气压式。手制动器可分盘式、鼓式和带式等。脚制动形式虽有多种，但故障现象基本相同，例如制动效能不良、制动跑偏或发咬等，故障成因则不尽相同。手制动器也是如此。

二、制动效力低

1. 概述

制动效力低是指踩下制动踏板的情况下，制动器不工作的状况，或者制动效力相对于踩踏力来说较弱或者没有踏板感觉的状况。在解决制动效力低的问题时，很关键的因素是要在技术方面进行彻底的调查，从而了解制动效力下降的原因。

制动效力低主要在下述情况下出现：

(1)制动系统出现故障时

(2)制动助力器中没有真空压力时

(3)衰退现象或气阻出现时

(4)由于乘员或装载重量而使车辆总重增加时

(5)在浸水路面条件下行驶时

(6)轮胎与路面之间的摩擦系数发生变化时

制动效力低

2. 制动系统出现故障时

制动系统的问题通常出在液压系统的橡胶部分，如：制动软管、活塞皮碗等。系统中的橡胶部分如果长期使用就会老化，这就会导致漏油。而且，紧急制动可能会导致老化部件突然胀裂从而使制动系统失去控制。考虑到安全性，制动系统通常由两套液压制动系统组成。然而，如果其中任何一个系统发生了故障，制动都会受到影响。

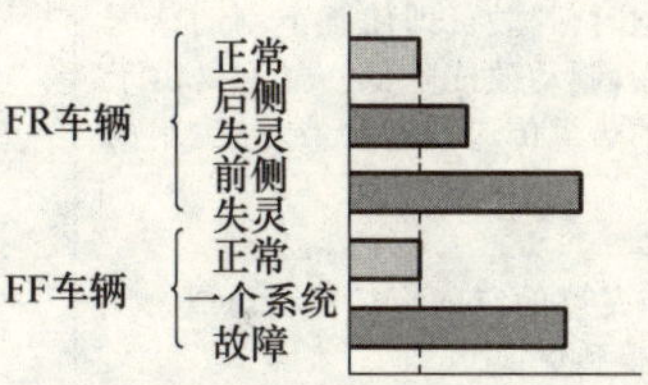

采用紧急制动时制动距离的比较
(正常时的指标规定为1)

续表

3. 制动助力器中没有真空压力时

如果发动机在行驶中停机，制动助力器中就失去了真空压力。助力器中的真空压力不能保持。此时，制动器只能正常作动一次。制动踏板会感觉很重，第二次执行后，制动器就不起作用。

提示

即使在助力器不起作用时，也并不意味没有制动效力。如果驾驶员完全踩下制动踏板，即使减速度小于正常情况时，制动仍然有效。

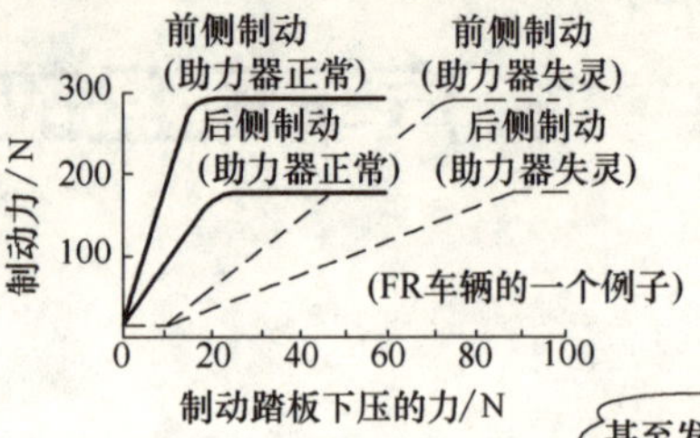

4. 衰退现象或气阻出现时

衰退现象：

当制动摩擦片或制动蹄温度上升时，其中的摩擦材料中包含的树脂材料产生气体。如果所形成的气体产生了润滑作用将会降低摩擦系数，导致制动效能下降。在初始步骤尤其容易出现衰退现象，因为在此步骤，具有制动摩擦片或制动蹄产生气体的因素。

提示

可以通过拆卸造成衰退现象的制动装置来检查温度变化过程。

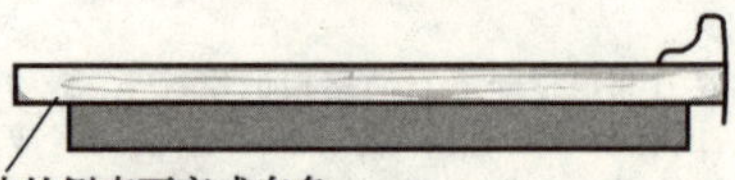

摩擦垫块的侧表面变成白色

整个表面被烧黑

气阻：

当制动液中出现气泡时，驾驶员即使踩下制动踏板也感觉不到任何反作用，制动效能降低。气泡是由于制动摩擦片或制动蹄的热量传递到制动液，导致制动液沸腾而形成的。

引起气阻的原因：

- 停车后，由于没有足够的空气冷却制动总成。
- 制动液长期没有得到更换。

提示

确保制动液中没有空气。一旦气阻现象出现，即便制动冷却后，制动踏板操作力恢复正常，气泡仍会存在。

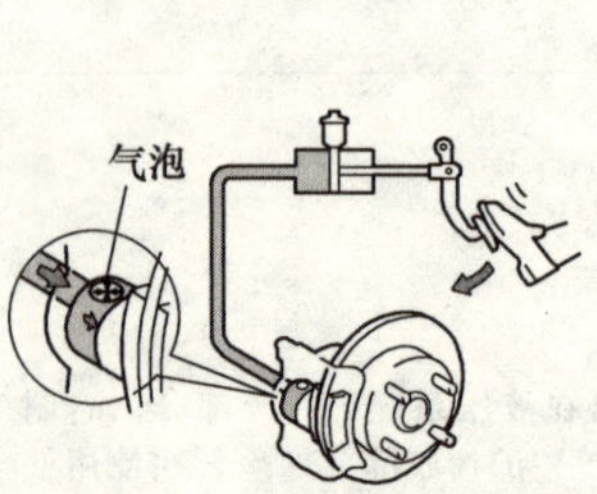

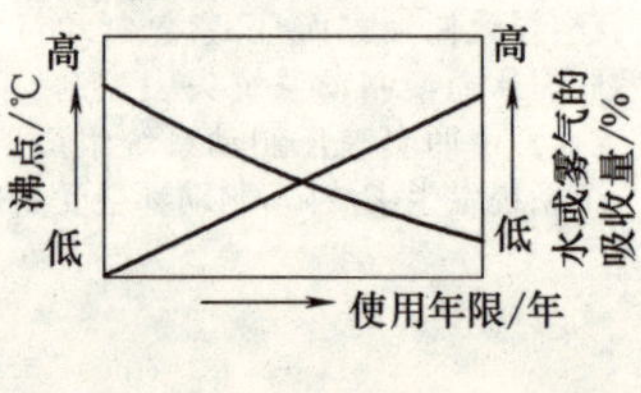

续表

<table>
<tr><td>5. 由于乘员或装载重量而使车辆总重增加
车重增加时，由于惯性力变大，即使用相同的力量来踩制动踏板，停车距离也会变长。</td><td>以50km/h的速度在干燥路面上行驶时执行一次紧急制动。
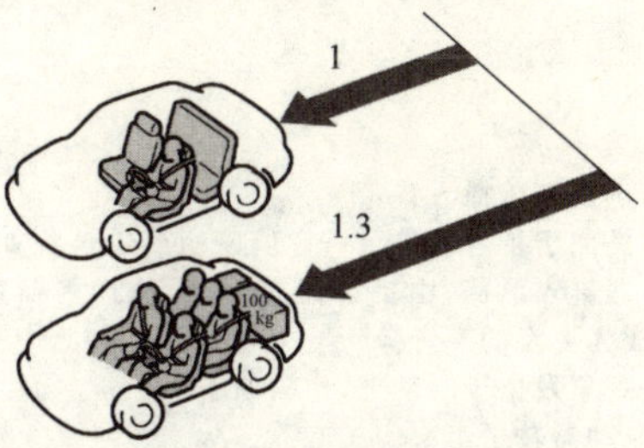
当驾驶室中只有一位驾驶员时此数字指示为“1”。</td></tr>
<tr><td>6. 在浸水路面条件下行驶
当摩擦材料变湿时，由于水的润滑作用造成摩擦系数下降，进而导致制动效能下降。重复的制动使水分蒸发，当摩擦片变热时重新获得制动效能。</td><td></td></tr>
<tr><td>7. 轮胎与路面之间的摩擦系数发生变化时
当行驶在湿路面、雪路面或使用旧轮胎时，轮胎趋向滑动、制动距离变长。如果此时紧急制动，车轮将会抱死，车辆将会不稳定地绕重心回转</td><td>根据轮胎槽深比较在干燥路面上的制动距离。
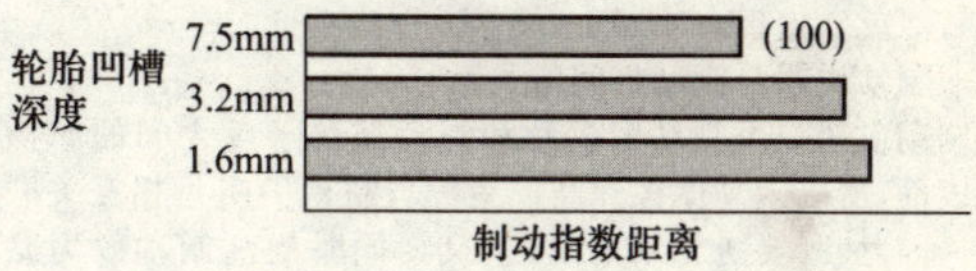</td></tr>
<tr><td>参考：
制动力和踏板操纵力检查
(1)最大制动力检查
用制动测试台测量制动力。
判断标准：与相同车型车辆进行比较时，检测结果必须是一致的。
(2)比较制动力与踏板操纵力
用踏板操纵力测试仪和制动测试台测量制动力和踏板操纵力。
判断标准：与相同车型车辆进行比较时，检测结果必须是一致的。</td><td></td></tr>
</table>

三、制动尖叫声

<table>
<tr><td>1. 概述
制动尖叫是一种振动问题，它是由制动摩擦片和制动器转子盘之间的摩擦造成的。这种振动以声音的方式进行传播。这种问题被称为“自激振动”，它与如车身振动等“被迫振动”不同。自激振动对自身产生进一步的振动，振动越强烈，能量就越大。</td><td></td></tr>
</table>

续表

声音的产生及其传播方式： 制动尖叫类似于扩音现象。扩音现象的产生过程如下：声音从扬声器进入话筒，由扩音器放大，再从扬声器重复出来，最终成为更大的声音。 如果这一现象发生于制动上，比较如下： 扬声器：制动器转子盘 话筒：制动摩擦片 扩音器音量：制动摩擦片摩擦系数 话筒与扬声器之间的距离：减弱能力(摩擦片的效力)	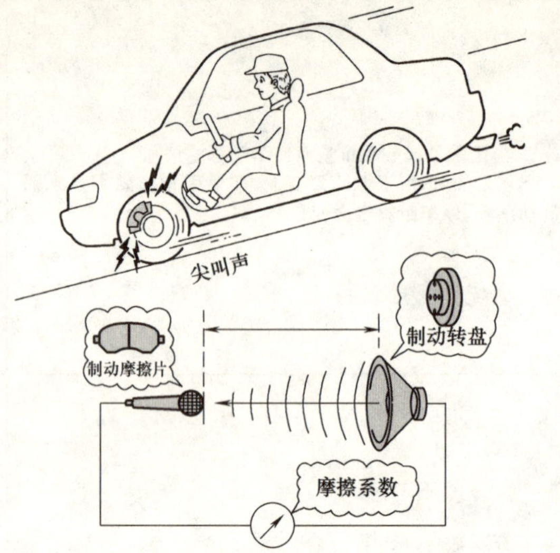
2. 制动和制动尖叫 在自激振动的情况下，一旦振动产生，就会扩大并变大。振幅越大，就越需要更强的减弱能力以使振动停止下来。在制动过程中，制动摩擦片与制动器转子盘紧密地接触，所以很难减弱振动。 • 生成频率 制动尖叫的情况下，生成频率有所变化。即使一定频率的制动尖叫降低了，另一个制动尖叫也会以不同的频率生成。由于车型的不同，频率不同，而且除了一般振动外，其他振动是很难降低的。而且降低振动的效力有时会出现，但有时就不出现。 • 制动尖叫与制动之间的关系 制动尖叫是由制动摩擦片和制动器转子盘之间的摩擦生成的，所以制动摩擦片摩擦系数与制动尖叫是相互关联的。因此，既要防止制动尖叫，又要同时提高制动效力是相当困难的。实际上，把制动摩擦片中大量的能量传播给制动器转子盘时，制动尖叫就会出现。	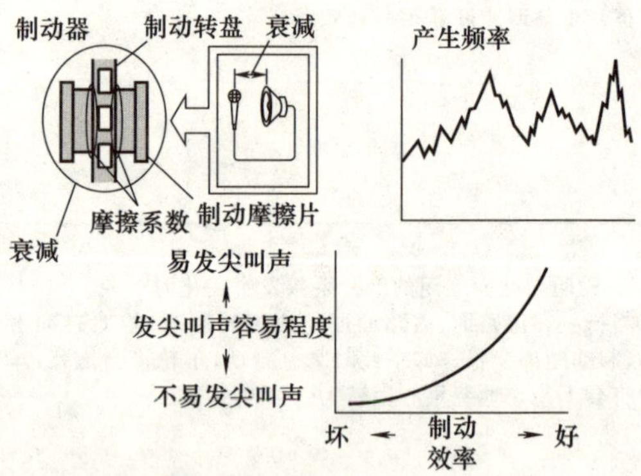
3. 容易引起制动尖叫的条件 • 车辆停止或制动冷却时 由于制动器转子盘和制动摩擦片表面氧化而造成的制动摩擦片摩擦系数增大，或者是摩擦片潮气吸收增加，制动尖叫现象容易出现。 • 在高温条件下，制动冷却时 当摩擦片的温度超过200℃时，摩擦片内部的树脂分解，摩擦片表面失去耐磨性。然后温度下降时，摩擦系数增加所以制动尖叫现象容易发生。 **提示** 制动摩擦片的温度升高时，其两侧的喷漆有时会带有白色，这有助于判断温度的变化过程。 • 看不到制动器转子盘的磨削痕迹时 当制动摩擦片的摩擦片附着在制动器转子盘表面时，制动器转子盘表面会受到摩擦片磨削。当表面的不规则性下降时，摩擦系数增大，所以制动尖叫现象容易发生。 **提示** 制动尖叫再现试验 • 通过改变在斜坡上的踏板压力，进行该试验。 • 升高制动温度，冷却30min，然后进行该试验。 • 整晚不使用制动器，以降低制动温度然后进行该试验。	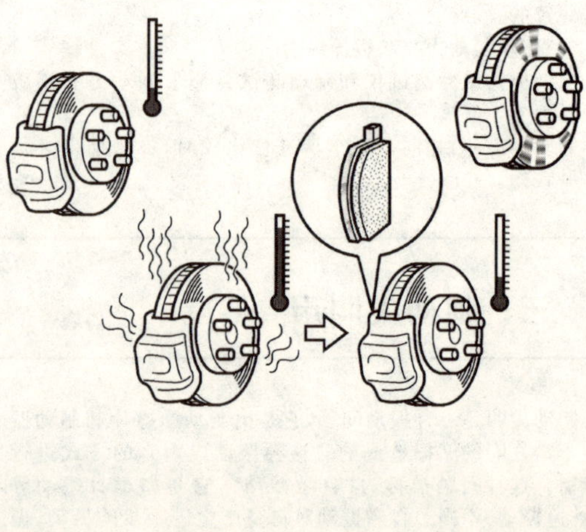

续表

4. 降低制动尖叫的方法 • 消音片检测及润滑脂的加注 检查消音片表面上橡胶的削皮和翘曲情况。把润滑脂槽中和消音片夹上加注润滑脂，使用润滑脂可以提高衰减力，并改变制动卡钳和制动摩擦片之间的接触。 • 活塞回位 把制动卡钳活塞压回一次。在此过程中，活塞凿槽的调整及平稳的滑动有助于保持制动摩擦片的稳定接触。	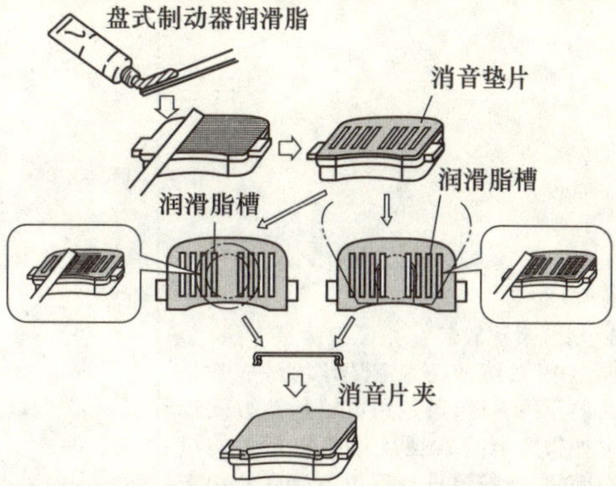
5. 制动摩擦片背板的检测与维修 检查制动摩擦片背板是否有翘曲现象。如果发现有翘曲，应该对背板进行磨削。这一过程有助于活塞和制动卡钳夹子与制动摩擦片之间的接触。 • 产生制动力矩的表面光洁及润滑脂的加注 对车辆进行检查。如果制动摩擦片接触面不均匀，用砂纸把表面锉光加以修正，使制动摩擦片与制动卡钳悬置均匀接触。向产生制动力矩的表面加注润滑脂，这一过程有助于减少产生力矩表面的摩擦，从而使制动摩擦片保持稳定。	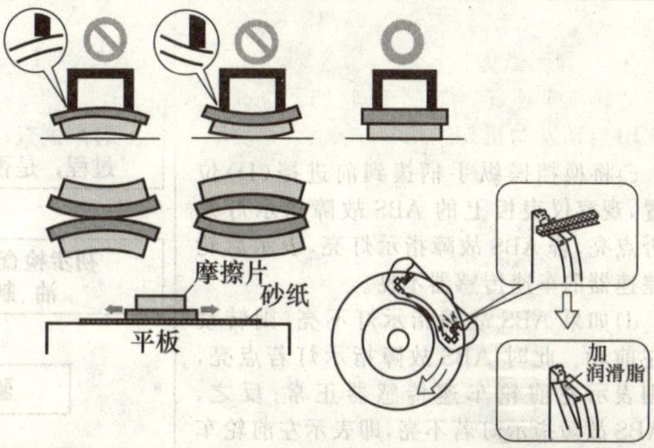

四、防抱死制动系统（ABS）的故障

1. 概述 电控制动系统的“鼻祖”是 ABS，该系统自从在 1978 年开始大量投入生产后，一直在不断地改进并增加新的功能，这些功能可以主动参与到行车过程中，以提高行车稳定性。目前，这类系统已经发展为各种辅助驾驶员驾驶的系统，如驱动防滑系统、牵引力控制系统、车身稳定系统、制动辅助系统等。例如制动辅助系统在紧急情况下对驾驶员的制动进行加强，在保持车辆操纵性的前提下，达到最短的制动行程。	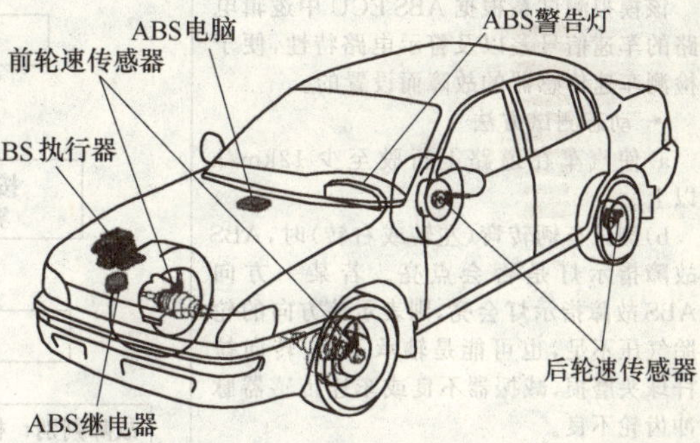
2. ABS 电控系统故障初步检查 初步检查是在 ABS 系统出现明显故障而不能正常工作时首先采取的检查方法，例如 ABS 故障指示灯亮着不熄，系统不能工作。检查方法如下： • 检验驻车制动（手刹）是否完全释放； • 检查制动液液面是否在规定的范围之内； • 检查 ABS 电控单元导线插头、插座的连接是否良好，连接器及导线是否损坏； • 检查导线连接器（插头与插座）和导线的连接或接触是否良好； • 检查所有的继电器、熔丝是否完好，插接是否牢固； • 检查蓄电池容量和电压是否在规定的范围内；检查蓄电池正、负极导线的连接是否牢靠，连接处是否清洁； • 检查 ABS 电控单元、液压控制装置等搭铁端的接触是否良好； • 检查车轮胎面纹槽的深度是否符合规定。 如果用上述方法不能确定故障位置，就可转入使用故障自诊断。	

续表

3. ABS系统故障征兆模拟测试方法 在ABS系统故障检测与诊断中，若是单纯的元件不良，可运用电路检测方式诊断。如果属于间歇性故障或是相关的机械性问题，则需要进行模拟测试以及动态测试。 • 模拟测试方法 a)将汽车顶起，使4个车轮均悬空。 b)启动发动机。 c)将换挡操纵手柄拨到前进挡(D)位置，观察仪表板上的ABS故障指示灯是否点亮，若ABS故障指示灯亮，表示后轮差速器的车速传感器不良。 d)如果ABS故障指示灯不亮，则转动左前轮。此时ABS故障指示灯若点亮，则表示左前轮车速传感器正常；反之，ABS故障指示灯若不亮，即表示左前轮车速传感器不良。 e)右前轮车速传感器测试方法与左前轮车速传感器测试方法相同。 该模拟测试系根据ABS ECU中逻辑电路的车速信号差以及警示电路特性，便于检测车速传感器的故障而设置的。 • 动态测试方法 a)使汽车在道路上行驶至少12km/h以上。 b)测试车辆转弯(左转或右转)时，ABS故障指示灯是否会点亮。若某一方向ABS故障指示灯会亮，则表示该方向的轮胎气压不足，也可能是轴承不良、转向拉杆球头磨损，减振器不良或车速传感器脉冲齿轮不良。 c)将汽车驶回，在ABS ECU侧的“ABS电源”和“电磁阀继电器”端子间接上测试线和万用表(置于电压挡)。 再进行道路行驶，在制动时注意观察“ABS电源”端和搭铁间的电压，应在11.7～13.5V之间；而电磁阀继电器端子与搭铁间的电压，亦应在10.8V以上。前者主要是观察蓄电池电源供应情况，后者主要是观察电磁阀继电器的接点好坏。	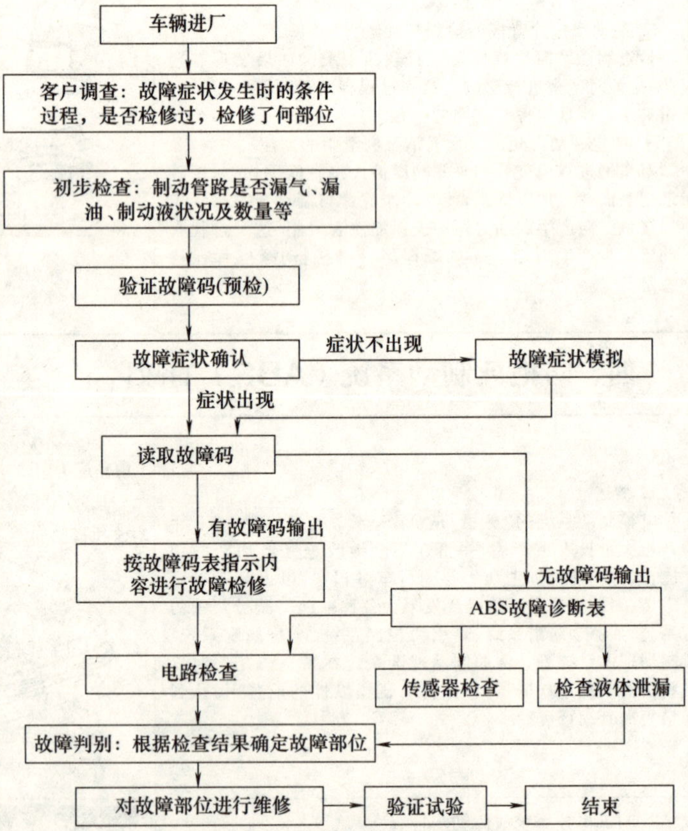 ABS系统故障检测与诊断一般程序

续表

4. ABS故障诊断常用方法 通常根据警告灯情况诊断故障。大多数的车辆上，当ABS系统正常时，ABS警告灯会在钥匙打开的数秒内即告熄灭。但若车辆停置数天后再发动时，警告灯可能会亮起约30s，待系统压力建立后，才熄灭。在发动机发动期间，除了ABS警告灯亮起以外，有些车辆的制动警告灯"BRAKE"也会亮起，并在发动机发动以后，两个警告灯相继熄灭。在大多数车型上，点火开关ON后，两个警告灯都会亮起。在路试ABS动作时，以32～48km/h的时速行驶下猛踩制动，若ABS动作正常，但踏板感觉到油压回馈的振动，且车辆由行驶到静止的轨迹应平直。 (1)利用ABS警告灯的亮、熄状况来判断故障分析 ①发动后一直亮着不熄灭：电源或搭铁线路不良。 ②发动后会熄灭但一踩制动即亮起：制动开关或制动液压系统不良。 ③发动后会熄灭但一起步，即会亮起：车速信号或充电系统信号不良。 ④行驶到一定速度踩下制动才会亮：车速、轮速信号、电磁阀或轮缸抱死作用不良。 ⑤保持怠速运转一段时间，即会亮起：空气未排放完全或液压系统不良。 (2)BRAKE和ABS警告灯同时诊断 ①当ABS警告灯亮起时，表示系统检测到故障，必须执行进一步诊断。"BRAKE"警告灯亮起时，则通常表示非ABS的油压系统中发生故障，通常是制动压力不足或手制动问题，用来提醒驾驶者尽快将车辆送修。 ②在现代很多车型中，当ABS警告灯线路、灯泡损坏不亮或者制动片磨损时，"BRAKE"警告灯还有用来提醒驾驶员的功能。 ③若ABS警告灯常亮或闪烁时，表示ABS ECU的自检中发现系统故障；当车辆行驶中ABS警告灯亮起，通常是轮速传感器损坏。 ④在配备整体式ABS的车辆上，若"ABS"及"BRAKE"两指示灯同时亮起，且动力辅助制动极低时，则有可能是泵或蓄压器压力泄漏所产生；若两个指示灯全部亮起，但动力辅助制动正常，大多数都是由油平面过低及油平面传感器不良所引起，若油面及传感器都正常，则检查制动灯泡是否损坏，在很多车辆如丰田、本田、马自达等车型中，在左后制动灯旁边有制动灯故障监测传感器；当该传感器出现进水或损坏时，也会引起两个故障灯亮。	
5. ABS系统常见故障的诊断 下面列出了一些ABS制动系统的故障情形，并对其症状进行分析。 (1)噪声 大多数的ABS在动作时，都会产生一定程度的噪声，例如液压调压器内的电磁阀动作的噪声；除此之外，其他噪声的故障排除以及诊断方式，与传统制动系统相同。 (2)制动抱死 制动抱死大多出现在传统式的制动系统，ABS系统很少发生这种情形，但有几种情形，会造成ABS系统制动抱死，例如前轮回路的ABS分离阀卡死在开关位置等情形。 (3)踏板振动 ABS动作时的油压回馈到踏板时，会引起踏板快速振动，但在一般制动动作时，若有振动发生，则检查制动盘是否不平；另外，当制动鼓失圆时，或轴承松动也会造成踏板振动。 (4)迟滞 在正常制动时，若制动容易有抱死的倾向，则检查制动摩擦片是否脏污，并检查制动盘、制动鼓是否严重磨损。 (5)拖曳 在附带驱动防滑控制的ABS系统中，当电流流经驱动防滑控制电磁阀及泵时，可能会引起系统对驱动轮施以制动而发生拖曳的现象。 (6)制动踏板下沉 发生这种症状时，检查总泵是否磨损；在有油平面指示灯的系统中，检查"ABS"或"BRAKE"警告灯。 (7)制动踏板过硬	

续表

在整体式的ABS系统中，踏板变硬可能表示ABS系统中发生故障，因为在整体式ABS系统中泵及蓄压器还提供了动力辅助制动的功能，当泵、泵继电器不良时，或蓄压器无法蓄压时，都会导致踏板变硬。 (8)ABS作用时转向盘向一边偏 防滑制动液压电磁阀总成油管装配错误。 (9)制动跳动/转向盘摆振 当车辆的任何一个制动盘磨损过度、不均匀时，会导致制动动作时产生跳动的现象。要判断制动盘是否磨损不均匀，可使用外径千分尺沿着制动盘的圆周进行多点式测量；测量制动盘平面是否变形不平时，则利用千分表来测量制动盘与轮毂垂直的平面。 (10)车辆行驶中ABS灯会间歇性亮 不一定在何时会亮，也可能又熄灭，此种状况通常是线路或继电器不良。	
6. ABS维修注意事项 (1)ABS电控单元对过电压、静电非常敏感。因此，点火开关接通时不要插或拔电控单元上的连接器；在车上进行电焊之前，要戴好防静电器(也可用导线一头缠在手腕上，一头缠在车体上)，拔下电控单元上的连接器后再进行电焊；给蓄电池进行专门充电时，要将电池从车上拆卸下来或摘下蓄电池电缆后再进行充电。 (2)维修车轮速度传感器时一定要十分小心。拆卸时注意不要碰伤传感器头。一般情况下，传感器气隙是可调的。调整时应使用非磁性塞卡，如塑料或塞尺，当然也可使用纸片。 (3)维修ABS液压控制装置时，切记要首先进行泄压，然后再按规定进行修理。例如制动主缸和液压调节器设计在一起的整体ABS，其蓄压器存储了高达18000kPa的压力，修理前要彻底泄去，以免高压油喷出伤人。泄压的方法可以通过关掉点火开关以后，连续踩制动踏板40次以上，或者通过人工通电的方法给电磁阀通电，使蓄压器压力油流到储液器。 (4)制动液要至少每隔2年更换1次，最好是每年更换1次。要按规定的方式进行放气(与普通制动系统的放气有所不同)。 (5)在更换ABS零部件时，一定要选用本车型高质量的配件，确保ABS维修后能正常工作。 (6)ABS系统与常规制动系统是不可分割的。常规制动系统一旦出现问题，ABS系统就不能正常工作。因此，要将二者视为一个整体进行维修。如果制动系统出现故障，通常应首先判断是ABS系统的故障还是常规制动系统的故障，而不能只把注意力集中在传感器、电子控制器和压力调节器上。 (7)电子控制装置受到碰撞敲击也极容易引起损坏，因此，要注意使电子控制装置免受碰撞和敲击。 (8)高温环境也容易损坏ABS ECU，一般情况下，ECU只能在短时间承受90℃左右的温度，或在一定时间(约2h)内承受85℃的温度。有的要求ECU受热不超过82℃的温度。 (9)在蓄电池电压低时，系统将不能进入工作状态，因此，要注意对蓄电池的电压进行检查，特别是当汽车长时间停驶后初次启动时更要注意。 (10)ABS系统应使用专用的管路，因为该系统往往具有很高的压力，如果使用非专用的管路，极易造成损坏。 (11)大多数ABS系统中的车轮转速传感器、电子控制装置和制动压力调节装置都是不可修复的，如果发生损坏，应该进行整体更换。不同车型一般并不通用。 (12)应尽量选用汽车生产厂推荐的轮胎，如要换用其他型号的轮胎，应该选用与原车所用轮胎的外径、附着性能和转动惯量相近的轮胎，但不能混用不同规格的轮胎，因为这样会影响控制效果。 (13)装备ABS系统的汽车，其制动操作方法和没有装备ABS的传统制动系统的方法是一样的。但在紧急制动时，不要重复地踩制动踏板，而只要把脚持续地踩在制动踏板上。对于液压制动系统而言，ABS系统工作时制动踏板会有些轻微振动，或听到系统工作时一点噪声，这些都是正常现象，表明ABS系统正在工作，并非故障。	

五、制动系统放空气的程序

1. 一般排放空气程序

在 ABS 制动系统中，一般至少每两年要更换一次制动液，以避免系统中元件腐蚀。使用的制动液品以车厂建议使用油品为准，大致都是使用 DOT3 或 DOT4 等级的制动液。ABS 系统绝对不能使用 DOT5 号制动液。

泄放空气可经由人工或换油机进行，但在有些系统中则严禁使用换油机泄放空气。一般若是 ABS 制动主缸或液压调节器中有空气的话，则需特殊程序来进行空气排放，其程序可能需要仪器来驱动 ABS 电磁阀或泵电动机才能进行。

制动主缸上的储油室内有两个小的油室，油室液面的检查和前面所述的方法相同，在储油室上有油面最高点和最低点的记号线。

（1）制动系统是否有空气的检查判断

当车辆更换液压系统组件时，空气会跑入油压系统中，或者损坏的油封也会导致空气进入油压系统中。当液压系统有空气时踩踏板会觉得软绵绵，踏板也会变得较低。假如有空气在制动系中，则以下方法可测试得知。

① 取下主缸盖，加制动液至适当的液面。

② 请助手快速踩踏板 10～20 次，以后，踩住制动踏板不放。

③ 取下主缸盖子，请助手快速地释放踏板，假如制动液冲出制动储油室，则表示有空气进入系统。

（2）放空气的顺序

当更换制动液压系统零件时，释放空气是必须执行的。另外，假如轮缸中有漏油或制动钳夹更换，也是需要有一定顺序。

放空气的顺序是：①总泵；②综合阀；③轮缸和制动钳夹；④负荷感知比例阀。

综合阀和负荷感知比例阀是在配有放空气螺钉时才需要放空气。

2. 主缸放空气步骤

主缸工作台放空气方法如下。

（1）用台虎钳夹住主缸。假如台虎钳有尖锐的齿，可使用布包住主缸，避免损坏主缸。

（2）加新的制动液进入主缸的储油室。

（3）使用主缸的推杆或圆杆，推动主缸的活塞。

（4）用手指将制动液出口堵住，允许活塞退回，从出口处移开手指。

（5）重复（3）、（4）步骤直至制动液和空气喷出的制动液没有泡沫为止。

3. 在车上放空气（具有放空气螺钉）的步骤

（1）拆下辅助动力泵（真空、点火开关 OFF、踩踏板直到踏板觉得硬）。

（2）加入新的制动液于主缸储油室，使油室至少半满状况。

（3）连接塑胶管至前端放气螺钉而末端浸入制动液中。

（4）请一位助手慢慢地踩制动踏板，然后松开放空气螺钉大约一圈半，空气泡沫将离开至塑胶管上，此时泡沫是可见的。

（5）锁紧放气螺钉，然后请助手慢慢地释放制动踏板。

（6）重复（4）和（5）的步骤，直至没有空气流出为止。

转换塑胶管至后面放气螺钉，重复以上步骤，直至制动主缸的所有空气被放掉。

4. 利用仪器基本设定放空气操作程序

有些车型需要使用专用仪器及工具来给制动系统排气。

六、制动系统故障原因和补救措施

故障现象	原　因	补救措施
制动器被拉向一侧	a)轮胎压力不正确 b)轮胎胎纹磨损不均匀 c)摩擦片上有机油 d)摩擦片的型号不符 e)浮式制动钳的凹槽处污染 f)导向螺栓被污染或已损坏 g)后车轮定位调整不正确 h)浮式制动钳或车轮制动分泵被腐蚀 i)减震器不起作用 j)一个制动钳的摩擦片磨损 k)摩擦片破裂	a)校正轮胎压力 b)更换轮胎 c)更换制动摩擦片 d)更换制动摩擦片 e)拆卸和安装、清洁浮式制动钳 f)更换导向螺栓 g)车辆测量 h)拆卸和安装、修理或更新浮式制动钳或车轮制动缸 i)检查减震器，如有必要更新 j)更换制动摩擦片 k)更换制动摩擦片
行驶过程中，制动器过热	a)制动总泵的通风孔被堵塞 b)支撑杆和制动总泵柱塞之间没间隙 c)由于使用错误的制动液导致橡胶件膨胀 d)制动液储液罐中的通风孔被堵塞 e)制动钳已被腐蚀 f)横弹簧破裂 g)手制动器的手柄未完全松开	a)检修制动主缸，如有必要更换 b)调整推杆（对于较老的车辆） c)检修制动主缸，如有必要更换 d)清洁制动液储液罐 e)拆卸和安装、修理或更换制动钳 f)更换横弹簧 g)检查手制动器和手制动器拉线，如有必要，进行维修
制动效果很差，制动踏板的行程正常	摩擦片有机油或已烧毁，摩擦片型号不符	更换制动摩擦片
制动效果很差，制动踏板的行程过短	制动助力器有故障，发动机提供的真空度过小	检查制动助力装置 检查发动机（气门、气缸盖密封件等）
制动效果很差，制动踏板的行程过长	由于泄漏或损坏，一个制动回路失灵	检查制动系统的密封性
制动踏板运动太软，有轻飘感	a)制动系统中有空气 b)储液罐中的制动液太少 c)制动液过热，由于制动液中含水过多或制动负载大而形成气泡	a)添加或更换制动液，对制动系统排气 b)添加或更换制动液，对制动系统排气 c)添加或更换制动液，对制动系统排气
制动踏板的行程过大	a)制动总泵中的初级皮碗损坏 b)纵向并列双制动主缸中浮动柱塞的分离皮碗有泄漏 c)制动系统中有泄漏	a)检修或更换制动总泵 b)检修或更换制动总泵 c)检查制动系统的密封性
摩擦片磨损不均匀	a)摩擦片的型号不符 b)浮式制动钳的凹槽污染，护罩已坏 c)浮式制动钳或车轮制动缸被腐蚀 d)调节柱塞的橡胶环膨胀	a)更换制动摩擦片 b)拆卸和安装、修理或更换浮式制动钳或车轮制动缸 c)拆卸和安装、修理或更换浮式制动钳或车轮制动缸 d)拆卸和安装、修理或更换浮式制动钳或车轮制动缸
制动摩擦片磨损成角状	a)车轮轴承间隙过大 b)制动盘没有与制动钳对齐 c)浮式制动钳或车轮制动缸被腐蚀 d)制动盘磨损成角状 e)摩擦片磨损后的厚度小于最小厚度 f)止动弹簧的弹力不足 g)导向螺栓已损坏	a)更换车轮轴承 b)检查浮式制动钳的安装位置 c)拆卸和安装、修理或更换浮式制动钳或车轮制动缸 d)车削或更换制动盘 e)更换制动摩擦片 f)更换止动弹簧 g)更换导向螺栓

续表

故障现象	原　因	补救措施
固定制动摩擦片，使不能脱离制动盘	a)浮式制动钳的凹槽污染，护罩已坏 b)浮式制动钳被腐蚀 c)制动总泵的通风孔被堵塞	a)拆卸和安装、修理或更换浮式制动钳 b)拆卸和安装、修理或更换浮式制动钳 c)检修或更换制动总泵
制动有尖叫声或嗒嗒声	a)摩擦片的型号不符 b)制动钳的凹槽处污染 c)弹簧的弹力不足 d)制动盘没有与制动钳对齐 e)制动面内的厚度偏差太大 f)制动鼓偏心 g)制动鼓碰撞 h)制动鼓中有污垢和灰尘 i)摩擦片过度磨损或单面磨损 j)制动盘的边缘生锈 k)摩擦片脱落 l)车轮轴承间隙过大	a)更换制动摩擦片 b)拆卸和安装、清洁浮式制动钳 c)更换止动弹簧 d)检查浮式制动钳的安装位置 e)测量制动盘厚度，车削或更换制动盘 f)研磨或更换制动鼓 g)研磨或更换制动鼓 h)清洁和检查制动鼓 i)更换制动蹄 j)车削或更换制动盘 k)更换制动摩擦片 l)更换车轮轴承
制动踏板空程过大	a)车轮轴承间隙过大 b)制动盘没有与制动钳对齐 c)制动面内的厚度偏差太大 d)制动系统有泄漏 e)制动系统中有空气 f)摩擦片的型号不符 g)制动蹄的自动调整不起作用	a)更换车轮轴承 b)检查浮式制动钳的安装位置 c)测量制动盘厚度，车削或更换制动盘 d)检查制动系统的密封性 e)对制动系统排气 f)更换制动摩擦片或更换制动蹄 g)拆卸和安装制动蹄，修理调整装置
制动钳中的活塞卡死	a)浮式制动钳的凹槽污染，护罩已坏 b)制动盘没有与制动钳对齐 c)制动钳或车轮制动缸中活塞被腐蚀	a)拆卸和安装、修理或更换浮式制动钳 b)检查浮式制动钳的安装位置 c)拆卸和安装、修理或更换浮式制动钳或车轮制动缸
制动踏板上有跳动感	a)车轮轴承间隙过大 b)制动盘没有与制动钳对齐 c)制动盘偏心 d)制动面内的厚度偏差太大	a)更换车轮轴承 b)检查浮式制动钳的安装位置 c)更换制动盘 d)测量制动盘厚度，车削或更换制动盘
手制动器的作用不足	a)制动蹄上有机油 b)制动蹄和制动鼓之间的空程太大 c)拉索的空行程太大 d)拉索调整得不正确 e)传动部件已被腐蚀	a)更换制动摩擦片 b)调整手制动器 c)调整手制动器 d)调整手制动器 e)拆卸和安装手制动器和扩张锁止器，检查拉线，必要时更换

第二节　转向系统的故障诊断与排除

一、概述

现在的汽车转向系统主要是液压助力转向。在分析判断故障时应注意从两个方面去查找：一方面是转向系统的机械部分，另一方面是转向助力部分。

二、转向沉重

1. 概述

转向沉重是指车辆在正常转向时，驾驶员打方向盘，感到方向盘转向沉重。

转向沉重故障排除流程如下：

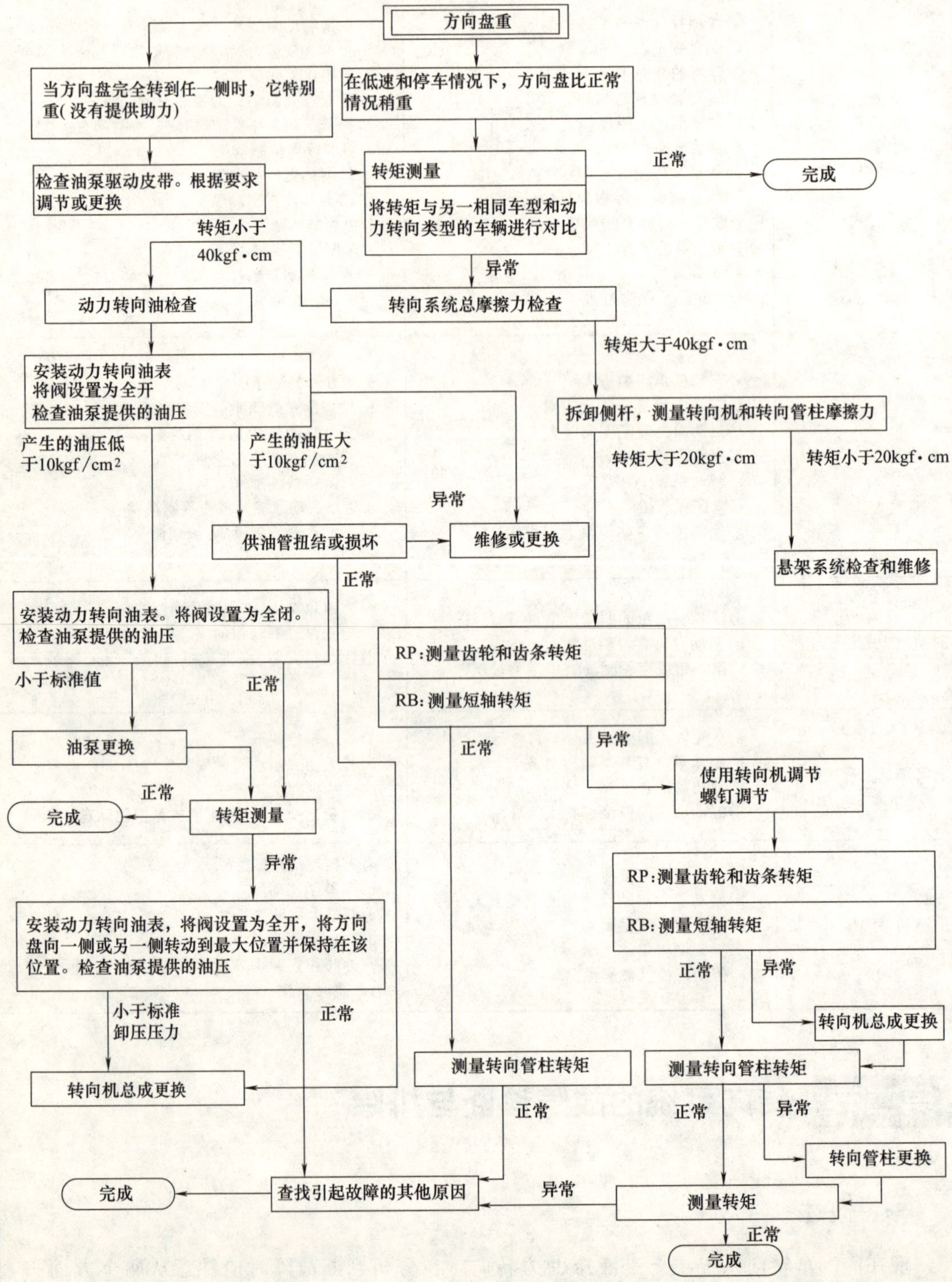

续表

2. 助力泵故障 通过试验判断助力泵的泵压达不到标准值时，会引起转向沉重。如果是流量阀或安全阀泄漏，可通过研磨的方法修复。其次再检查安全阀的弹簧是否失效。可通过在弹簧后面加垫片后，最大泵压有明显增加，说明弹簧失效。如果这两个部位都无问题，则应解体助力泵，观察叶片泵的腔壁是否磨损和拉伤。因腔壁拉伤会使高、低压腔相通，从而造成压力较低。一般拉伤都是油脏所致。	
3. 转向机故障 通过检查如果发现是转向机助力油压较低时，说明转向沉重的原因在转向机。此时应请专业厂家进行修理。转向机故障大部分是由于活塞、缸筒拉伤，或是活塞上密封圈损坏造成活塞两腔相通，使助力压力不能有效地建立。此外，活塞圆周面上的各种密封圈、转向螺杆上的密封圈破损，也会造成高压卸荷，而使助力压力降低。	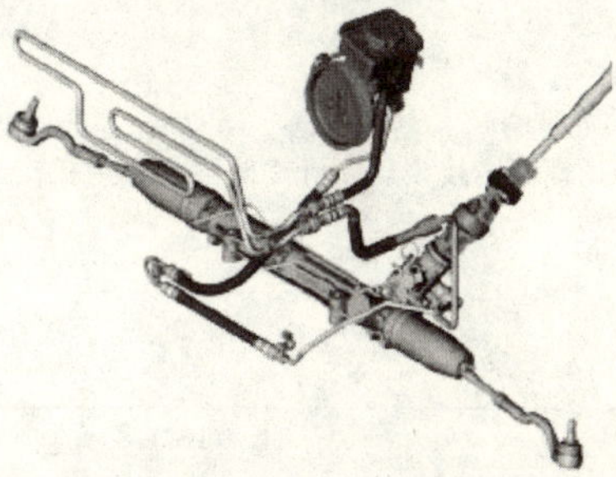
4. 缺油或系统有空气 如果助力系统缺油或系统内有空气，此时不仅转向沉重，而且在转向时还有噪声。此时按加油与放气的程序进行排气即可。	
5. 储油罐内回油滤清器堵塞 储油罐内回油滤清器长期不保养、不更换造成堵塞，使助力油循环不畅，同样会使转向沉重。	

三、转向异响

1. 概述 转向时有异响一般是机械部分。例如主销与衬套损伤、止推轴承损坏等。检查时可以左、右转向，观察响声的部位进行拆检并排除。 转向时有“吱、吱”的噪声，严重时转向高压油软管都抖动，这显然是助力油中进入空气所致。按照上节所述放空气的方法将空气排净，故障自然消除。	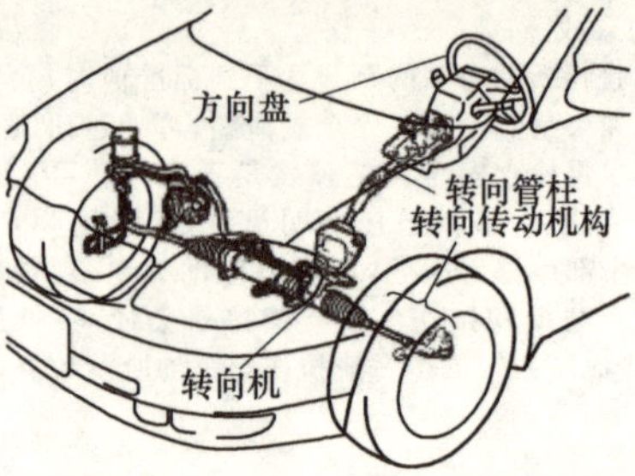
2. 底板处异响 加强板的螺栓连接松动。前桥架梁与发动机支架的螺栓连接松动。	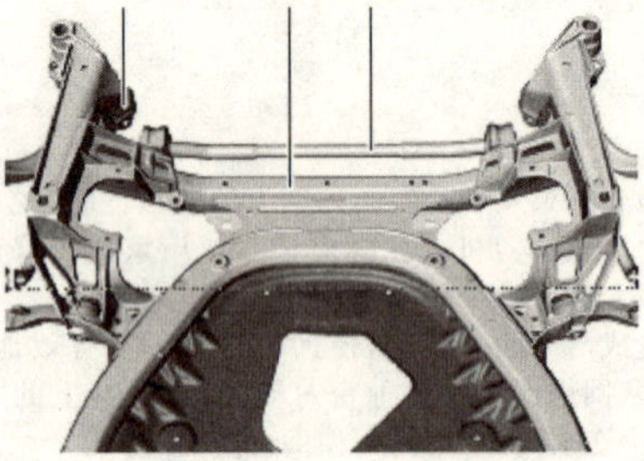
3. 稳定杆处异响 稳定杆支架的橡胶支座损坏。稳定杆的支撑杆的球形万向节偏移。	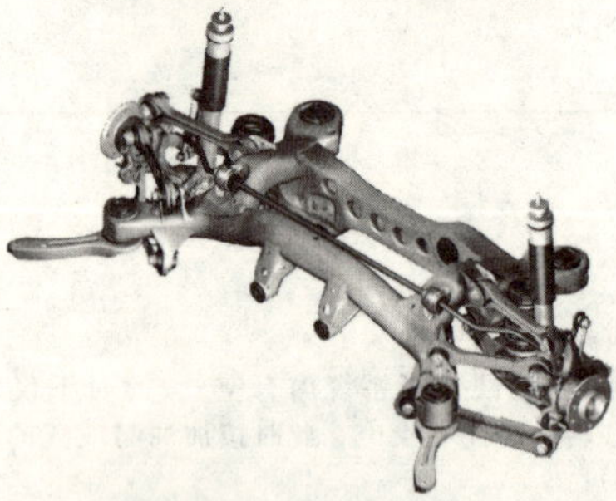
4. 摆臂处异响 减震支柱与摆动轴承的螺栓连接松动。横向摆臂上的球形万向节磨损。压杆球形万向节磨损。	
5. 转向器处异响 转向器内部机械故障，如齿轮异常磨损。助力油中进入空气或杂质等。	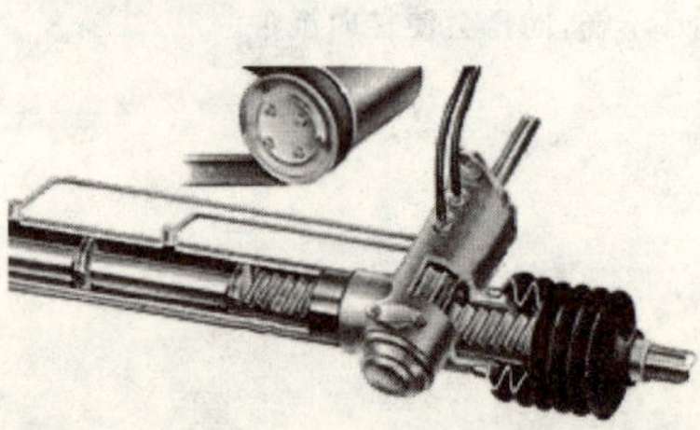

四、转向系统故障原因和补救措施

故障现象	原 因	补救措施
转向沉重	a)润滑油不足。 b)转向盘自由行程过小。 c)蜗杆轴承预加负荷过大。 d)扇形齿轮轴和调整螺钉滑动不自如。 e)转向管柱衬套过紧。 f)转向器内零件损伤。 g)连接球头过紧。 h)转向节主销过紧。 i)前轮定位调整不当。 j)轮胎气压不足。	a)按规定加足润滑油。 b)用调整螺钉调整。 c)用调整垫片调整。 d)用调整垫片或调整螺钉进行调整。 e)更换衬套。 f)更换转向器内损伤的零件。 g)调整连接球头松紧度。 h)检修转向节主销和衬套。 i)正确调整前轮定位。 j)按规定补充轮胎气压。
行驶中转向盘发抖	a)转向盘自由行程过大。 b)调整螺钉与扇形齿轮轴间隙过大。 c)球头磨损或松动。 d)钢板弹簧不平衡。 e)两侧轮胎气压不一致。 f)转向管柱衬套磨损。 g)扇形齿轮轴承磨损。 h)转向器壳固定螺钉松动。 i)前轮毂轴承松动。 j)前轮定位不当	a)用调整螺钉调整。 b)用调整片调整。 c)调整球头间隙或更换新件。 d)检修钢板弹簧或更换新件。 e)调整轮胎气压。 f)更换转向管柱衬套。 g)更换轴承。 h)拧紧转向器壳固定螺钉。 i)调整前轮毂轴承。 j)调整前轮定位。
行驶中转向盘跑偏	a)两侧轮胎气压不一致。 b)两侧制动器制动力不一致。 c)钢板弹簧不平衡。 d)钢板弹簧骑马"U"形螺栓松动。 e)前轮定位不当。	a)调整轮胎气压。 b)调整制动器。 c)检修或更换钢板弹簧。 d)拧紧钢板弹簧骑马"U"形螺栓。 e)调整前轮定位。
方向盘松动	a)方向盘支架或壳体上的控孔与枢轴直径之间的间隙过大。 b)上轴承没有正确安装在壳体内。 c)转向柱壳体支撑螺钉松动。	a)更换尺寸正确的枢轴 b)正确固定上轴承位置。必要时更换上轴承 c)紧固转向柱壳体支撑螺钉
齿轮齿条式转向机中有嘎嘎声	a)动力转向软管刮碰到泵体。 b)转向机没有充分润滑。 c)转向机支座安装不当。 d)外转向横拉杆安装不当。	a)确保动力转向软管正确安装到软管卡夹中。 b)润滑转向机。 c)紧固转向机支座托架螺母和螺栓。 d)紧固外转向横拉杆球节。更换外转向横拉杆。
动力转向系统发出难听的嗞嗞声	a)中间轴接头松动。 b)动力转向软管刮碰其他部件。	a)紧固中间轴接头。 b)确保动力转向软管正确安装到软管卡夹中。
转向机内有嘎嘎声或咯咯声	a)壳体缸套划伤。 b)阀门弹簧或密封件泄漏。	a)更换壳体缸套。 b)修理泄漏部位。排出系统中的空气。
转向泵中有嘎吱声	a)动力转向液中有空气。 b)动力转向液液面过低。 c)动力转向油泵支座松动。	a)排气。 b)修理内部或外部泄漏。排出系统中的空气。 c)紧固油泵支座至规定扭矩。
低速或驻车转向时存在转向振动	a)动力转向系统污染。 b)动力转向泵蛇形皮带过松。	a)排放动力转向系统中的空气。 b)张紧动力转向泵蛇形皮带。
跑偏或转向不稳	a)轮胎不匹配或不一致。 b)球节和转向横拉杆接头润滑不足。 c)稳定杆连杆松动。 d)弹簧断裂或下垂。 e)转向机预紧力的调整不当。 f)前轮和后轮定位不当。	a)更换轮胎。 b)更换球节和外转向横拉杆。 c)紧固稳定杆连杆。 d)更换弹簧。 e)进行齿条预紧力调整。 f)进行前、后轮定位。

续表

故障现象	原　因	补救措施
制动时转向不稳定	a)车轮轴承磨损或松动。 b)弹簧断裂或下垂。 c)制动轮缸或制动钳损坏。 d)制动盘翘曲。 e)主销后倾角不正确或不一致。	a)更换前轮轴承。 b)更换弹簧。 c)更换制动轮缸或制动钳。 d)更换制动盘。 e)调整主销后倾角。
动力转向液起泡、呈乳状	a)动力转向泵存在导致转向液溢流的内部泄漏。 b)转向液液面过低。	a)修理泵内泄漏。排出系统中的空气。 b)修理泵内泄漏。排出系统中的空气。液面过低会导致低温下系统中出现气泡。

第三节 悬架系统的故障诊断与排除

一、概述

悬架分为前悬架和后悬架。

主要部件为弹簧、减震器、稳定杆、球节。其中易出问题的部件是减震器。

二、减震器常见故障与排除

1. 概述 减震器是汽车使用过程中的易损配件，减震器工作好坏，将直接影响汽车行驶的平稳性和其他机件的寿命，因此应使减震器经常处于良好的工作状态。	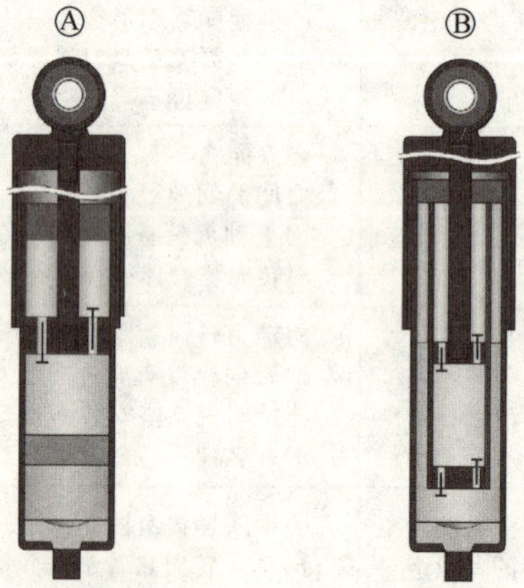
2. 减震器减震效果下降的检查 可用下列方法检验减震器的工作是否良好。 (1)使汽车在道路条件较差的路面上行驶 10km 后停车，用手摸减震器外壳，如果不够热，说明减震器内部无阻力，减震器不工作，说明减震器失效。 (2)用力按下保险杠，然后松开，如果汽车有 1～2 次跳跃，则说明减震器工作良好。 (3)拆下减震器将其直立，并把下端连接环夹于台钳上，用力拉压减震杆数次，此时应有稳定的阻力，往上拉复原的阻力应大于向下压时的阻力，如阻力不稳定或无阻力，可能是减震器内部缺油或阀门零件损坏，应进行修复或更换零件。	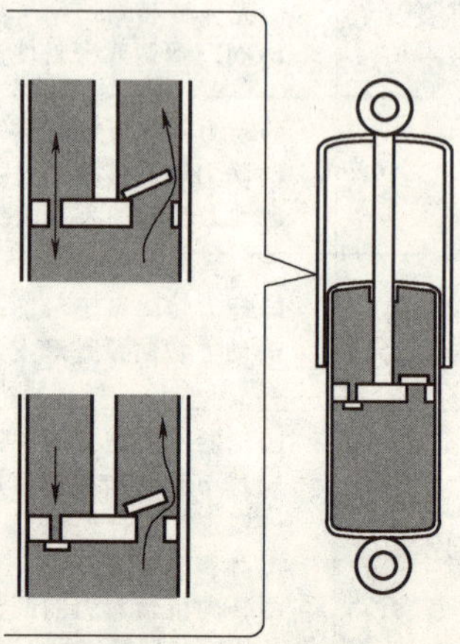

续表

3. 减震器漏油 在确定减震器有问题或失效后，应先查看减震器是否漏油或有陈旧性漏油的痕迹。 若发现漏油，应拉出减震杆，若感到有发卡或轻重不一时，再进一步检查活塞与缸筒间的间隙是否过大，减震器活塞连杆有无弯曲，活塞连杆表面和缸筒是否有划伤或拉痕。	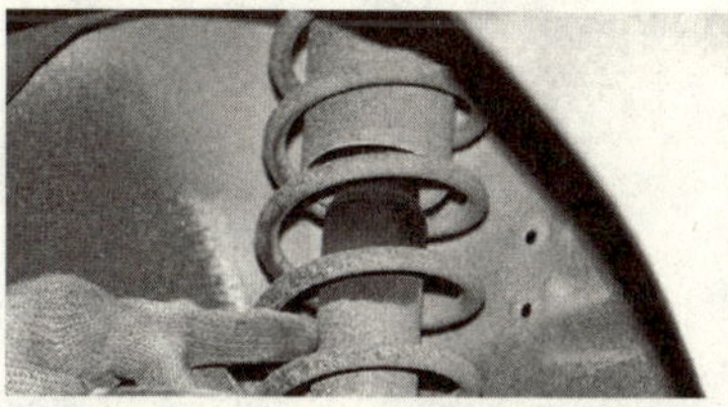
4. 减震器连接部分 如果减震器没有漏油的现象，则应检查连杆、连接孔、橡胶衬套等是否有损坏、脱焊、破裂或脱落之处。 5. 减震器异响 另外，减震器在实际使用中会出现发出响声的故障，这主要是由于减震器防尘筒变形、油液不足等原因引起的，应查明原因，予以修理。	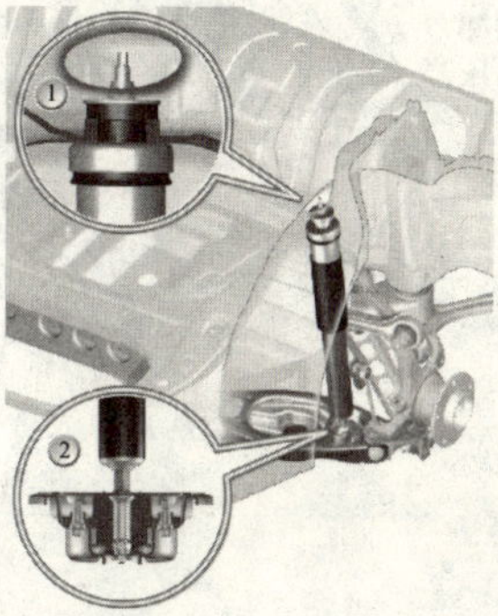

三、电控液压主动悬架的检查

1. 概述

电控液压主动悬架能够通过给悬架施加液压压力主动减小车辆振动。该系统存储液体压力以产生阻尼力，并能够快速和连续地响应，以控制阻尼力的大小。

全主动悬架系统使用液压执行器来代替传统的弹簧和减振器。系统使用G(加速度)传感器来检测不平路面和车辆行驶状况引起的车辆振动和摆动。然后，连续操作液压执行器，使这些摆动和振动减小，以提高乘坐舒适性和行驶稳定性。

项目	说　明
改善乘坐舒适性	阻尼弹簧隔离任何路面上的冲击，同时，主动控制系统提供平稳的和可预测的乘坐舒适性。
改善行驶稳定性	(1)轻松驾驶 车辆位置变化显著减小，这使驾驶轻松和疲劳减小，因为驾驶员无需不停地调整视线位置。 (2)增强安全性 在快速转向和快速加速/减速过程中，车辆位置变化减小，能够在紧急情况对车辆进行更大的控制。
车辆高度控制特性	(1)通过车辆高度控制，可以保持理想的离地间隙。 (2)高度控制开关提供两个位置选择，即“正常”(N)和“高”(H)[H：大约比“N”高20mm(0.79in)]

续表

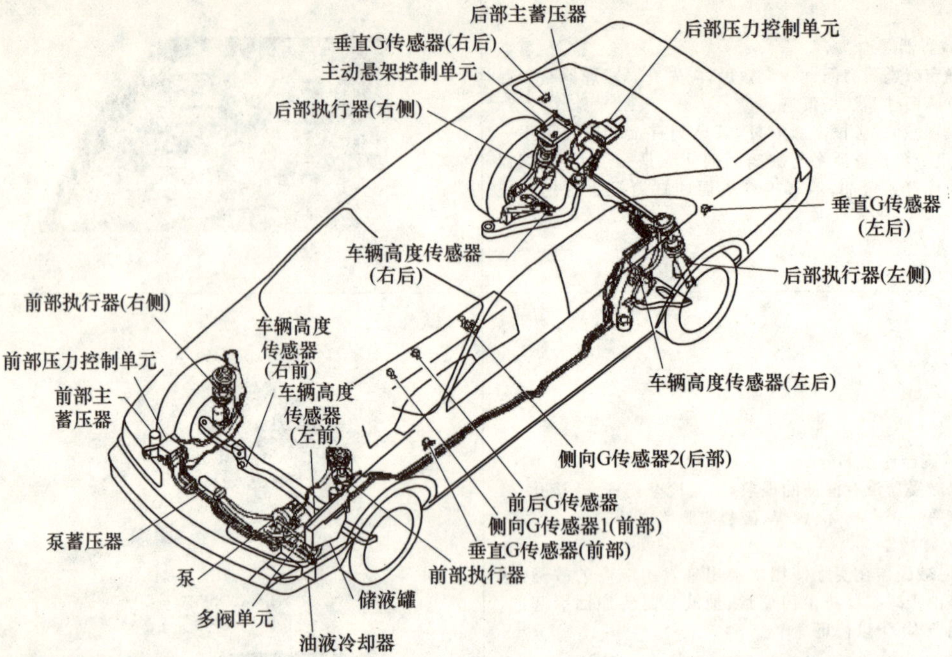

2. 自诊断

系统中出现故障（主要是电气系统），控制单元的自诊断功能将启动，以点亮警告灯。可以使用诊断仪或主动悬架警告灯的闪烁次数来确定故障。如果出现故障的零件可能会妨碍车辆继续行驶，失效-安全系统将关闭失效-安全阀，逐渐改变作用到四个执行器上的油压，使其达到一致油压（无车辆高度控制状态），这时车辆的行驶状态如同常规车辆一样。

3. 操作注意事项

(1)当发动机启动或停机时，车辆高度逐渐增大或减小。不要让任何人到车下，或让身体的任何部分挂到轮罩和车身之间。

(2)当发动机停机时，车辆高度控制停止。管路中的油液在压力下将逐渐平衡。乘客数量或载荷越大，车辆高度降低越大；乘客数量越小，车辆高度增加越大。载荷越大，车辆高度变化越大。

车辆载荷	车辆高度（发动机停机后 3min）
满载[成人 68kg(150lb)×5＋行李 68kg(150lb)]	减小大约 40mm(1.57in)
无载荷（空）	增加大约 10mm(0.39in)

(3)在将手插入轮罩之前，当发动机停机后，等待至少 3min，直到车辆高度稳定。记住车辆高度随载荷状况有很大变化。

(4)不要在有路边石等离车门过近的地方停止发动机工作。如果在车门打开的情况下发动机停机，可能会由于车辆高度降低而损坏车门。

(5)在发动机停机时，由于周围温度或液压油温变化，车辆高度可能会有少量变化，这不必在意。如果在停车几天之后，车辆显著倾斜或车辆高度显著降低，主动悬架系统工作不正常。

(6)如果车辆相当长时间没有行驶，或如果液压油温度在停车后瞬间非常高，车辆高度可能显著降低。这并不表示存在故障，可以在重新启动发动机后得到纠正。

(7)如果车辆停放在不平路面上例如路边石（100mm 高）等，车辆高度可能不会得到正确控制。将车辆移动到水平路面上，则又可以正确控制车辆高度。

(8)当施加驻车制动或脚制动时，即使车辆高度控制开关被切换到 H 高或 N 正常位置，可能也不能设置车辆高度或所有四个车轮可能不会上下均匀移动。

(9)当主动悬架警告灯点亮时，不能控制车辆高度。

(10)在极冷天气情况下，当发动机停机大约 3min 之后，车辆高度可能稍有降低。

续表

(11)如果重新启动发动机,车辆高度可能随周围温度、载荷情况等发生变化。
(12)当失效-安全阀操作时,可能会出现声音,车辆高度可能稍有变化。
4. 维修操作之前或维修过程中的注意事项
(1)在使用千斤顶升起车辆之前,发动机停机之后至少等待 3min。
(2)当仅用千斤顶升起车辆时,不要钻到车下,不要启动发动机。
(3)在车下工作之前,使四个车轮离地,并且用结实的架子支承车辆。
(4)高压总是作用到液压管路上,而不管发动机是否工作。维修液压系统要仔细遵循维修手册中列出的指示。
(5)在液压系统中仅使用纯正的"主动悬架油液 A"。有关要求的油液数量,参见维修手册。系统加注不要过量,因为这样做,当油压从液压管路中释放或在长时间放置之后使用车辆,油液会从储液罐中溢出。
(6)在处理泵和泵蓄压器之前,逐渐松开蓄压器上的安全塞,以完全排放氮气,让塞完全打开。
(7)确保按照维修手册上的指示,打开多阀单元卸压旋塞或压力控制单元切换旋塞,以防车辆高度突然降低。
(8)要根据维修手册上的说明,松开压力控制阀和执行器通风装置,因为液压管路中存在高压。
(9)在拆卸任何系统部件之前,一定要释放液压管路中的油压。要非常小心,以防灰尘进入管路中。
(10)断开蓄电池接线柱或保险将会清除控制单元保存在存储器中的自诊断结果。

四、悬架系统故障原因和补救措施

故障现象	原　因	补救措施
转弯时车身倾斜或摇摆	a)稳定杆连杆过松 b)滑柱减振器或支座磨损 c)车辆超载 d)弹簧断裂或下垂	a)紧固稳定杆连杆 b)更换滑柱减振器。紧固滑柱总成支座螺栓 c)保持合适的载重量 d)更换弹簧。
在连续凹凸不平路面上行驶时车身颠簸	减震器作用不充分	更换减震器
加速时车身猛然上提	减震器作用不充分	更换减震器
刹车时车辆跑偏	减震器作用不充分	更换减震器
在正常路面上行驶时车轮也跳动	减震器作用不充分	更换减震器
由于缺乏同辙性,转弯时稳定性不好(甩尾)	减震器作用不充分	更换减震器
刹车时车辆跑偏	减震器作用不充分	更换减震器
悬架触底	a)滑柱减震器磨损 b)车辆超载 c)弹簧断裂或下垂	a)更换滑柱减震器 b)保持合适的载重量 c)更换弹簧
噪声	a)球节和横拉杆接头润滑不足 b)悬架部件损坏 c)控制臂衬套磨损 d)稳定杆连杆松动 e)车轮螺母松动 f)悬架螺栓或螺母松动 g)滑柱减震器或滑柱支座磨损 h)滑柱弹簧是否错位	a)更换球节和转向横拉杆 b)更换损坏的悬架部件 c)更换控制臂衬套 d)紧固稳定杆连杆 e)紧固车轮螺母 f)紧固悬架螺栓或螺母 g)更换滑柱减震器。紧固滑柱支座螺栓 h)将滑柱弹簧调整到合适位置
行驶性能差	减震器减震作用差	更换减震器
轮胎胎面纹路有磨损区域(磨平区域)	减震器磨损	更换减震器

第四节　车轮的故障诊断与排除

一、概述

汽车轮胎是汽车的重要组成部分，关系到汽车的使用性能和行驶安全。在汽车使用过程中要特别注意，防止轮胎的不正常损坏，防止轮胎的早期磨损。正确合理地使用汽车轮胎，可以有效地延长轮胎的使用寿命。

二、车轮异常磨损

1. 概述 车轮异常磨损是指一个或多个车轮非正常的磨损或非对称的磨损。汽车驾驶员是汽车的直接使用者，应十分注意对汽车和汽车轮胎的使用。	
2. 检查和保持轮胎气压 标准的汽车轮胎气压，决定着汽车轮胎的正确使用性能。如果轮胎气压过低，轮胎的刚性变小，在外力作用下胎体变形大，使用中加速轮胎老化；轮胎在负荷作用下，胎面与地面的接触面增大，就会使胎面和胎肩的磨损加快；变形太大时滚动阻力加大。轮胎气压过高，轮胎刚性变大，与地面接触面变小，轮胎磨损加快；气压过高还容易爆胎。因此驾驶员应注意轮胎气压，泵轮胎气压时应以轮胎气压表检查气压，气压不足应补气，气压过高应放掉。每天出车时应以脚踢轮胎检查轮胎和轮胎气压，用脚中央感觉轮胎的变形和气压，顺便还可感知一下轮毂轴承的情况，对行车安全十分有利。	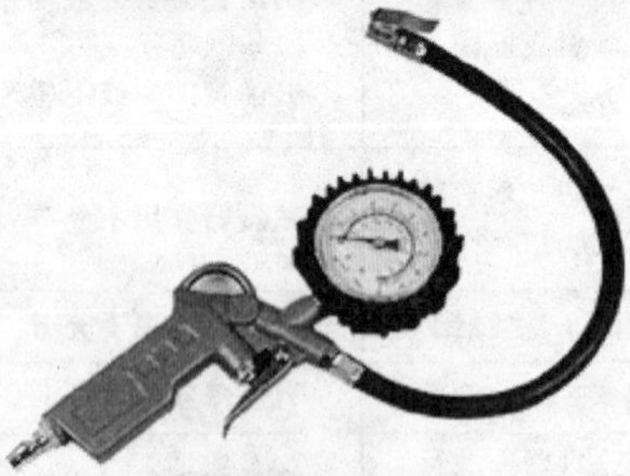
3. 应避免轮胎超负荷运行 轮胎的负荷是一定的，应尽量避免超负荷运行。一般小轿车超负荷运行的情况较小，载货汽车有时超负荷较大。如有必要超负荷时，要控制在20%以内。有的载货汽车，为了多拉货，猛超载，有的6t载货汽车，超载到8t或10t，对于汽车轮胎十分不利，有的汽车轮胎的损坏就是被压爆胎的。在平直路面上行驶时略超载还可以，在坏路上尽量少超载，坏路上颠簸振动过大，甚至使货物偏到车厢一侧，对汽车和轮胎的冲击负荷太大，对轮胎使用不利。	
4. 定期检查和轮胎换位 为使轮胎磨损均匀应定期检查轮胎，应注意汽车轮胎的换位，这是十分重要的。目前大部分驾驶员是轮胎坏了拆了修补，只要车轮能转，换不换位无所谓，这是不对的。应按照汽车使用说明书的规定，每行驶8000km时进行轮胎的检查和换位。 定期检查汽车挡泥板、翼子板和汽车货厢有无与轮胎擦碰处。注意检查轮胎螺母是否有松动处。注意检查轮胎与轮胎之间有无夹石，注意挖出轮胎花纹中的夹石及杂物。轮胎在雨天通过泥泞路面以后变得很脏，应及时用清水清洗干净。平时汽车不要停放在油污地面上。 还应注意管理好汽车备胎和备胎气压，以便某个轮胎失效时换上去。 轮胎的换位。六平柴和九平柴汽车每行驶8000km时，应按图示次序将车轮总成换位，并可靠拧紧轮胎螺栓。	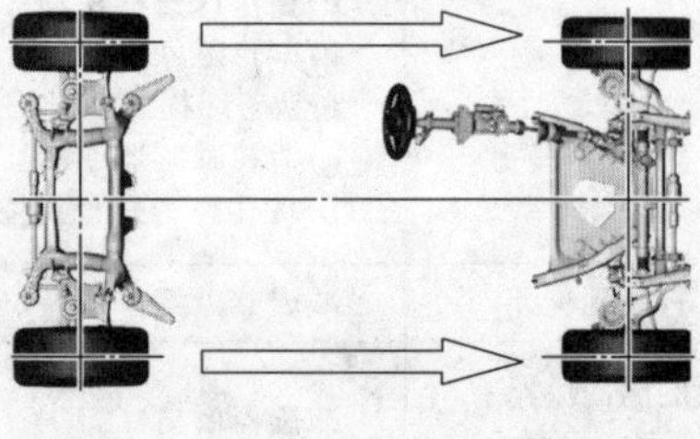

三、车辆跑偏

1. 概述

车辆跑偏有时是由于车辆的缘故，有时是路面条件或用户的使用习惯不同造成的。进行车辆跑偏故障检查时，了解造成这种现象的原因是很重要的。

判断车辆跑偏

单纯地使用一个电子测试仪等仪器很难判断车辆跑偏，所以需要进行路面试验来判断它是否有故障。

- 与另一台同型号车辆进行比较
- 测量一定行驶距离内车辆行驶情况

提示

测量100m内车辆偏离的米数。

车辆跑偏的原因

- 轮胎产生的力
- 车轮定位的影响
- 路面的影响
- 制动系统问题

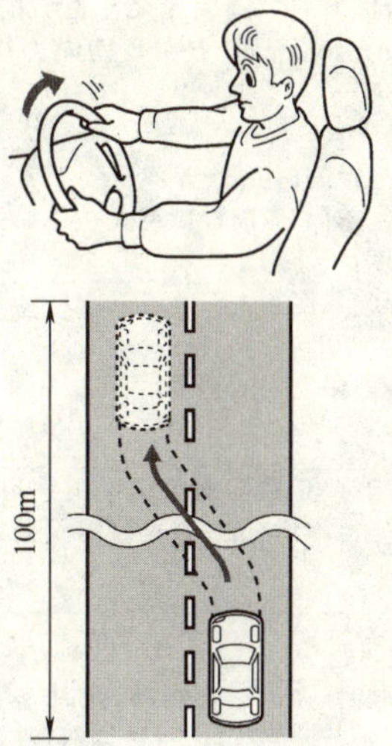

2. 轮胎产生的力

轮胎上产生的力会引起车辆跑偏。下面介绍一下它的典型现象。

□轮胎帘布层转向力

由于轮胎胎体的帘布层方向而产生横向力。轮胎向前转动时，随着帘布层一起，轮胎与轮胎之间横向移动而产生的力被称为轮胎帘布层转向力。

□侧偏力

在不运转的轮胎上施加侧向力时，与地面接触的部分会一致改变形状。但是，轮胎胎面是不均匀的，而且把胎面还原成为原本的形状所用的力也是不相等的。如果在这种条件下滚动轮胎，轮胎滚动方向上的反作用力更小。这种情况下的横向力被称为侧偏力。

检测轮胎上产生的力是否影响车辆跑偏的方法。

□更换左右轮胎或者把轮胎从车轮上取下，然后倒过来。轮胎帘布层转向力根本不改变方向。侧偏力改变方向。

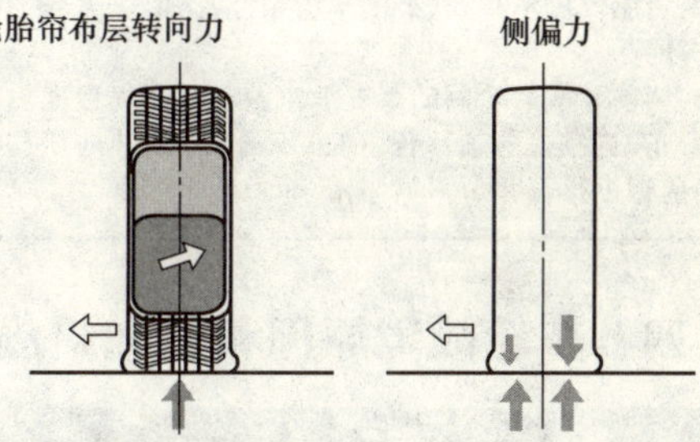

3. 车轮定位的影响

力量不平衡时车辆发生偏转。在向右和向左移动的力不均衡的情况下，会出现车辆跑偏现象。

与车辆跑偏相关的车轮定位。

□左右前轮外倾之间的不同

制动时向正方向移动

□左右前轮主销后倾之间的不同

制动时向较小的一侧移动

□左右前轮主销内倾角之间的不同

制动时向负方向移动

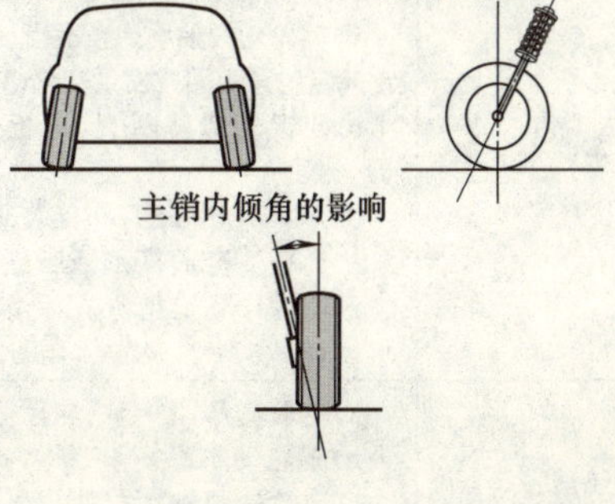

续表

4. 路面的影响 对于轨迹来说，左右车轮之间与地面的每一个接触中心都是不同的，所以左右主销偏置尺寸也不同。因此，左右主销轴线周围的力矩不同，方向盘就向力矩较大的一侧转动。 影响情况 □主销内倾拖距的深度： 主销内倾拖距越深，影响程度越大。 □轮胎的宽度： 轮胎越宽，影响程度越大。 □胎冠刚度： 胎冠刚度越高，影响程度越高。 **提示** 为便于排水，有些道路路面略微倾斜。因此，转向在这样特定的地方变得不稳定，或者是驶向别处以及回到原处时，方向不同。	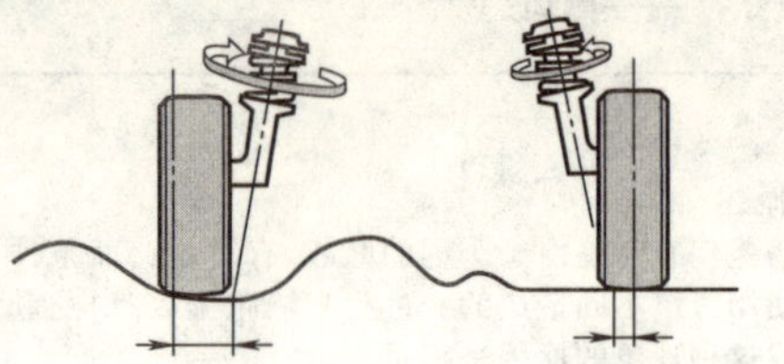 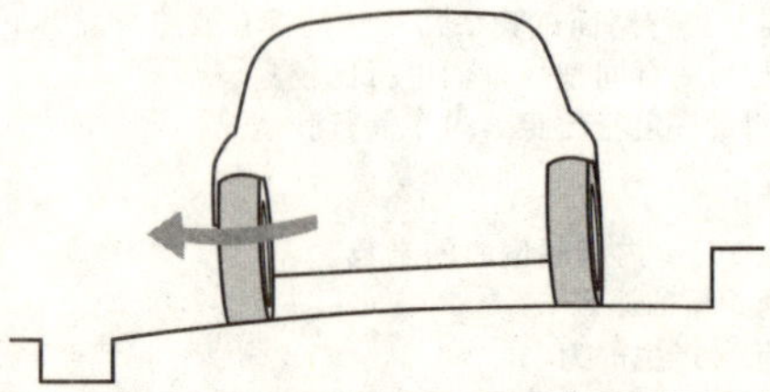
5. 制动系统问题 汽车直线行驶时，如果正常制动，此时车辆应沿直线行驶，如果偏离正常行驶路线，向一边偏斜，则称之为制动跑偏。原因如下： (1)两前轮或后轮制动鼓与摩擦片的间隙不一，两摩擦片的接触面积相差太大，两摩擦片的质量不同，两制动鼓内径相差过多，两制动蹄回位弹簧弹力不等。 (2)车轮某侧分泵活塞与缸筒摩擦过甚，某侧车轮分泵有空气，软管老化或分泵皮碗不良或车轮某侧制动鼓失圆，两轮胎气压不一致，某侧车轮摩擦片油污、水湿、硬化、铆钉外露。 (3)两前轮或后轮制动蹄支承销偏心套磨损程度不一。 (4)车架变形、前轴移位、前束不合要求、转向机构松旷及两前钢板弹簧弹力不等。	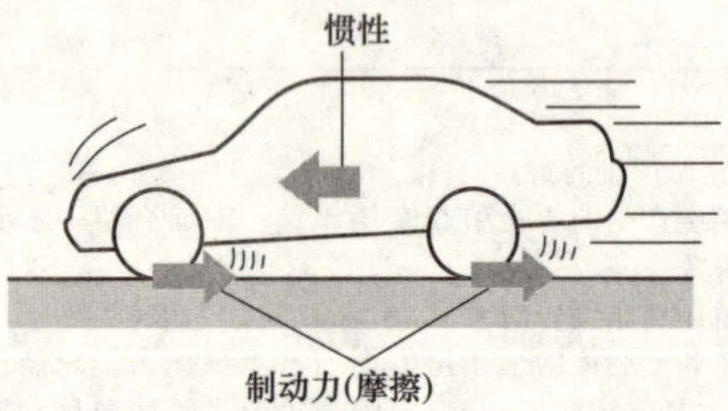

四、车轮故障原因和补救措施

故障现象	原　因	补救措施
轮胎异常磨损	a)胎压不正常。 b)轮胎损坏。 c)左右轮胎花纹深度差别过大。 d)轮辋变形。 e)车轮定位不正确。 f)车轮不平衡。	a)调整胎压。 b)更换轮胎。 c)更换轮胎。 d)更换轮辋。 e)作四轮定位。 f)做动平衡。
汽车跑偏	a)装用了不合乎规格的轮胎，两侧轮胎大小不一；两侧轮胎气压不相等，或一侧轮胎磨损过甚。 b)前轮轮毂轴承调整不当，过紧或过松；两侧前轮定位角不同或发生变化；前轴弯曲变形。 c)前钢板弹簧断裂，钢板弹簧下陷；减震器失效。 d)车架一侧断裂；车架变形不正。 e)后桥壳弯曲变形或断裂。 f)后桥与车架错位。 g)偏载	a)轮胎换位，轮胎气压要一致。 b)调整前轮轮毂轴承；校正前轴，恢复正确前轮定位角；调整汽车前束为正确值。 c)检查更换前钢板弹簧；更换两侧减震器。 d)维修车架，校正变形。 e)校正或更换后桥壳。 f)检查与调整后桥与车架的位置。 g)注意偏载，注意行驶中载荷偏斜。
前轮摆振	a)轮胎气压不一致；轮胎大小不一；磨损。 b)车轮动不平衡。 c)前轮轮毂轴承损坏或松动。 d)前轮定位不正确。	a)检查调整轮胎气压；更换新轮胎。 b)使不平衡量控制在允许值内。 c)检查调整汽车前轮轮毂轴承和松紧度。 d)汽车前轮定位和前束要正确。

第五节　车轮定位的故障诊断与排除

一、概述

四轮定位检测参数包括：转向轮前束值/角及前张角、转向轮外倾角、主销后倾角、转向轴线内倾角、后轮前束值/角及前张角、后轮外倾角、轮距、轴距、转向20°时的前张角、推力角和左右轴距差等。

二、车轮定位常见故障与排除

1. 概述 当车辆出现以下症状时：转向沉重、发抖、跑偏、不正、不归位、轮胎单边磨损、波状磨损、块状磨损、偏磨等不正常磨损，以及驾驶时车感飘浮、颠颤、摇摆等现象时，有可能是由于车轮定位出现问题而导致的故障，所以一般要先做四轮定位，保证车辆的车轮定位参数符合要求。 目前常用的四轮定位仪有拉线式、光电式、电脑拉线式和电脑激光拉线式等多种。其中，电脑激光拉线式由于其使用方便且储存了大量常见车型的四轮定位标准参数，目前使用较多。	
2. 前桥或后桥前束和外倾角无法合格的原因 （1）当车架有问题时，四轮定位可能无法调整到合格。必须先作大梁校正。 （2）车辆车桥的杆件有变形。例如：转向拉杆弯曲，转向横拉杆及横向摆臂上变形或橡胶支座损坏。 （3）减震器变形也会使四轮定位无法合格。	  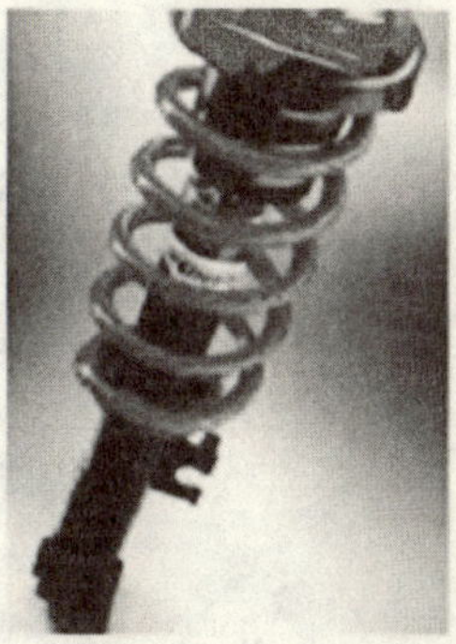

三、车轮定位故障原因和补救措施

故障现象	原　因	补救措施
前桥前束无法合格	a)汽车未处于标准状况 b)转向横拉杆弯曲 c)转向横拉杆的球形万向节偏移 d)横向摆臂上的橡胶支座损坏	a)检查调整车辆高度 b)更换转向横拉杆 c)更换转向横拉杆 d)更换横向摆臂
前桥车轮外倾角无法合格	a)横向摆臂上的橡胶支座损坏 b)横向摆臂变形 c)减震支柱变形 d)导向节严重磨损 e)弹簧挠度太大 f)前桥架梁变形 g)减震支柱导向轴承支承变形 h)副车架（发动机支座）有张紧应力	a)更换横向摆臂 b)更换横向摆臂 c)更换减震支柱 d)更换导向节 e)更换螺旋弹簧，检查车辆高度 f)更换前桥架梁 g)修理车身前部结构 h)修理车身
前桥主销后倾无法合格	a)压杆的橡胶支座损坏 b)压杆变形 c)横向摆臂变形 d)减震支柱变形 e)轮罩变形（减震支柱上的止推轴承） f)副车架（发动机支座）有张紧应力	a)更换橡胶支座 b)更换压杆 c)更换横向摆臂 d)更换减震支柱 e)修理车身前部结构 f)修理车身
后桥车轮外倾角偏差	a)汽车未处于标准状况，弹簧挠度太大 b)后桥架梁上的橡胶支座损坏 c)后桥架梁变形 d)横向摆臂变形 e)导向臂变形 f)副车架有张紧应力 g)摆臂变形	a)检查调整车辆高度 b)更换橡胶支座 c)检查后桥架梁，如有必要，更换 d)检查横向摆臂，如有必要，更换 e)检查导向臂，如有必要，更换 f)修理车身 g)更换摆臂
后桥前束偏差	a)汽车未处于标准状况，或弹簧挠度太大 b)后桥架梁的橡胶支座损坏 c)横向摆臂变形 d)橡胶支座和摆臂损坏 e)后桥架梁变形 f)导向臂变形	a)检查调整车辆高度 b)更换橡胶支座 c)更换横向摆臂 d)更换摆臂 e)检查后桥架梁，如有必要，更换 f)检查导向臂，如有必要，更换

第四章 ▸▸ 汽车电气设备故障诊断与排除

第一节 汽车电气故障排除基础

一、概述

目前，使用 ECU 控制各种电气系统的功能已经很普遍，而且在该控制下的系统范围也随之扩大。因此，车辆的驾驶舒适性也得以实现。但是，这并不意味 ECU 控制可以完全排除电气系统中的故障。本章描述了电气系统故障排除的基本理念。关于故障排除的几项注意事项：

· 电气系统的故障排除；

· 使用电路图进行故障排除；

· 有关基本电气零部件的知识；

· 电路故障排除的方法；

· 应用于电路的电压。

二、检查症状和诊断问题

1. 电气系统故障排除

当检查和排除电气系统的故障时，头脑中应始终清楚在系统运行时电流如何流动以及电压如何变化。所以，通过使用电路图和 NCF 充分了解电气系统的结构和功能，以及对维修手册中叙述的检测的内容和意义进行充分理解是十分必要的。

(1)确认故障条件。电气系统具有多种附加功能，甚至类似的系统可根据不同型号以不同方式运行。因此，确定条件是否正常是最基本的前提，这有助于将故障的形成原因缩小到一定范围内。

(2)电源连接是否正确。电源连接必须正确，否则电气系统无法运行，检查电气系统是否连接电源，以及电压是否完全适用于该系统。

(3)电气系统运行时的电压应用情况。只要电气系统运行，就应始终保持有电压和电流。因此，技术人员可以通过检查电压来确定系统中哪部分是正常的。特别是，通过万用表来测量电压读数，加上有效使用电路图，从而可帮助技术人员有效缩减疑似故障区域。

(4)零部件是否损坏。如果可以推测出故障区域，那么可以通过万用表测量每部分的电阻或检查是否导通来判断它们是否损坏。

续表

2. 使用电路图进行故障排除

(1)电路图的必要性

在电气系统的故障排除中所使用的电路图可提供故障排除所需的电气设备的信息，包括电气设备的回路、位置以及连接条件。

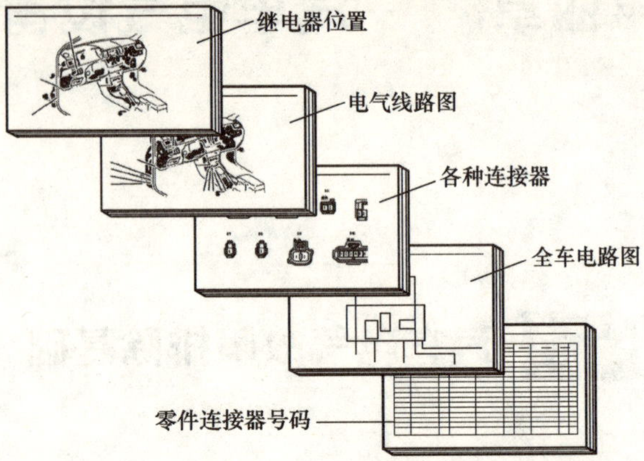

(2)使用电路图

使用电路图的故障排除程序如下。

①检查并了解线束和连接装置的位置。根据电路图中描述的“电路图”确认接头的位置和号码。

②确认连接器的端子排列。根据连接器号码，确认连接器的形状，并参考“各种连接器”，确认端子的号码。

③确认与其他相关部件的连接情况。从“全车电路图”索引中找到与目标部件有关的系统名称，并观察系统电路。

④根据连接器号码、部件名称等找到目标部件，并确认与其他相关部件的连接情况。

⑤将有故障的部件从车辆上拆下，然后对每个部件进行检测。

⑥根据“全车电路图”检查线束的开路和短路情况。

⑦最后，有效地进行故障排除，确认保险丝和连接在保险丝上的电气装置以及保险丝和连接在车体接地上的电气装置之间的关系。同时，还要确认接地点的位置，以及接线盒的内部电路等。

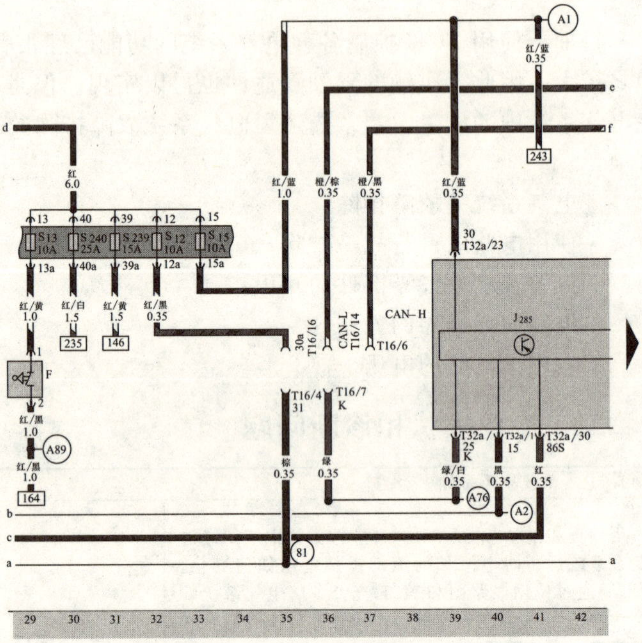

3. 有关基本电气零部件的知识

(1)保险丝熔断的原因

保险丝损坏有两个原因：

①由于电流处在经常性开和关的状态，这样可引起熔断材料破裂(这称为“热疲劳”)，从而导致保险丝磨损。

②由于电路里有过量电流(超载)而导致保险丝熔断(熔断材料熔化)。

提示

如果保险丝已经由于热疲劳而损坏，那么可更换一个新的保险丝。如果保险丝由于线束或电气部件短路而导致熔断，那么应确定短路位置并进行修理。

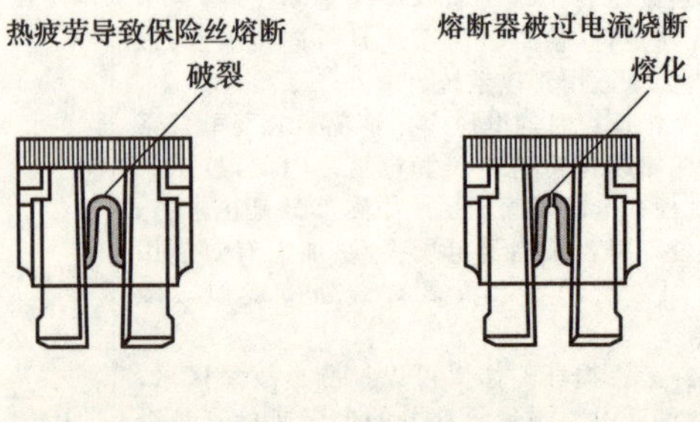

续表

(2)线路连接的内容 一些连接在电气装备上的线束使用一个称为线路连接的连接器相互连接。使用这样的连接器可极大提高线束更换维修效率	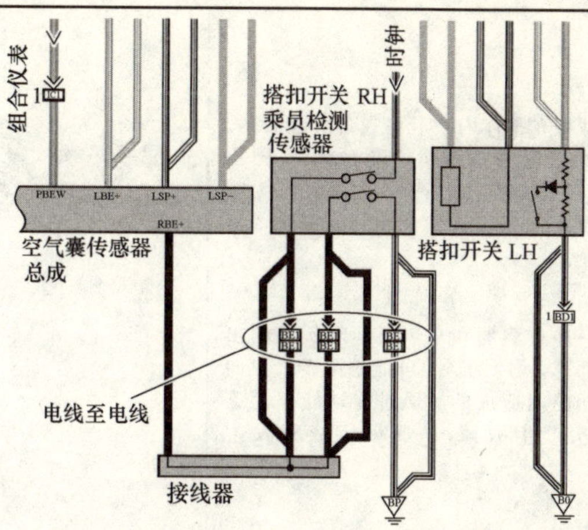
(3)有关继电器的知识 通常设计为在开关一侧有接触点的继电器。当蓄电池电压施加到线圈一侧时进行连接。这种类型的继电器称为“常开型”。相反，还有另一种类型的继电器，其开关上的接触点在通常情况下是连接的，而在蓄电池电压施加于线圈一侧时断开连接。这种型号的继电器称为“常闭型”。从 ECU 中输入或输出的信号划分为开关打开时的影响控制和开关关闭时的影响控制。“常开型”用于控制打开时，而“常闭型”用于控制关闭时。因此，在进行部件检测时通过电路图确认继电器的类型以及维修手册是必要的前提条件。	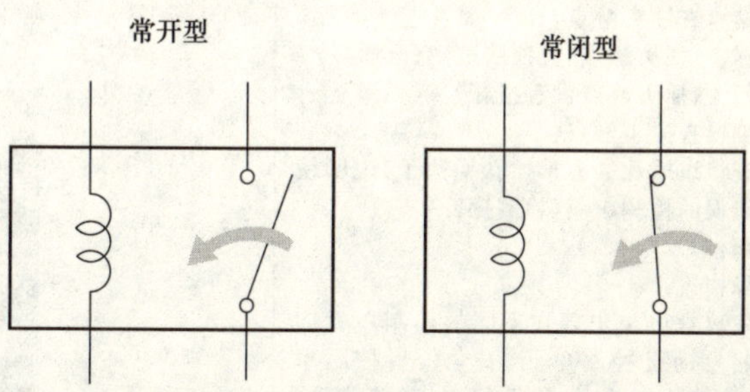
(4)接地点 接地点的检测常常在电路检查的过程中被忽略。接地点的接触不良会阻碍电流沿正确的流向流入电路，从而导致故障的产生。	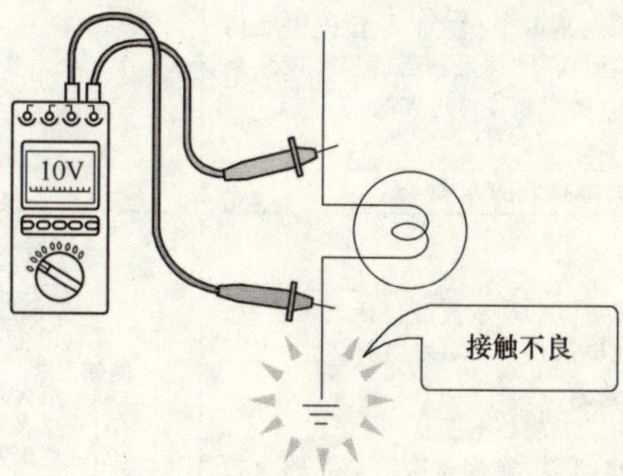
(5)开路 车辆线束的开路故障很少出现在线路中部，而通常出现在连接器上。所以检查开路时，要特别注意各电气设备的连接器和连接器端子。应仔细检查端子和导线连接处的铆接部分。	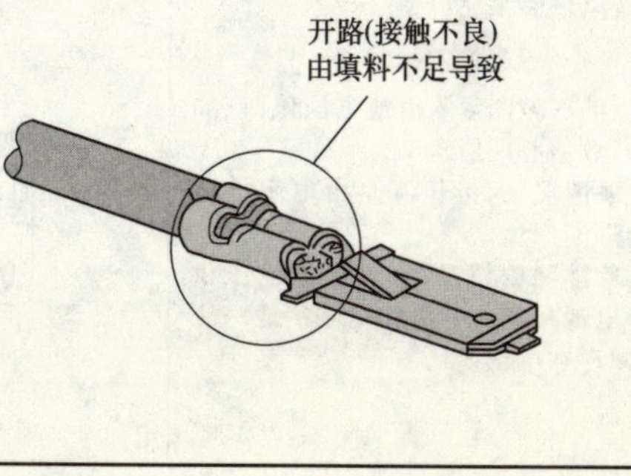

续表

(6)短路 如果线束在车体内被卡住则会引起短路。由于线束被紧固在不同位置，如果紧固不好，那么杂质或锈蚀通常会引起短路。为防止短路现象的发生，应确保检查线束是否紧固或生锈。 **提示** 对于一些典型的在车辆振动时所检测出的故障而言，故障的产生可能是由于线束的开路或短路而造成的。通过摇动或振动连接器再次产生故障，从而确定故障发生区域。	
(7)电气触点损坏 粗略检查插头触点： ①插头/插头触点(拉拽测试)完全插好？ ②插头/插头触点没有损坏？ 详细检查插头触点： 检查接口插孔。方形插孔变圆了，说明使用了错误的检测工具(检测探针)。 举例： 故障描述： 偶发故障记录出现在不同的控制单元内(例如：发动机控制单元，安全气囊控制单元，变速箱控制单元，组合仪表，网关，车载网络控制单元，舒适系统控制单元，灯光距离调节控制单元等) 原因： 撑大的触点是由于在之前的检测中使用了错误的检测探针“伸入触点检测”，以致触点持续损坏(触点被撑得过大)。	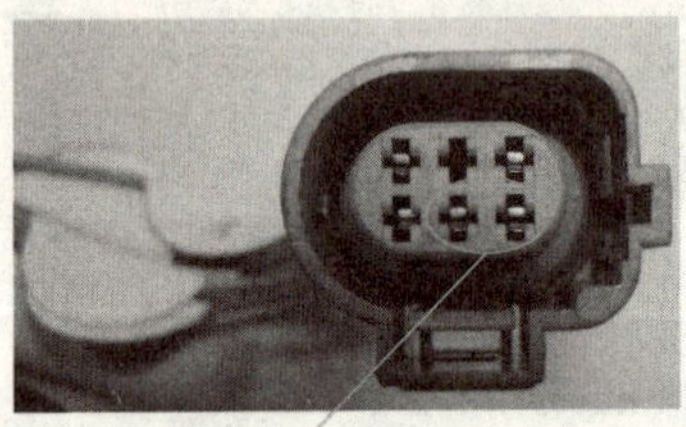 线脚4和线脚2不正常
4. 电路故障排除的方法	
电路故障排除的基本技能包括电压检测、电路畅通及电阻检查和短路检查。 (1)电压检查 ①在检测点上施加电压。 ②使用电压表，连接通向接地点的负极(－)或蓄电池端子负极(－)和通向接头或零部件端子的正极(＋)。这项检查可以用试验灯代替电压表来完成。 **提示** 当在一定的区域测量蓄电池电压值时(如电灯部分)，数值有两层含义。 • 在通常情况下，电压降是由电阻器产生的，即由灯泡产生。 • 在故障排除的情况下，蓄电池电压供给灯泡(蓄电池一侧的电路和车体接地一侧的电路之间存在电位差)。	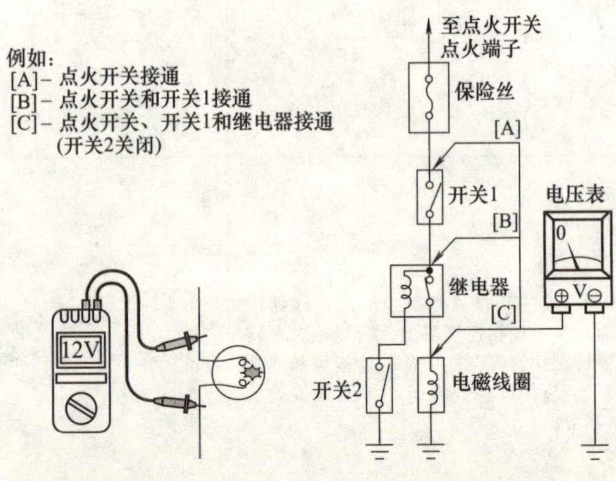

续表

(2)电路畅通及电阻检查 ①断开蓄电池端子或电线，因此在校验点之间没有电压。 ②将欧姆表的两根导线连接在每个校验点上。 ③如果电路中有一个二极管，则调换两根导线再测一遍，当接触通向二极管正极侧的负极和通向负极侧的正极时，为导通。 ④电路的故障排除时，使用带有高阻抗(最小 10kW/V)的电压/欧姆表。	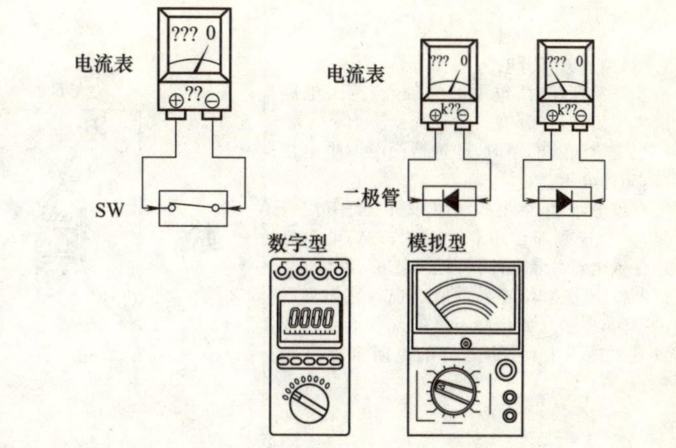
(3)短路检查 ①拆掉熔断的保险丝，断开保险丝的所有负荷。 ②连接一个试验灯代替保险丝。 ③为试验灯点亮创造条件。 ④断开并重新连接连接器的同时观察试验灯。短路现象将出现在试验灯点亮时的连接器和试验灯熄灭时的连接器之间。 ⑤通过沿车体方向轻微摇动有问题的电线以找到短路的确切位置。 小心： • 除非绝对有必要，否则不要打开 ECU 的盖或壳体(如果碰到 IC 端子，则 IC 可能被静电损坏)。 • 更换数字表的内部机构(ECU 零件)时，注意身体的任何部位或衣服都不能接触到所更换零件(备件)的 IC 端子导线。	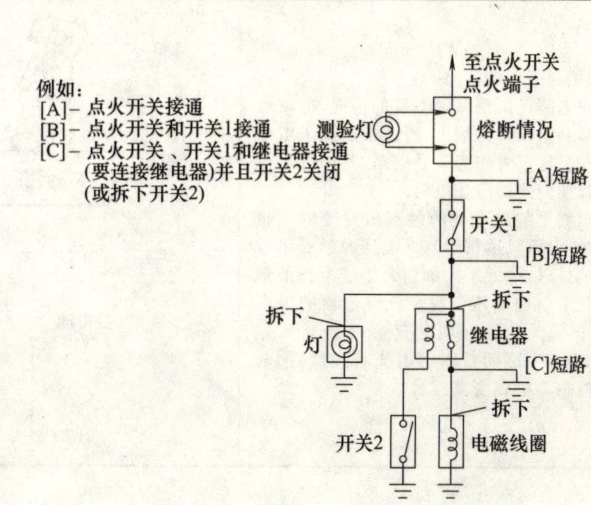
5. 供给电路的电压	
通常，仅从外观观察很难发现电气系统内的故障区。所以，了解电路的电压以便发现故障是非常重要的。在本章节中以照明系统为例对故障排除的方法加以描述。 (1)当开关关闭时 由于继电器线圈内无电流通过，因此继电器的触点保持断开的状态，所以照明灯不亮。在这里，电压供给保险丝、继电器线圈、开关和继电器的触点。当电压表与电路图中的红线或黑线任意一条相连接时，其读数应始终显示为 12V。 这是因为在无电流通过的情况下蓄电池电压等量分配在由开路部位终止的区域内。当测量 A 点和 B 点间的电压时，电压表显示为 0V。这是因为 12V 电压已经等量施加于 A 点和 B 点，而且它们之间没有电位差。	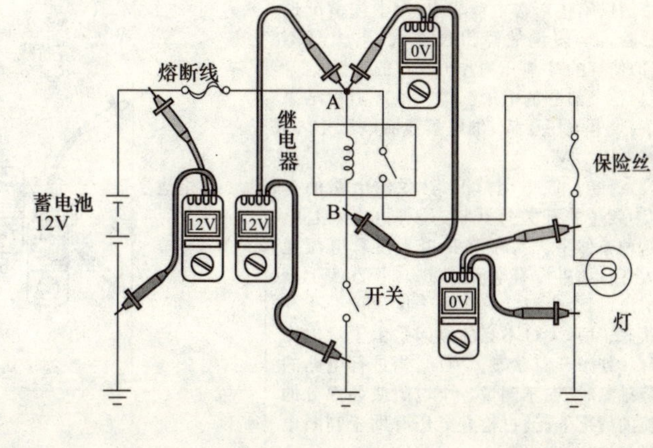

续表

(2)当开关打开时

当开关打开时，继电器的触点打开，电路流入照明灯，灯变亮。

当电流流入电路时，电阻器两端产生电位差，施加电压。

在该电路里，继电器线圈和照明灯有内电阻，而且这些部件串联。因此，12V 电压施加于继电器线圈和照明灯。线束、保险丝、熔断器、开关和继电器的触点也有它们自己的电阻，但是只要接触不良的现象不明显或者其性能没有问题，这样的电阻则通常被忽视。

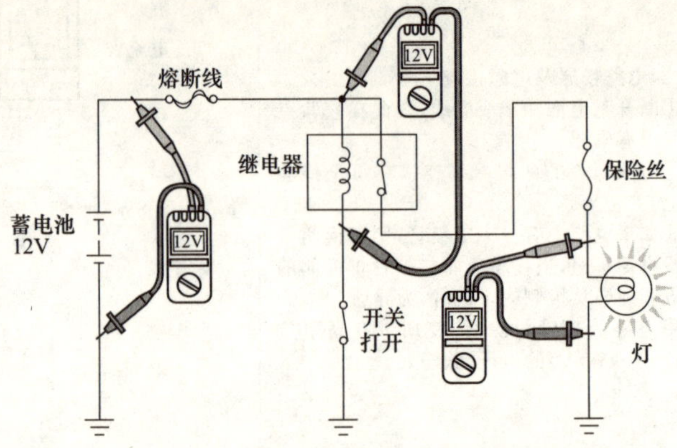

(3)接触不良的情况

如果电路里出现接触不良的情况，电流就不能顺利流入该区域内，因此便起到了电阻的作用。这可看作为接触电阻，其中有电流通过以便向两端施加电压。

当电路里的继电器的触点出现接触不良的现象，电压只适用于与继电器的触点串联的照明灯时，降低了大量相当于继电器的触点接触电阻的电压。假设该继电器的触点适用于 2V 电压，照明灯仅适用于 10V 电压，那么流入照明灯内的电流将降低，同时照明灯也将相应变暗。

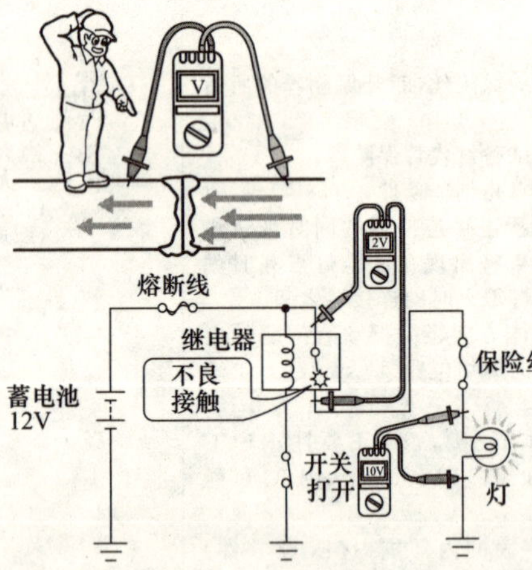

三、判断和检查故障

1. 基本电路的故障排除方法

在基本电路的使用过程中，将对故障排除方法加以阐述。在本章节中，对下述情况进行诊断，即：假设故障出现在大灯，大灯不亮，即使灯的控制开关置于大灯的位置。

(1)各个部分的电压测量。电压测量结果如下：供电电压 12V；继电器线圈电压 12V；大灯电压 12V。

(2)诊断。该电压情况与“供给电路的电压”中叙述的开关打开状态下的电压相同。在这种条件下大灯不亮是由于没有电流通过大灯。如果没有电流通过，尽管事实上施加电压，那么也意味着在那个区域里处于开路状态。即，大灯不亮的原因是由于灯泡内的灯丝处于开路状态。因而，当进行电路的故障排除时，在不测量各个电阻或各部分的电流的情况下，通过检查电压有助于判断电路是否损坏。

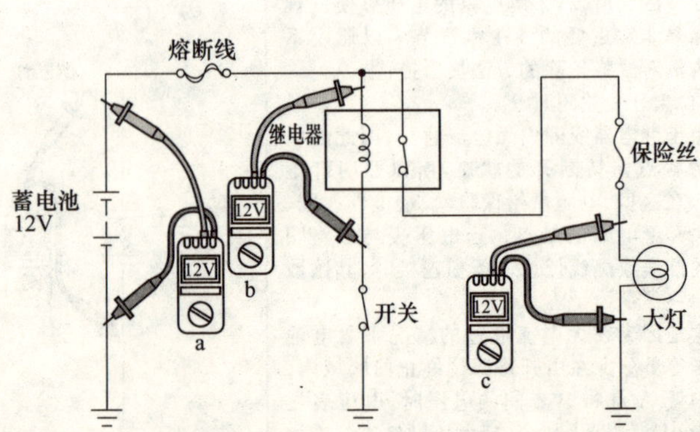

续表

2. ECU 控制系统的故障排除方法	
(1)概述 该系统的大部分功能是负责管理由 ECU 控制的复杂的系统。 ECU 从开关、传感器等接收输入信号，然后当满足特殊条件时驱动执行器或类似的设备。因此，该电气系统中控制输入/输出信号的功能就如同人脑一样。 该系统在执行时，有许多电路与 ECU 连接控制整个系统，因此很难进行故障排除。但是，按照顺序正确地检修故障可以尽快确定故障的发生区域。	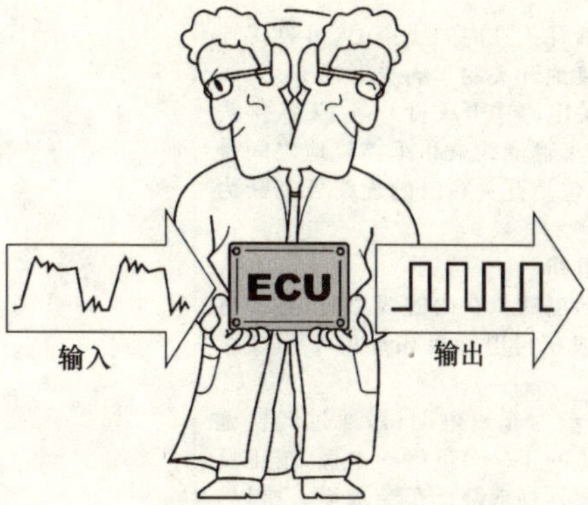
(2)故障排除方法 在对 ECU 控制系统进行故障排除的过程中，当所有系统都停止运行时，ECU 可能根本不运行，那么可以猜测是电源电路里出现故障。 另外，当指定系统不运行时，可判断与该系统有关的输入/输出信号电路出现异常。 由此可见，当进行 ECU 控制系统故障排除时，通过了解哪些系统由 ECU 控制以及它们的症状，可以减少故障排查时间。 只有在与 ECU 连接的电路里没有发现异常时，才应将 ECU 最终更换。	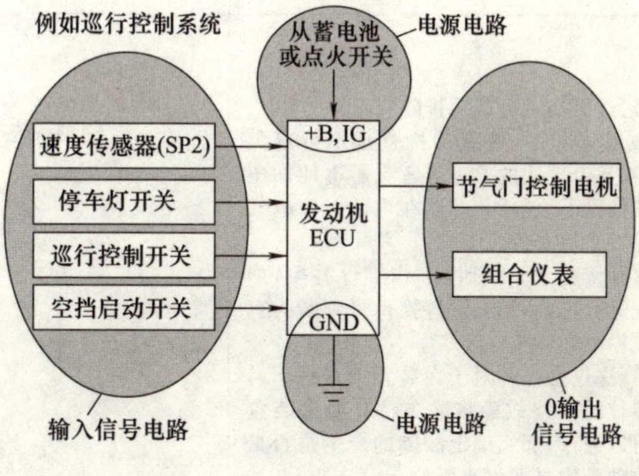
(3)电源系统电路的检测方法 ①＋B 电路 应供给蓄电池电压以运行 ECU 系统，因此每个 ECU 都有一个＋B(正极蓄电池)电路。由于＋B 电路在 ECU 中通常保存记忆，所以电路直接与蓄电池相连，而且总有电压供应。 因此，在检查＋B 电路时，如果在＋B 端子和车体接地之间用电表测出蓄电池电压，那么可以判断为正常。 ②IG 电路 IG 电路同＋B 电路相似，当点火开关在打开位置时，有一个电路控制 ECU。在检查 IG 电路的过程中，当点火开关打开时，如果 IG 端子和车体接地之间有蓄电池电压，那么 IG 电路可判断为正常。 ③GND 电路 除了电源系统以外，接地系统中的 GND 电路对 ECU 的运行也是十分必要的。在 GND 电路的检测过程中，如果 GND 端子和车体接地之间是导通的，那么 GND 电路可判断为正常。	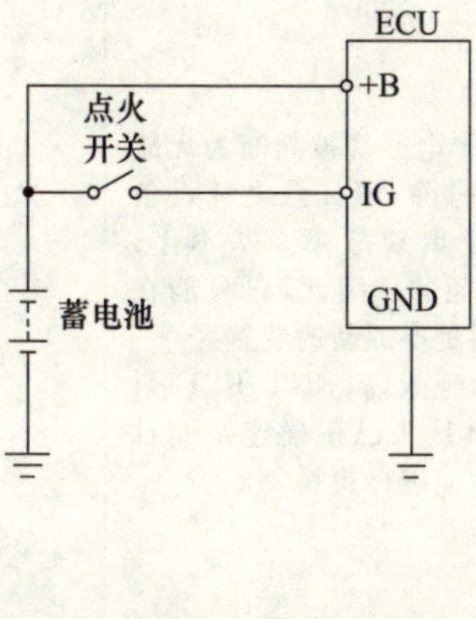

续表

(4)输入/输出信号系统电路的检查方法 ①开关电路 当检查包括开关在内的线束时，可直接连接通向车体接地开关的车辆线束端子。 当被检开关电路中开关打开且 ECU 接头断开时，如果车辆侧线束和车体接地之间是导通的，那么包括开关在内的配线可判断为正常。 ②电动机电路 当检查包括电动机在内的线束时，直接将蓄电池电压加在与电动机相连的车辆线束端子上。 电动机，如动力车窗电动机，通过转换施加蓄电池电压的正(+)负(−)电极，按正反方向旋转以便升高或降低车窗玻璃。所以，通过转换电极的极性可检查其是否运行正常。	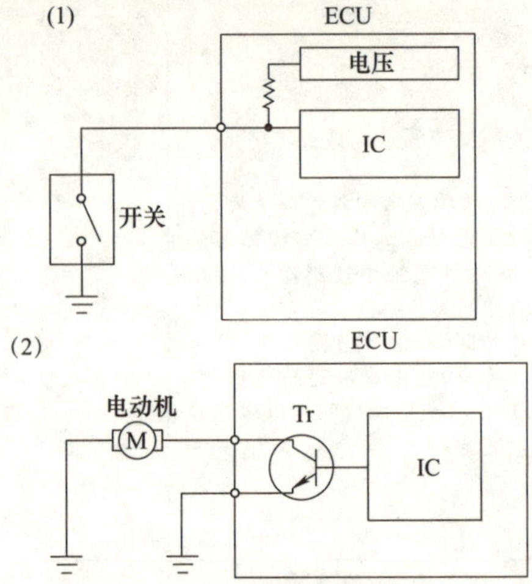
(5)通过更换进行故障排除 在故障排除中，装置的检查是不可避免的，但在是否导通的检查或者在蓄电池加压检查的情况下，包括传感器在内的一些电气设备是不易检查的。 在这种情况下，用标准工作零件替换，如果系统运行正确，那么被替换件可判断为有故障。 但是，这仅是一种对于在装置检查中不易检查零件的最终故障排除方法。如果装置检查可以进行，那么确定故障的产生是否是由于该件所致是非常重要的。	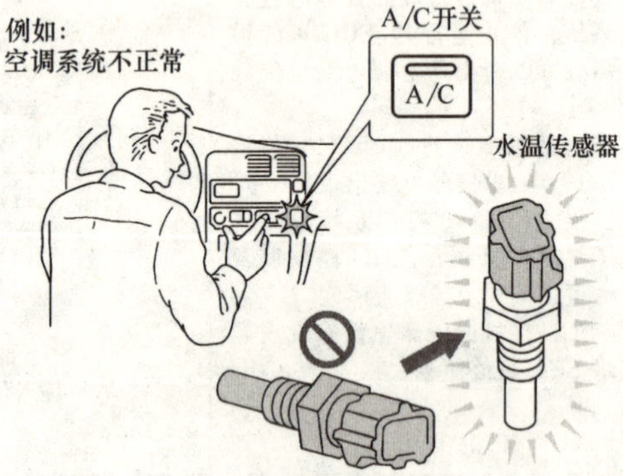
(6)更换 ECU 当连接 ECU 的各个电路都被判断为无故障时，而故障却并未排除，那么该电气设备应最终判断为 ECU 出现故障。基本上，ECU 的检测是不可能的。因此，它只能在故障排除过程的最后更换成新的装置。 当然，ECU 很少出现故障，所以，ECU 只有在经过重新确认其接头已正确连接而且线束已正确接地后才能进行更换。	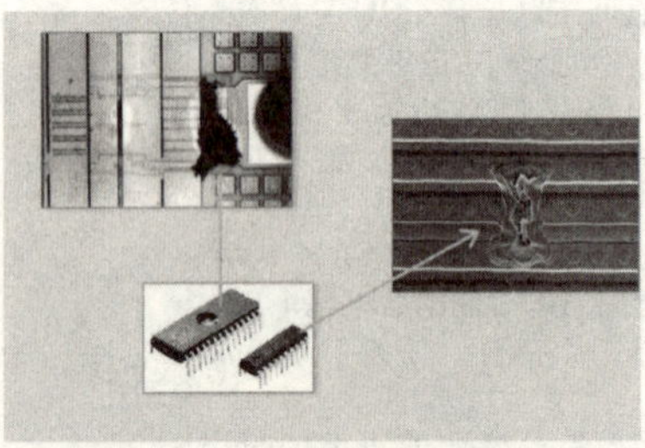 

第二节　蓄电池放电的诊断与排除

一、概述

1. 蓄电池放电

以下是与蓄电池放电有关的故障和投诉：

·蓄电池放电。

·启动机不转，使发动机无法启动。

·尽管蓄电池明显放电但发动机仍然能够启动。客户认为应该检查检查蓄电池是不是出了问题。

2. 这种故障的主要原因

下列是造成蓄电池放电的主要原因。

·驾驶员下车时开关未关(灯控制开关等)。

·蓄电池或充电系统出了故障。

·客户日常使用的电量和交流电机的发电量不一样多。

3. 对蓄电池放电的处理方法

解决蓄电池放电时需要以下的知识和技术：

·了解客户的使用习惯。

·有关蓄电池放电的正确技术知识。

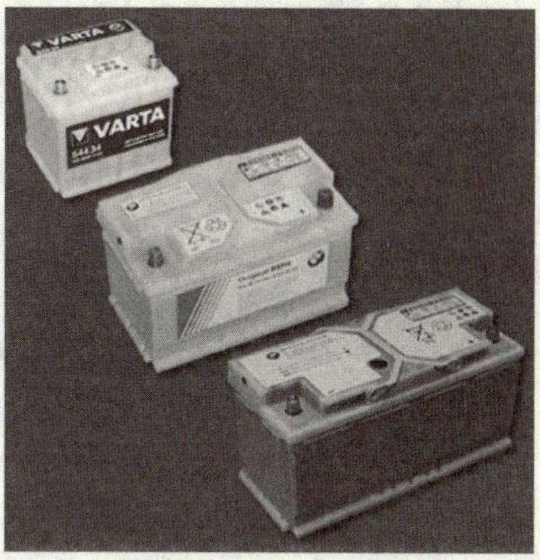

4. 故障诊断流程

遇到蓄电池放电问题时，要按以下 3 个步骤处理。

(1)检查症状和诊断问题

·向客户提出询问，对该车的情况进行确认核实

·了解客户车辆使用习惯

(2)判断并检查故障症状

检查蓄电池和充电系统等，判断这种故障是由车辆本身问题还是客户的使用习惯造成的。

(3)检查充电/放电平衡

向客户提供恰当的建议，根据充放电平衡检查结果确定造成故障的原因，尽量避免这种故障再次发生。

参考：

故障诊断流程

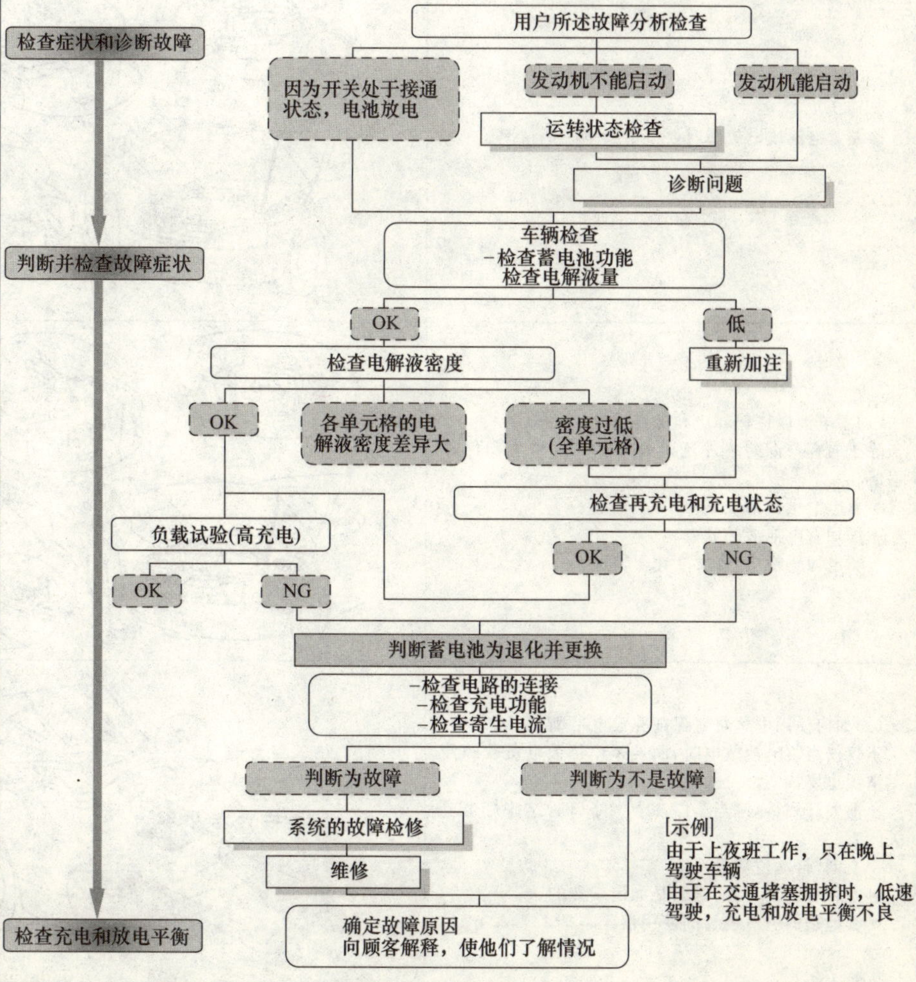

二、检查症状和诊断问题

1. 故障检修的几个要点

诊断蓄电池放电时要牢记以下要点：

(1)蓄电池即使没有使用性能也会变差。蓄电池性能变差的程度视车辆的使用条件的不同而有很大差异。

(2)发动机运转时，如果发电机产生的电量输出大于消耗量，蓄电池就会充电。

(3)相反，如果电能消耗大于发电机的发电量，而蓄电池需要供电就会造成蓄电池放电。

提示

蓄电池的充电量和其放出的电量称为充电/放电平衡。如果这种平衡明显恶化就会造成蓄电池放电。

充电和放电平衡：蓄电池充电。　充电和放电不平衡：蓄电池放电。

2. 诊断问题

诊断蓄电池放电故障时要了解以下一些情况。

(1)蓄电池以往保养史和保养情况

除了向客户询问之外还要验看客户的检查和保养手册。

- 蓄电池更换情况。
- 添加蓄电池液的频率。
- 蓄电池更换史、密度变化等情况。

(2)如何使用电气装置保证充放电平衡

不仅仅当蓄电池放电时，而且客户每天电负载的使用情况也要核实。

- 前大灯和雾灯(当车停在十字路口时这些灯也要关闭)。
- 空调(自动位置等)。
- 是否有后装零件，它们是如何安装的。
- 其他别的电气装置的使用情况。

续表

(3)客户下车时 ·客户下车时要检查一下开关是否还开着(当客户驾车来时要检查一下这种情况)。 ·客户下车时要检查一下点火开关。	

三、 判断和检查故障

1. 概述

(1)判断和故障检查概述

诊断放电蓄电池时首先要检查有关电气设备，包括充电系统等确定蓄电池是否处于良好状态，通过以上检查判断这种故障症状是否是由于车辆本身原因造成的。

(2)车辆检查项目

·检查蓄电池功能：如果蓄电池性能变差，当它所承受的负荷增加时电动势就会变小，电压下降，这将导致启动机不能正常运转。

·检查电路连接情况：如果电路连接接触不良或松动，电流就不能正常流动，这就会造成交流电机或IC调节器不能正常工作。

·检查充电功能：如果充电系统不能正常充电，就会出现由于蓄电池充电过少而放电。而如果蓄电池充电过高，蓄电池酸液就会减少，这也会导致蓄电池充电量不足或加快蓄电池的退化。

·检查休眠电流：即使关闭所有开关，电流仍然流向各个电气装置。如果流向电气装置的电流很大，蓄电池放电量就会很大，这就很容易造成蓄电池放电。

(3)检查咨询

①如果判断这种症状是故障时：如果根据检查结果判断出故障原因出在车辆本身，就可判断这是一种故障。在这种情况下就要对车辆进行诊断确定故障原因。

②如果判断这种症状不是故障时：如果根据检查结果判断出故障并非出自车辆本身，而且没有可以导致这种故障症状的其他原因，这时有必要从另外一个角度向客户询问有关这种故障的一些情况。这样做的原因是，这个故障有可能是客户自己的一些不良使用习惯造成的

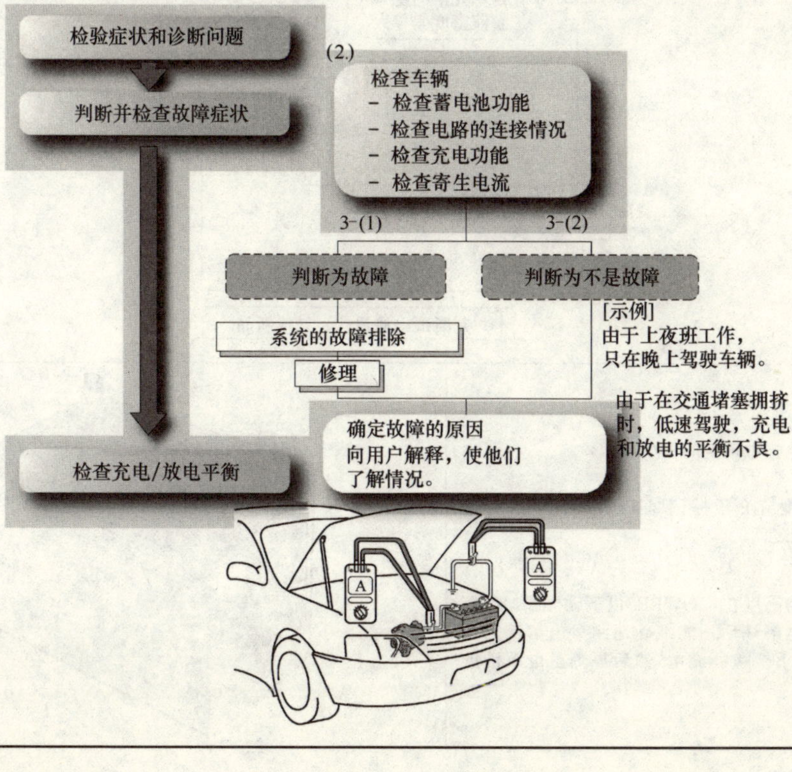

续表

(4)蓄电池使用寿命

①决定蓄电池使用寿命的因素

蓄电池的使用寿命取决于使用条件或使用环境。

a. 蓄电池充电及放电频率：如果蓄电池频繁充电放电，蓄电池的使用寿命就会缩短，反之，如果蓄电池充电放电频率低，蓄电池的使用寿命就会长一些。

b. 车辆负荷的差异：车辆负荷大就需要提供大量电能。在这种情况下即使蓄电池的性能稍微下降一点，就会很容易达到它的使用极限。

c. 温度的差异：蓄电池的能量随着温度的下降而减少。在冬天，发动机启动时需要大量的能量，在这种情况下蓄电池很容易出现放电现象。

②判断蓄电池寿命

蓄电池使用寿命的长短同时也取决于以下因素：

a. 电解液沉淀物的数量。

b. 电解液量的变化。

c. 充电时的情况：

· 充电时液体温度升高异常。

· 即使充电过程结束，产生的气体仍然不足。

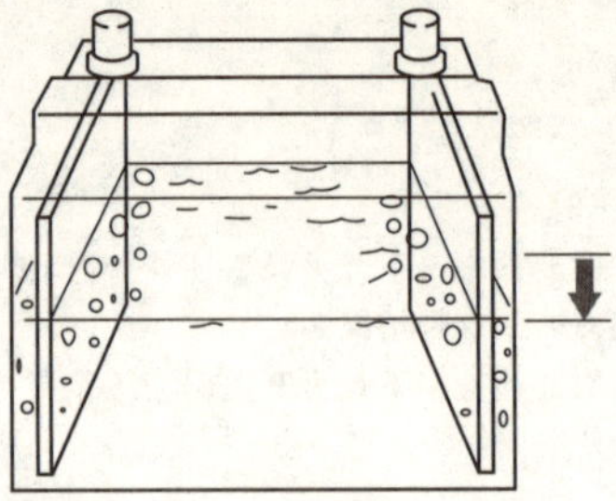

2. 检查蓄电池功能

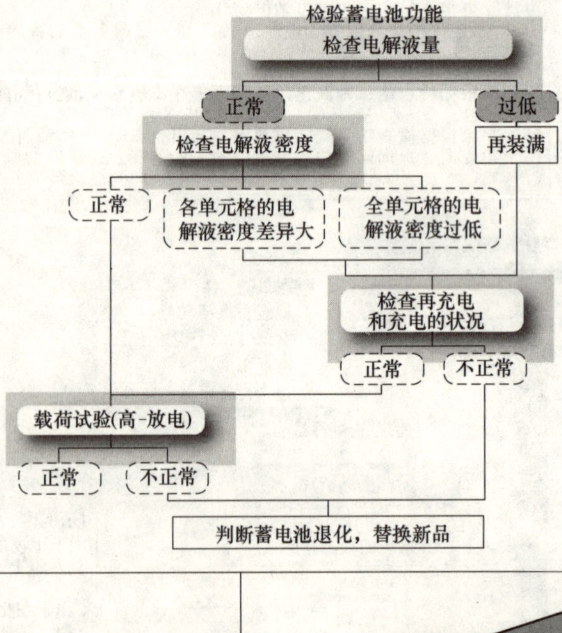

(1)检查电解液量

检查每个电池格电解液的多少。

· 标准

电解液的高度应介于标记“UPPER”（上）和标记“LOWER”（下）之间。

提示

如果电解液的高度在“LOWER”以下就要添加电解液。如果添加电解液后不能准确地测量电解液的密度，在这种情况下要重新充电，然后再测量电解液的密度。

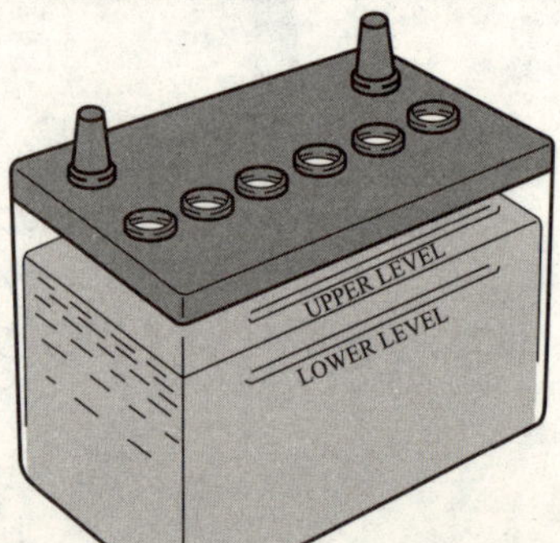

续表

(2)检查酸液密度 检查每个电池格里电解液的密度。 ·判断标准 电解液的密度应在“维修手册”中列出的电解液的规定范围之内。 **提示** ·电解液密度只反映出蓄电池充电(放电)情况,因此如果只检查密度并不能对蓄电池性能退化的情况做出判断。 ·如果蓄电池各单元格之间的密度存在很大差异,就要做出以下考虑: 蓄电池内部发生短路。 电解液量少,使其浓度增加(水蒸发掉)。 加水导致电解液的浓度降低。	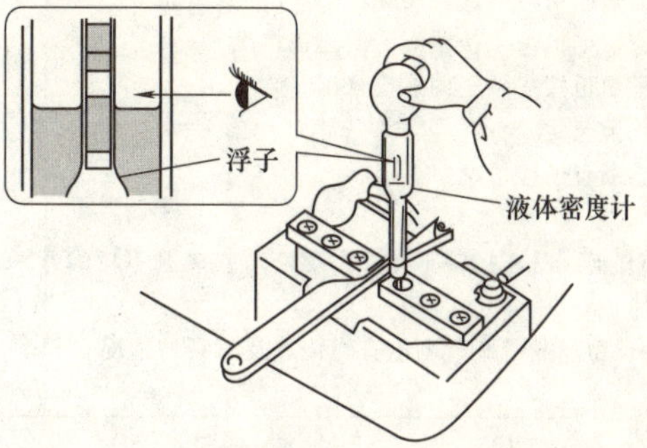
(3)检查二次充电和充电的状况 当电解液的密度过高或过低时,对蓄电池重新充电,然后测蓄电池电压和密度。可以使用这种方法检查蓄电池性能的退化情况。 **提示** 二次充电的目的是对密度进行调整,同时也是为“测量负荷电压”做准备。 ·判断标准 ①电压 ·开始充电时电压应小于或等于15V。 ·充电结束时电压应大于或等于15V(如果出现电压异常很可能是硫酸盐化过高造成的)。 ②密度 ·充电后电解液的密度应在“维修手册”中规定的电解液的标准范围之内。 小心: 用正常的充电方法对蓄电池充电(充电电流应设定在蓄电池容量的十分之一左右)。	 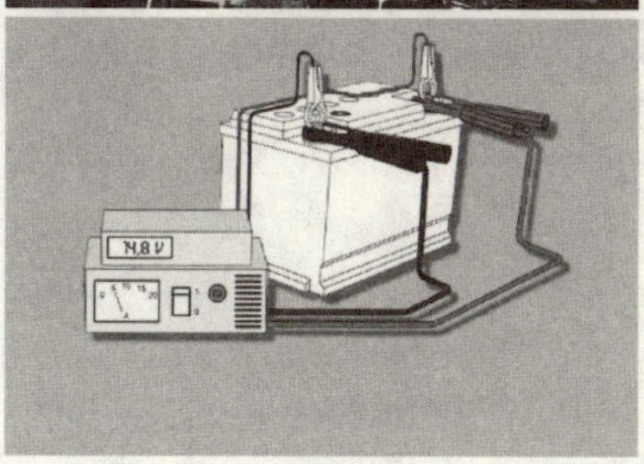
(4)载荷试验 在发动机预热后,设法使它不能启动。然后将点火开关转置于“ST”位置(使启动机转动)5s,在发动机转动时测量蓄电池电压。 ·标准:没有固定标准值,将该值与同型号车相比较。 **提示** ·如果蓄电池接受负荷,由于电流消耗增加的原因,即使它处于12V电压状态,电压也会下降。在这种情况下,测量载荷电压,根据电压下降幅度判断电池容量的大小。 ·当通过电路的电流大约达到蓄电池容量的4倍时(例如用50A·h的蓄电池作例子,就是有200A的电流通过电路),如果5s后蓄电池测试仪显示电压为9V,可以判断电压正常。	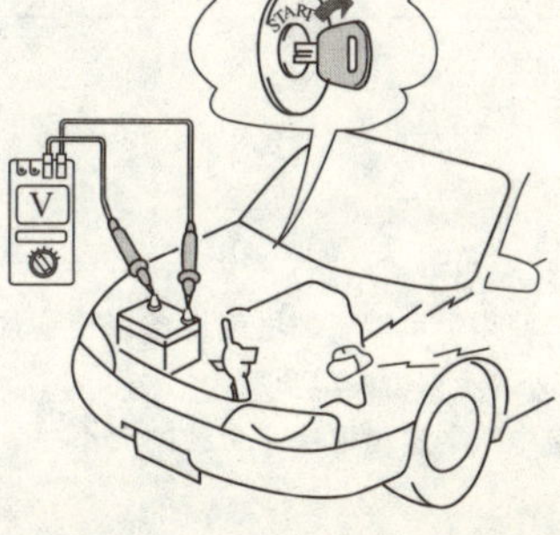

续表

3. 检查每个电路的连接	
检查每个电路的连接情况： ·交流电机每个接线端子的连接情况。 ·蓄电池接线端子的连接情况。 ·保险丝。 ·熔断丝连接情况。 ·标准 (1)任何线路连接都不允许出现松动或接触不良的情况。 (2)保险丝或熔断丝不能有燃烧过及断开的情况	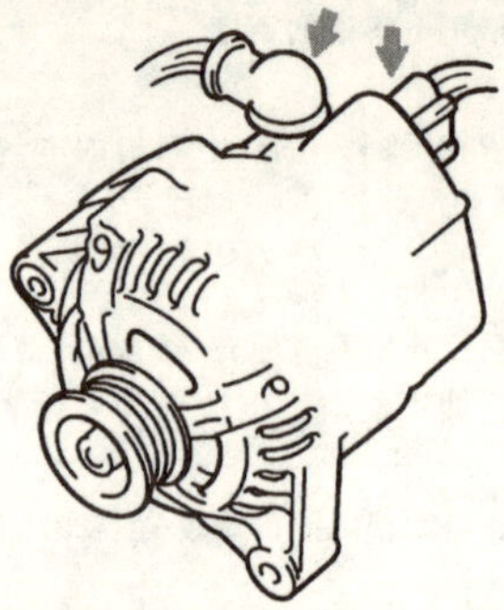
4. 检查充电功能	
对充电进行以下检查：	
①检查交流电机和V形皮带 ·标准 ①V形皮带的张紧力和变形应在“维修手册”中规定的标准范围之内。 ②发动机转动时交流电机不应发出异常响动。	
(2)无负荷试验(调整电压检查) ·检查条件 在最小电压负载下进行检查(输出小于或等于10A) ·标准 产生的电压应保持恒定(调整电压)	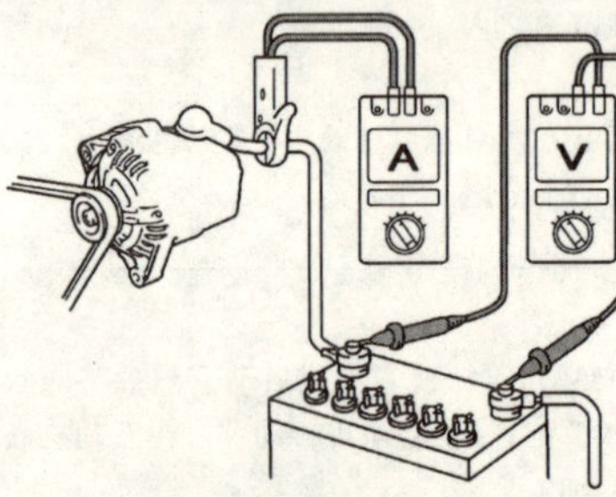
(3)负载试验(输出电流检查) ·检查条件：使用尽可能多的电气设备以便增加负荷(施加30A或30A以上的电负载) ·标准：交流电机的输出取决于负载的大小。	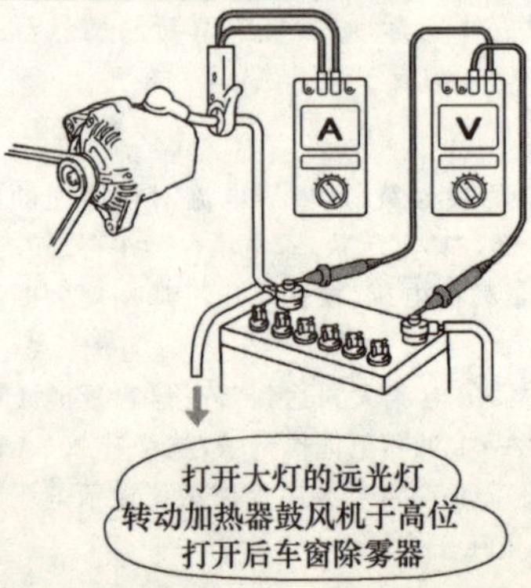

续表

5. 检查休眠电流

检查休眠电流：

关掉所有开关，测量有多少电流从蓄电池放出。

·标准

无标准值，与同型号车相比较。

提示

·测量休眠电流时，连接电流测试仪，注意不要将蓄电池负极(－)电路断开。

·如果车辆侧蓄电池的负极端子电路断开，把测试仪连到它和蓄电池的负极端子上，休眠电流稳定后测量休眠电流值。

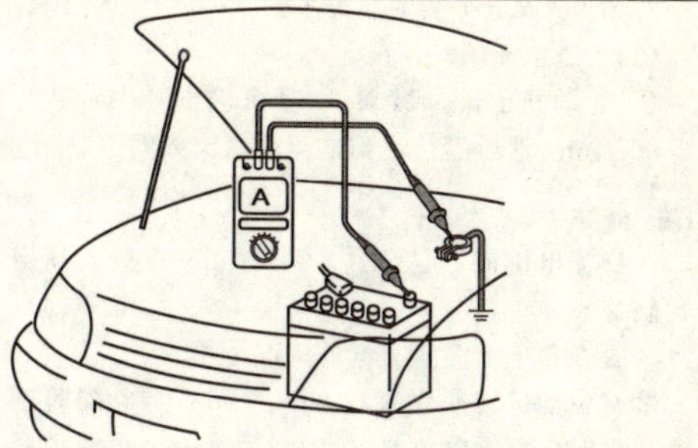

6. 休眠电流

(1)什么是休眠电流

休眠电流通常指电气设备不在工作时仍在流动的电流。对于汽车而言，休眠电流指点火开关关闭时仍在流动的电流。在汽车上，以下电流作为休眠电流保存在系统记忆库里。

·微型电脑等电气设备的备用电流，这些电流为汽车重新启动做准备。

·故障检修系统存储器或收音机频道选择信息所用的电流。

·时钟运转所需的电流。

(2)各种电气设备的休眠电流的例子：

设备	电流
时钟	约 2.0mA
ECT ECU	约 3.0mA
空气囊传感器总成	约 1mA
ABS ECU	约 2.0mA
点火开关钥匙孔里(带钥匙解锁报警开关)	约 3.0mA

(3)形成寄生电源的原因

一般情况下休眠电流只有在 10～50mA 之间，才不会对蓄电池功能造成影响。然而以下一些情况可导致休眠电流达到几百毫安，这将导致蓄电池放电：

·人下车时点火开关仍开着或行李厢内的灯仍然开着；

·电气设备或线路出现故障；

·客户加装的一些零件的接电方法不正确(点火开关关闭时通常会有电漏出)；

·客户经常将钥匙插入点火钥匙孔中。

四、充电/放电的平衡

1. 充电/放电平衡概述

(1)检查充电/放电的平衡情况

检查结束以后，如果在车上找不出任何故障，客户平时一些使用习惯很可能有问题。在这种情况下可以向客户提出一些问题，根据客户的回答检查充电/放电平衡。

(2)充电/放电平衡的要点

左图反映出交流电机输出特性的一个特点：当所用的电负载超过交流电机的输出时，蓄电池放出的电就补偿了交流电机的输出电流。

如果这种情况持续了很长一段时间，蓄电池就会放电。为了防止这种情况的发生，要在蓄电池放电时检查流入用电设备的电流以及交流电机的输出特性以判断充电/放电平衡是否正常，也就是说蓄电池是否处于良好的充电和放电状态。

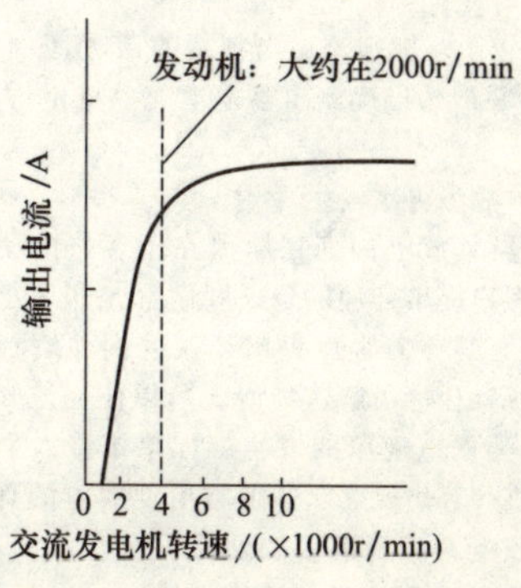

续表

<table>
<tr><td>
2. 充电/放电平衡的检查步骤
(1)检查电流消耗情况
①发动机预热后，将发动机转速保持在大约2000r/min，然后等待直到电流不再流入蓄电池为止。
提示
·交流电机能够达到约2000r/min的最大额定输出转速。
·要在蓄电池完全充电的情况下检查。
②将发动机转速保持在2000r/min，与此同时施加客户平时所用的电负载，然后测量每一个电流消耗量以及全部电流消耗量(图中的 $a+b$)。同时测量蓄电池电压(图中 c)。
提示
将电流负荷加起来。如果交流电机产生的电压不能保持恒定，可以判定电负载所消耗的电流量超过了交流电机的最大输出。
</td><td>
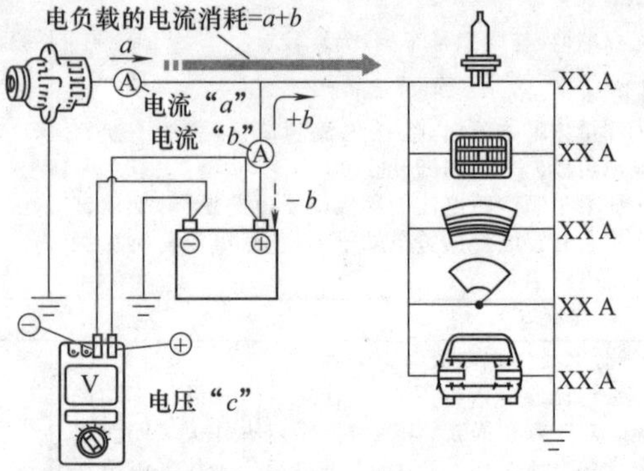

</td></tr>
<tr><td>
(2)检查交流电机的输出情况
①发动机预热后，将发动机转速保持在大约2000r/min，然后等待直到电流不再流入蓄电池为止。
提示
要在蓄电池完全充电的情况下检查。
②在发动机转速保持在2000r/min的同时施加客户平时所用的全部电负载。
③改变发动机转速，将发动机转速调到交流电机输出电流(图解中“a”)与“在步骤1的电流消耗检查”所测得的总的电流消耗相等的点上。
提示
该发动机转速是保持充放电与客户的电负载所消耗的电流平衡的最低转速。这个发动机转速设定为“N”r/min。
</td><td>
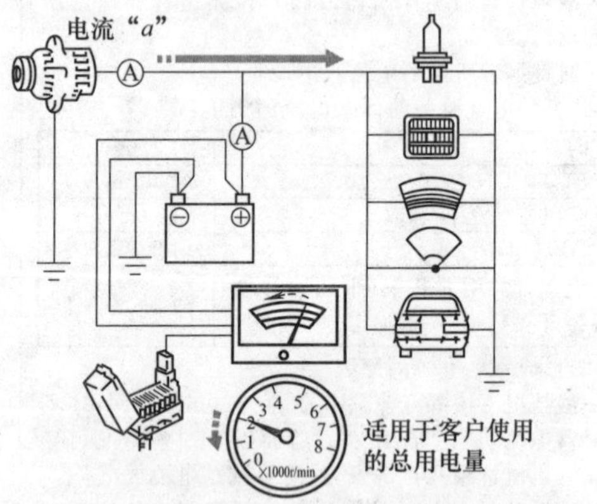

</td></tr>
<tr><td>
(3)对充放电平衡进行判断
①蓄电池在车辆行驶过程中放电时，取得发动机转速比，通过“在步骤2的交流电机输出检查”计算出发动机转速 N。
·标准
如果以交流电机输出电流高于消耗电流的发动机转速行驶时发动机转速比大于0.5，就可以判断这种充放电平衡良好。
②如果使用以上步骤很难做出判断的话，用一个充电器测量器(VF-600)准确测出蓄电池充放电量(A·h)。
(4)防止这种故障再次发生
由于蓄电池频繁放电的真正原因在于客户的使用情况，所以对客户提出合理的建议和解释是非常重要的。维修人员有必要向客户提出建议并向他解释充放电平衡的后果(让他了解这种情况)，以便让他知道如何预防蓄电池放电现象的发生。如果维修人员未向客户提出建议，客户就无法知道蓄电池放电的真正原因，也不会改变对车辆有害的使用习惯。因此，同样这种故障再次发生的可能性就非常大。
</td><td>
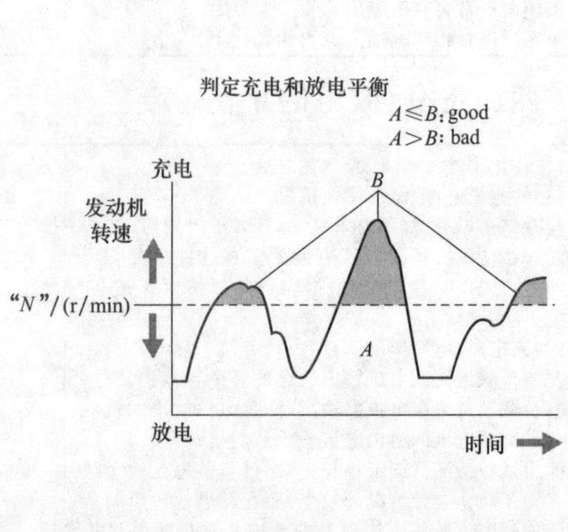

</td></tr>
</table>

第三节　汽车空调故障诊断与排除

一、空调系统维修的注意事项

1. 当处理制冷剂时，必须遵守下列预防措施

·不得在封闭区或明火附近处理制冷剂。

·坚持戴防护眼镜。

·当心液态制冷剂不要进入眼睛或沾到皮肤。

如果液体制冷剂碰到眼睛或皮肤时：

·不要揉擦。

·用大量冷却水冲洗此区域。

·对皮肤涂干净的凡士林。

·立刻看医师或去医院进行专业处理。

·不要企图自己处理。

2. 当在制冷剂管路上更换零件时

·用制冷剂回收机回收制冷剂再使用。

·在拆开部分立刻插入一塞子防止潮气和灰尘进入。

·不要除去塞子让新冷凝器或储液罐/干燥器放着。

·在从新压缩机拆卸塞子前，从加液阀放掉氮气。如果氮气没有先放掉，拆卸塞子时压缩机油会随氮气喷出。

·不得用喷灯弯曲或接长管子。

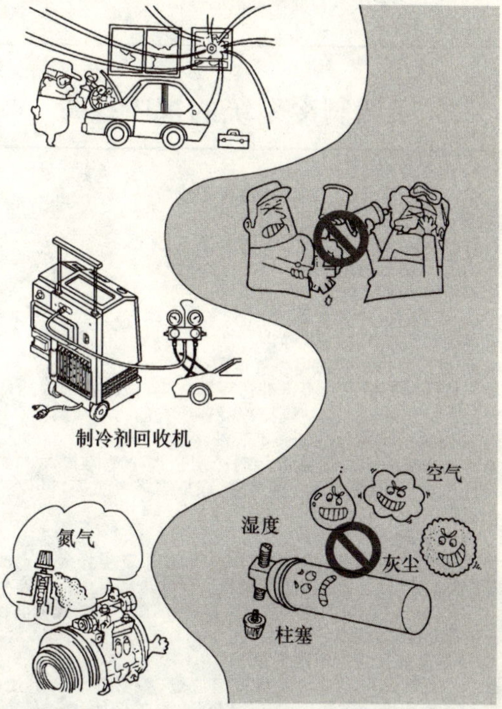

3. 当拧紧连接件时

·对O形圈涂几滴压缩机油以便容易上紧，并防止制冷剂气体泄漏。

·用两只开口扳手上紧螺母，避免扭曲管子。

·将O形圈或螺栓类接头上紧到额定扭矩。

4. 当处理制冷剂容器时

·容器不得受热。

·容器必须保持在40℃（104 ℉）以下。

·当用温水加温容器时，当心不要把容器顶上的阀门浸入水中，因为水可能渗入制冷回路。

·空容器不得再用。

5. 当A/C开着并补足制冷剂气体时

·如果制冷回路没有足够的制冷剂气体，油润滑会变得不足，并且压缩机可能会烧坏，因此注意避免这种情况。

·如果高压侧阀门被打开，制冷剂反向流动并导致维修中断，因此只能启闭低压侧的阀门。

·如果制冷剂容器颠倒，制冷剂又以液态加入，液体将被压缩，并且压缩机将损坏，因此制冷剂必须以气态加入。

·当心不要加入过量的制冷剂气体，这会引起诸如冷却不充分、燃料经济性差、发动机过热等故障。

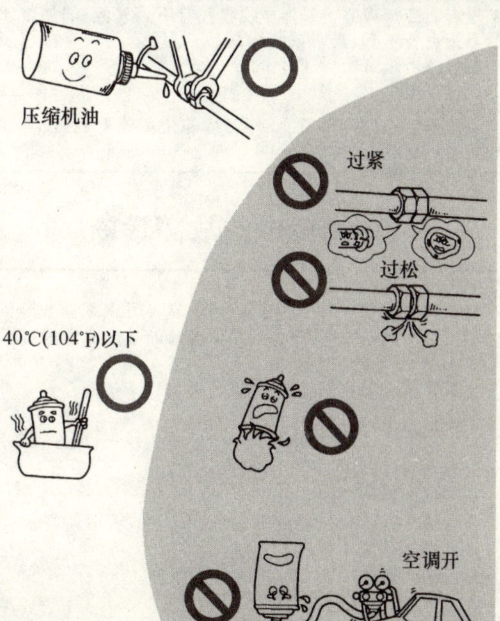

续表

6. 当用卤素管检漏器时

因为用明火，有点燃爆炸性气体的危险。在用此检漏器前，首先检查邻近地区是否存在易燃的或爆炸性的材料。

尽管 R12 制冷剂是无毒的，但一旦它暴露于明火，就变成有毒的。为此，如果检漏器中的火焰颜色发生变化，特别小心不要吸入检漏器发出的气体。

二、空调制冷系统的视听检查

1. 传动皮带松

如果传动皮带松，它将打滑，这将造成磨损。

2. 鼓风量不足

检查清洁空气过滤器的污垢和阻塞。

3. 压缩机附近听到噪声

检查压缩机安装螺钉和托架螺栓。

4. 听到压缩机内部有噪声

可能内部构件损坏引起噪声。

5. 冷凝器散热片被污垢和灰尘覆盖

如果该冷凝器散热片覆盖有污垢和灰尘，该冷凝器的冷却效率可能大大地降低。应洗刷掉冷凝器所有的污垢和灰尘。

6. 制冷系统连接处或接头上有油污

连接处或接头上的油渍指示制冷剂从那个地方泄漏。如果发现这种油污，应该重新上紧零件，或根据需要更换，以便停止气体渗漏。

7. 送风机附近听到噪声

将送风机电动机旋到 LO、MED 和 HI，如果产生异常噪声或电动机旋转不适当，更换送风机电动机。异物进入送风机也产生噪声，电动机安放不合适可能导致异常旋转，因此更换送风机电动机前充分检查这些因素。

8. 通过观察孔检查制冷剂量

如果在观察孔可以看到大量气泡流过，表明制冷剂不足，应补加制冷剂到恰当的程度。在这时候也要如前所述检查油渍，确信没有制冷剂渗漏。如果在观察孔看不到气泡，即使倒水于冷凝器上也看不到，表明系统中制冷剂过多，此时应排放制冷剂直到保持适量余留。

提示

当系统运用一副冷却型冷凝器时，即使不能看到气泡，制冷剂也可能不足。

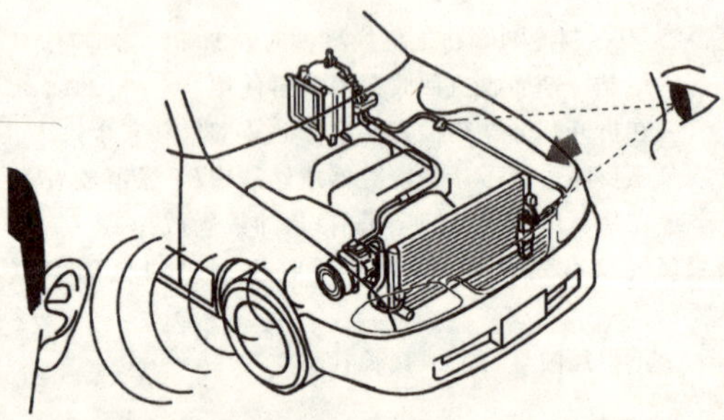

三、制冷循环中的故障诊断

1. 检查压力的重要性

当空调运行时检查制冷剂的压力，这使得可以掌握故障的区域或原因。因此，它对确定合适的值及诊断故障非常重要。

2. 用歧管压力表寻找故障

当用歧管压力表执行故障诊断时，遵循以下条件。

- 发动机冷却剂温度：在预热以后
- 所有的车门：全部打开
- 气流选择器："FACE"
- 进气口选择器："RECIRC"
- 发动机转速：1500r/min（R-134a），2000r/min（R-12）
- 送风机转速选择器：高
- 温度选择器：MAX. COOL
- A/C 开关打开
- A/C 进口温度：30～35℃（86～95℉）

注意：对于带有 EPR 的车子，因为用 EPR 控制低压侧，在表的压力值上可能不直接显示异常值

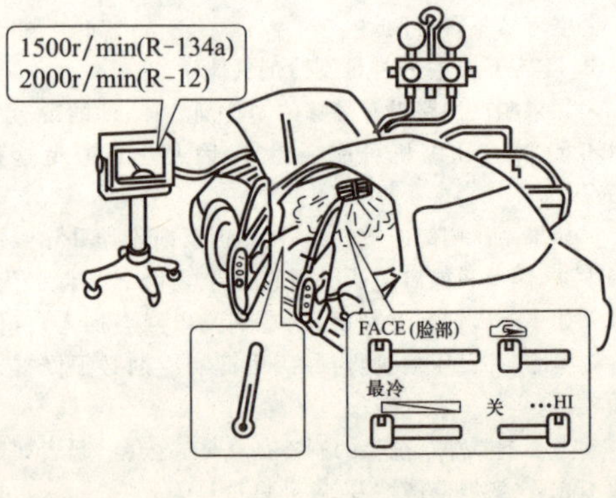

四、用压力测试检查

以下将介绍高压和低压下的一些故障形式以及可行的排除措施。

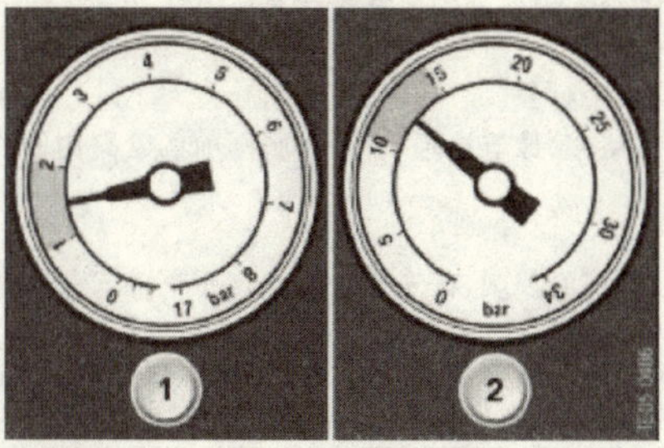 1=低压-正常 2=高压-正常	出风口温度很低(约 5min 后中部出风口处约 2～8℃,参考制造商给出的数据);系统正常。
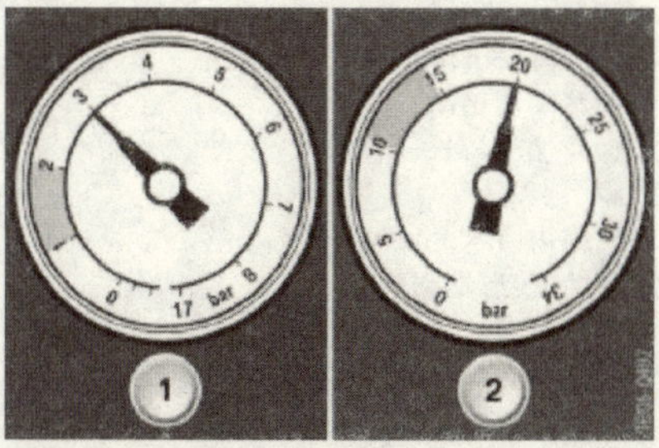 1=低压-过高 2=高压-过高	故障形式 •出风口温度低,但不是很低。 可能存在的故障 •系统内的制冷剂过多。 •冷凝器冷下来/未冷下来。 •膨胀阀未闭合。 修理 •将系统抽真空处理,调整到正确的制冷剂液位。 •检查冷凝器鳍片上是否有污物/损坏。 •检查冷凝器风扇是否正常工作。 •更换膨胀阀(节温控制,首先检查温度传感器的安装和工作情况)。
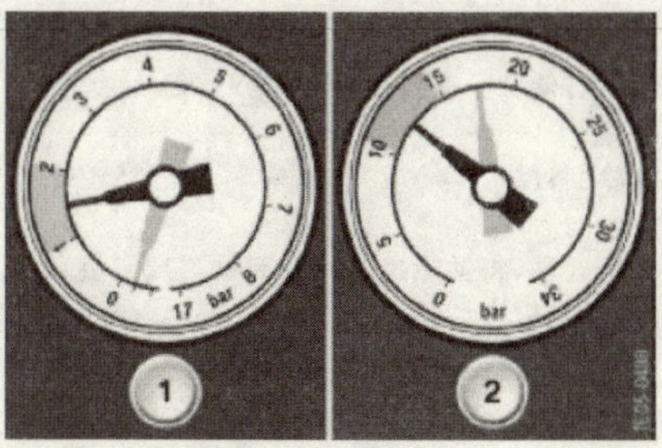 1=低压-正常至过低 2=高压-正常至过高	故障形式 •出风口温度先低后高。 •出风口温度不断在高与低之间变换。原因:蒸发器/膨胀阀局部结冰,然后又融化。 •高压提高,低压降低(下降至真空范围内)。 •关闭压缩机前蒸发器结冰。 •压缩机开关操作循环较长。 可能存在的故障 •制冷剂循环回路内有水分。 •蒸发器温度开关/传感器损坏。 •压力传感器信号错误。 修理 •将系统抽真空处理,更换干燥器。说明:系统抽真空时间至少 30min。 •检查蒸发器温度开关/传感器,必要时更换。
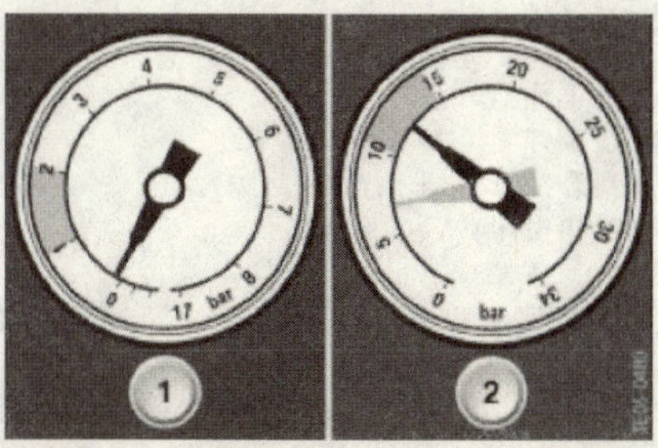 1=低压-过低 2=高压-正常至过低	故障形式 •出风口温度不够低("只有些凉,不够冷")。 可能存在的故障 •系统内的制冷剂过少。 修理 •将系统抽真空处理,将抽吸出的制冷剂量与规定量对比。 •检查密封性/泄漏检查。 •正确调整制冷剂量。

续表

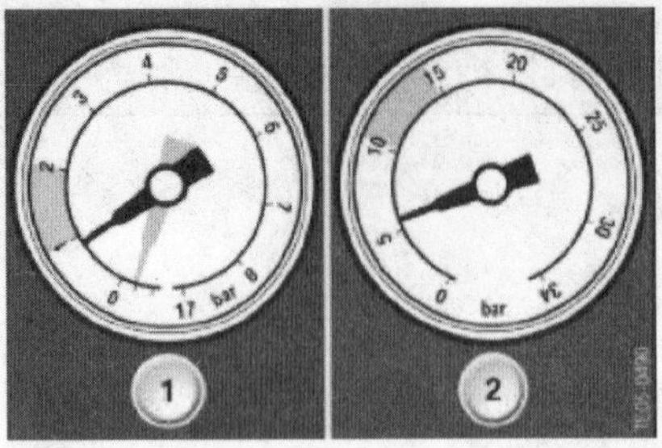 1=低压-过低 2=高压-过低	故障形式 •出风口温度不够低（“只有些凉，不够冷”）。 •低压下降至真空范围内。 •可以看到连接干燥器的制冷剂管路上结冰。 可能存在的故障 •膨胀阀卡住/未打开。 •过滤干燥器堵塞，像节流阀一样，膨胀阀前的管路内制冷剂膨胀。 修理 •更换膨胀阀（节温控制，首先检查温度传感器的安装和工作情况）。 注意：检查阀门上是否有异物造成的污染（干燥器粒化颗粒，压缩机金属碎屑），如果有，则清洁整个系统
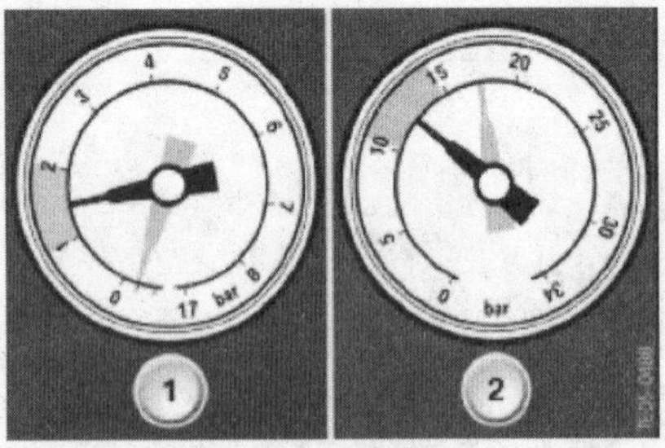 1=低压-正常至过低 2=高压-正常至过高	故障形式 •出风口温度先低后高。 •出风口温度不断在高与低之间变换。原因：蒸发器/膨胀阀局部结冰，然后又融化。 •高压提高，低压降低（下降至真空范围内）。 •关闭压缩机前蒸发器结冰。 •压缩机开关操作循环较长。 可能存在的故障 •制冷剂循环回路内有水分。 •蒸发器温度开关/传感器损坏。 •压力传感器信号错误。 修理 •将系统抽真空处理，更换干燥器。说明：系统抽真空时间至少30min。 •检查蒸发器温度开关/传感器，必要时更换。
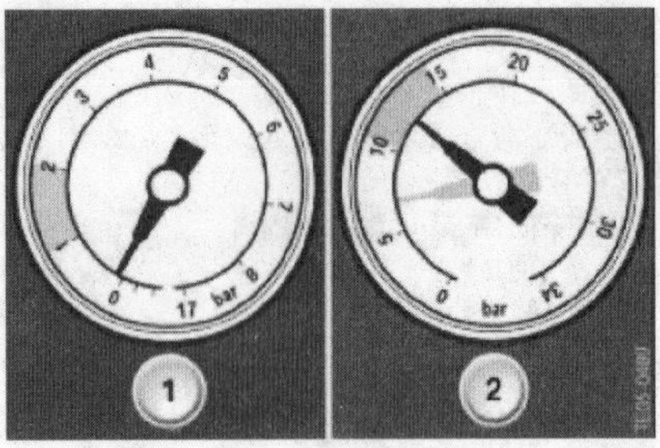 1=低压-过低 2=高压-正常至过低	故障形式 •出风口温度不够低（“只有些凉，不够冷”）。 可能存在的故障 •系统内的制冷剂过少。 修理 •将系统抽真空处理，将抽吸出的制冷剂量与规定量对比。 •检查密封性/泄漏检查。 •正确调整制冷剂量。
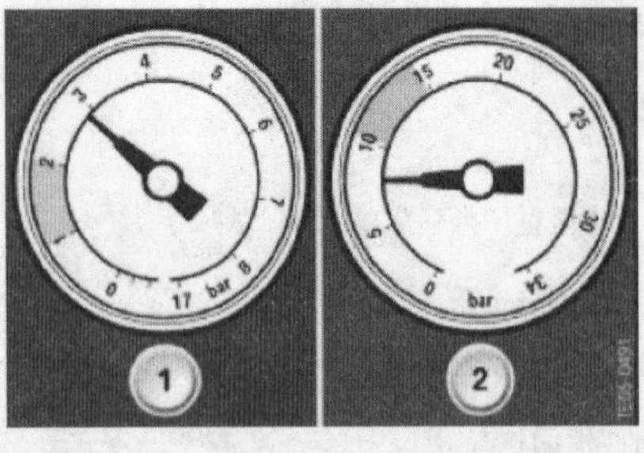 1=低压-过高 2=高压-过低	故障形式 •出风口温度不够低（“不够冷”）。 •压缩机：工作噪声大。 可能存在的故障 •压缩机输出功率低。 •压缩机传动皮带打滑。 •压缩机电磁离合器损坏/未调整好（间隙）。 •压缩机机械机构损坏。 修理 •检查传动皮带的张紧程度/调整到正确位置，必要时更换皮带。 •检查电磁离合器的功能（温度/压力开关，导线，保险丝/继电器，控制单元），调整间隙。 •更换压缩机。注意：系统内有屑时清洁整个系统（例如用不含有氧气的氮气吹出）！更换干燥器。

续表

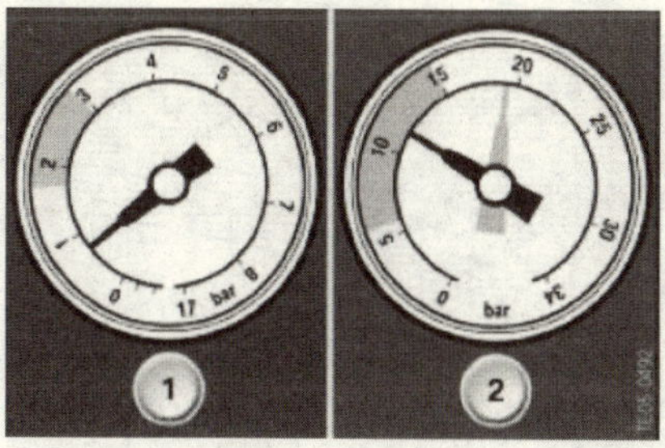 1=低压-过低 2=高压-正常至较高	故障形式 •出风口温度不够低。 •可以看到高压管路/部件上结冰。 可能存在的故障 •高压侧堵塞，通常在干燥器内。 修理 •排除堵塞故障，必要时更换堵塞的部件。
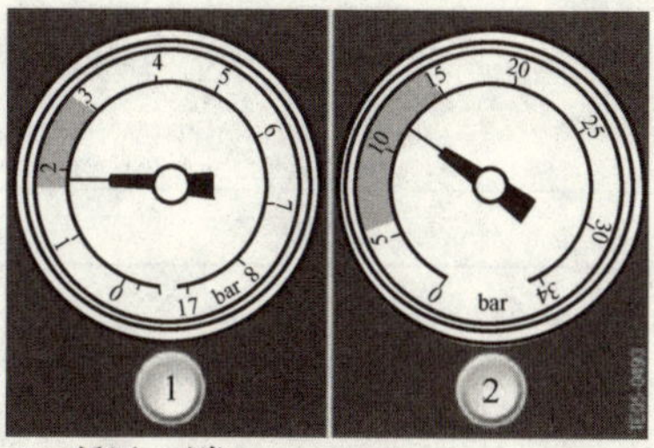 1＝低压-正常 2＝高压-正常	故障形式 •出风口温度不够低（“只有些凉，不够冷”）。 •压缩机频繁接通（短时接通/短时关闭）。 可能存在的故障 •蒸发器温度开关/传感器损坏或未正确开关 修理 •检查蒸发器温度开关/传感器，必要时更换。

五、性能测试

1. 概述 对于A/C的冷却性能，测量进气口和出口之间的空气温差，并判断此值是否在标准性能图表中的标准范围内。 2. 测试条件 在下面条件下测试该车辆： •将车停放在阴影处 •发动机冷却剂温度：在加温以后 •所有的车门：充分开放 •气流选择器：“FACE” •进气口选择器：“RECIRC” •发动机转速：1500r/min（R-134a），2000r/min（R-12） •送风机转速：高 •温度选择器：MAX. COOL •A/C开关：打开 •高压侧压力：1.5MPa（15.5kgf/cm^2） 3. 测量各温度 将一干湿球温度计放在进气口处，将干球温度表放在出口的中央。当出口空气温度稳定后（大约5～6min后），测量两者之间的差异和进气口空气的相对湿度。	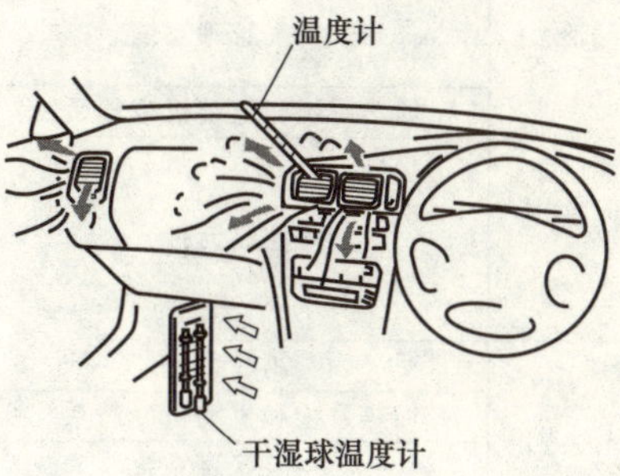

续表

4. 如何求相对湿度

根据干球温度表的温度和进口处湿球温度计的温度从空气湿度图得到相对湿度。例如：当干球温度计为25℃（77 ℉），湿球温度计为19.5℃（67.1 ℉），线的交点便是相对湿度。在这种情况下，它为60%。

5. 阅读操作性能图

如果两值的交点在阴影区域内，可以判定冷却能力良好。

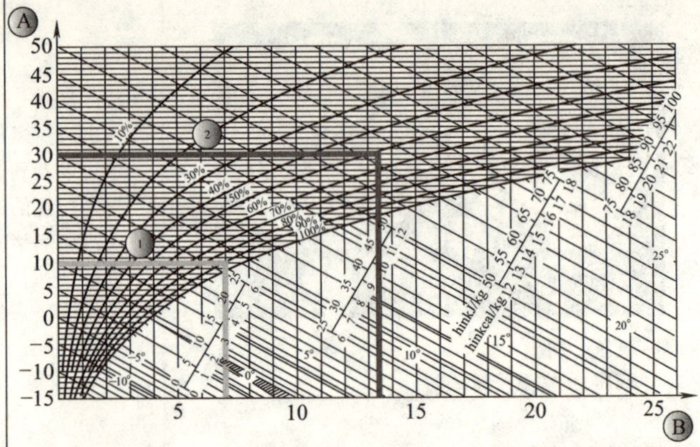

索引	说明	索引	说明
A	温度℃	1	冷却到10℃/100%相对空气湿度；空气中的含水量7g水/kg空气。
B	水蒸气质量g/kg空气	2	初始状态：30℃/50%相对空气湿度时的空气；空气中的含水量13.5g水/kg空气。

六、空调系统常见故障的诊断方法

• 下表中有几种典型的客户抱怨，第一列内容指客户抱怨内容的技术症状，第二列列出了可能导致该故障的子系统。

• 第三列列出了子系统的元件及故障原因，该表并没有列出诊断过程中可能出现的问题。

• 此表的目的是帮助理解这些故障原因，以及诊断过程中的系统元件的相互影响关系。

客户抱怨：空调不制冷		
技术症状	可能有故障的子系统	可能故障元件和原因
一直不能制冷或制冷不足	制冷系统	由于制冷剂泄漏导致制冷剂不足
		元件/管路受阻
		散热器/冷凝器处气流受阻
		压缩机性能不好
	空气管理系统	进风门受阻
		温控门位置不对
	加热系统和发动机冷却系统	冷水截断阀断开
	控制元件	气候控制总成不能工作
		线路不通，真空电动机或电控电动机不工作
		空调循环开关调整不当
		鼓风机电动机不工作
怠速时不制冷或制冷不足	制冷系统	制冷剂不足
	加热系统和发动机冷却系统	发动机过热
	空气管理系统	不会有问题
	控制器	空调压力截断阀开关的双重功能
		电子冷却风扇不工作
一开始制冷效果好，慢慢就不行	制冷系统	由于空调循环开关调整不当，蒸发器结冰
	加热系统和发动机冷却系统	发动机过热
		冷水截断阀开路
	空气管理系统	不会有问题
	控制器	不会有问题

续表

客户抱怨:空调不制热		
技术症状	可能有故障的子系统	可能有故障的元件和可能原因
不制热/制热不足	加热系统和发动机冷却系统	发动机过热
		发动机冷却液液面低
		恒温器故障
		加热器芯受阻
		冷水截断阀闭合
	空气管理系统	温控门位置不对
	控制器	水阀作动器故障
		气候控制总成不工作
		温控门作动器不工作
客户抱怨:不能从所选出口出风		
风向不对	空气管理系统	风门损坏
	控制器	气候空机/总成不工作
		线路不通,真空电动机或电控电动机不工作
客户抱怨:车内有异味,风速不对		
乘客室异味	加热系统和发动机冷却系统	加热器芯泄漏
	制冷系统	蒸发器芯泄漏
鼓风机只有高速运转	控制器	鼓风机电动机电阻总成开路(只适用某些车型)
		过热(只适用某些车型)

汽车空调的常见故障有：出风口故障、除霜故障、制冷故障、温度控制混合故障以及噪声故障等。下面就这几种故障的常用诊断方法进行说明。

1. 出风口故障

制冷系统出风口处的故障也就是常说的空气分配故障，常见的有以下几种：

- 出风口不出风；
- 风量不足；
- 出风量不变；
- 出风模式不变。

下面详细分析各个故障的检测。

(1) 出风口不出风　如何有效地进行出风口不出风的检测呢？考虑到控制出风的电路主要是进气风扇控制电路，因此可按如下步骤进行。

① 检测风机继电器、风扇电机、电阻和风扇开关。

② 打开点火开关，置于“ON”的位置。打开风扇开关，看风扇是否运转。

③ 检查风扇单元，检测风扇电机是否卡死。

如以上三种检测没有发现异常，则进行出风量不足检测。如有异常则对相应继电器和开关进行修理。

(2) 出风量不足　对于出风口风量不足，具体情况可能有所不同，主要针对不同气流模式下气体的流动情况，如在通风模式、加热模式以及除霜模式时，气流是否有变化。

对于空调风量不足的检测过程是：

① 当操作气流模式时，是否有阻力的存在，各个挡位是否都可以操作。

② 当气流模式处于 VENT 状态时，空气是否可以正常排出。如检查通风口是否堵塞、破损或漏风以及仪表盘上的风道是否安装正确。如不正常则进行修理。

③ 再进入加热（HEAT）模式的检测，空气能否正常排出。如不能则检查通风口是否堵塞。

④ 进入除霜（DEFROSTER）模式空气是否能排出。如不能则进行相应通风口检查。

（3）出风量不变　对于出风口风量不变的故障可按如下步骤进行检测：

① 检测鼓风机继电器、鼓风机电机、电阻以及电子风扇开关。如有问题参照维修手册进行维修。

② 打开电扇开关，使车内空气进行内循环，风扇转动，看是否运转顺畅。如有问题进行维修。

③ 对鼓风机单元进行检测。风扇与扇框有无干涉，风扇中有无异物，以及鼓风机进气通风口有无异物或堵塞，如有进行修理。

（4）出风模式不变　出风模式不变，可能有以下三种原因：

- 暖风散热器单元的风板单元控制件出现故障；
- 气候控制单元的传动件出现故障；
- 一个或多个暖风散热器单元开口出现故障。

以第一种原因进行故障检测的顺序如下。

① 检查暖风散热器单元的气流模式连杆、气流模式曲柄、气流模式杆和线缆卡子。检查的内容有：连杆和曲柄是否有润滑油脂，所有连杆、曲柄和杆是否牢固安装到位，线缆卡子是否变形，如不正常，则进行相应的维修。

② 检查气候控制单元传动件是否牢固定位，是否正确地与暖风散热器单元的气流模式连杆相对应。如不正确，进行相应的维修。

③ 对暖风散热器各单元的开口进行检查，检查的内容是各单元开口安装是否牢固、位置是否正确。

2. 除霜故障

对空调控制面板进行除霜模式操作时，系统没有反应。

可能会有以下几种故障：

① 电子自动温度控制模块系统故障；

② 进气执行器故障；

③ 进气选择开关故障；

④ 电子自动温度控制模块（内循环、外通风）系统故障；

⑤ 鼓风机单元进气风门故障。

下面依次介绍相应的检查步骤。

（1）电子自动温度控制模块系统故障的检查步骤是：

① 检查 A/C 保险，视情况修理。

② 检查保险盒和电子自动温度控制模块间线束的通断情况。如不正常，进行相应的线路检测、修理。

（2）对进气执行器进行检测的内容有：

① 控制杆上是否有润滑脂。

② 控制杆安装是否牢固，安装位置是否正确。

③ 控制杆的运动是否受阻。

如以上检测内容有故障，进行修改。如没有则进行下一步的修理。

（3）进气选择开关故障的检测内容有：检查电子自动温度控制模块上线束，看是否满足要求。

（4）电子自动温度控制模块（内循环、外通风）系统故障的检测内容有：

① 将点火开关置于“LOCK”位置，检查电子自动温度控制模块和进气执行器的插座

间的导通情况。

② 检查电子自动温度控制模块和进气执行器间线束有无搭铁。

③ 检查电子自动温度控制模块和进气执行器间线束与电源是否短路。

(5) 检测鼓风机单元进气风门的故障，检测的内容有：

① 将点火开关置于“LOCK”位置，连上电子自动温度控制模块插件，拆除进气执行器的线束，将点火开关置于“ON”位置，将风扇开关调至 4 挡，检查进气模式（内循环、外循环）是否变化平稳。

② 如进气模式不平稳，检查有无其他金属或障碍物堵住进气风门。

3. 制冷故障

制冷故障常见的有两种：

• 制冷量不足；

• 不能制冷。

下面分别加以说明。

(1) 制冷量不足

空调制冷效果不良是常见的故障，检查的第一步是对制冷系统进行性能测试，如果正常再对系统的制冷量不足进行确定。

空调制冷效果不良主要有以下几种可能原因：

驱动皮带轮故障；

鼓风机单元或冷凝器故障；

接收器/干燥器或膨胀阀故障；

制冷管路故障；

A/C 压缩机系统故障，压缩机机油不足；

压缩机机油过量，膨胀阀或加热单元连杆、空气混合连杆系统出故障。

① 驱动皮带轮的检查。按一定的标准对压缩机皮带轮进行检查，如不满足要求，进行调整或更换。如正常，则对制冷系统的高、低压进行检测。如高、低压都高于标准值，则进行下一步。

② 对鼓风机单元进行检测。鼓风机进口有无堵塞，如有进行清理，如没有则进行冷凝器的检测。检查冷凝器是否正常，检查的标准参照制冷系统中冷凝器的检查。在进行冷凝器检测后，再对制冷系统的各个管路接头进行检测，如有泄漏进行处理并按规定的流程进行维护修理。

③ 对接收器/干燥器或膨胀阀进行检测。对接收器/干燥器的检测内容主要是：是否有堵塞和干燥器内是否混入水并已经饱和。膨胀阀的故障可能是：安装不牢固或堵塞等。

接收器/干燥器、膨胀阀等出现故障时，表现为空调工作时制冷剂系统高压侧压力迅速上升到正常压力，然后下降并保持于正常压力之下。此时，将空调关掉并等待 10min，启动发动机，将空调开关和风扇开关打开，在空调压缩机工作后如没有故障，则说明干燥器已混入了水要进行更换；如有故障，则可能是膨胀阀出现故障。

如接收器/干燥器、膨胀阀出现故障，进行更换。更换过程按规定的程序进行。

④ 制冷系统管路故障。主要的检测内容有以下几个方面：

a. 导管有无损伤和裂缝；

b. 导管插头有无油污、是否松动、是否漏气。

c. 冷凝器、接收器/干燥器、压缩机、蒸发器单元各接口处是否漏气。

在检测过程中用专用工具——制冷剂泄漏仪进行相应的测试。

⑤ 压缩机故障。压缩机进行高速运转时，高压端压力是否有升高，如果不升高则对制冷系统加注润滑油，使达到规定标准。如压力仍然没有变化，则更换压缩机。

⑥ 压缩机机油过量，膨胀阀或加热单元连杆、空气混合连杆系统出故障。

检查暖风散热器控制单元的空气混合连杆、空气混合曲柄的安装位置是否正确。

蒸发单元膨胀阀热传感器传热管是否牢固，是否安装正确。

对于不正确的安装进行相应的修理，并进行修理效果的检测。

除以上因素之外，还要考虑到实际应用中所使用的制冷剂纯度是否符合要求，许多市售的制冷剂存在着纯度不够或者成分不符的情况。如果其他因素已经排除，可加入原厂正品制冷剂进行对比检测，或者使用专用制冷剂鉴别仪对制冷剂进行分析。

（2）不能制冷

空调系统不制冷可能有以下一些原因：

空调压缩机不工作；

A/C 故障指示灯故障；

PCM 的开关控制系统；

A/C 控制单元、A/C 开关故障；

PCM（A/C 信号）系统故障；

制冷剂压力开关、冷却系统故障；

PCM 系统故障；

A/C 压缩机系统故障；

A/C 继电器系统故障。

现分别就以上故障进行检测。

① 空调压缩机是否工作。打开空调开关，打开风扇开关，看压缩机是否工作。如压缩机工作，则进行制冷量不足的检查。

② A/C 故障指示灯故障。它的检测过程是启动发动机，将 A/C 开关和风扇开关同时打开，看压缩机是否工作。如此时有风吹出，则进行制冷量不足的相关检测。

如压缩机工作，则看开关指示灯是否点亮。如果点亮，对制冷系统进行车载检测。如不亮，则检测 A/C 开关的引脚电压是否为 12V，如不是，检测相关的电路及指示灯是否正常。

③ PCM 的开关控制系统。检查车载诊断系统有无故障码的存在，如有则进行相应的修理。检查 PCM 空调停机控制输入信号是否正常。如正常，则进行下面的故障检测。

④ A/C 控制单元、A/C 开关故障。

⑤ PCM 系统故障。检查车载诊断系统有无故障代码，有则进行相应的检查，没有则进行下一项检测。

⑥ 制冷剂压力开关、冷却系统故障。检查当制冷剂压力开关接线侧线束相连接时，有无冷风吹出，有则说明线路正常，没有则对压力开关进行相应的检测。

⑦ A/C 压缩机故障。参照压缩机的运转与歧管压力表进行检测，看是否满足要求，否则进行压缩机的更换。

⑧ A/C 继电器故障。对空调系统的各个继电器进行故障检测，确定是否由于继电器故障使系统不工作而出现不制冷现象。

4. 温度控制混乱故障

汽车空调温度控制混乱的故障主要有以下两种：

• 不能对出风口的温度进行设置；

• 出风口温度始终不变。

故障的可能原因有以下几种：

① 暖风散热器单元空气混合连杆、空气混合曲柄、空气混合拉杆、空气混合风门拉索、拉索卡子故障。

② 气候控制单元的齿轮齿条、空气混合拉索故障。

③ 暖风散热器单元的空气混合口故障。

④ 暖风管故障。

对于暖风散热器单元空气混合连杆、空气混合曲柄、空气混合拉杆和拉索卡子等的检测内容有：

① 连杆、曲柄是否牢固地安装到位。对于拉索卡子的检测内容是：卡子有无变形。

② 空气混合拉索是否正确安装在暖风散热器单元的空气混合连杆对应位置。如不是进行相应的修理。

③ 检查气流控制单元中的齿轮齿条是否正确啮合。空气混合风门拉索是否安装在架子上相应的位置。

④ 暖风散热器空气混合口处，混合风门是否牢固且安装正确。

同时，对于空调的暖风管路进行检测。查看管路有无裂纹或受损，暖风管路接头是否漏水以及有没有紧固等。

5. 空调系统噪声故障

汽车空调系统噪声是常见的故障。

空调系统中的工作噪声可能有以下几种：

① 电磁离合器噪声；

② 压缩机噪声；

③ A/C 压缩机打滑噪声；

④ 软管或制冷管路干扰噪声。

首先判断空调系统噪声的类型，然后依据下表处理：

噪声类型	可能故障	排除方法
叮当声、爆裂声、嘟嘟、蜂鸣	压缩机叶片噪声	如噪声只持续 3s 以下，属正常情况。如持续 3s 以上，进行发动机怠速调整，如噪声依然存在，则对制冷剂量、压缩机机油进行检测，必要时进行更换和处理。 在加注一定的机油后，检查压缩机是否还有噪声，如有则更换压缩机。
摩擦、旋转	压缩机打滑	压缩机停止运转时，噪声是否立即消失。如是更换压缩机，否则检查驱动皮带及皮带轮。
碰撞、震动	管道干扰	确认噪声是否从压缩机传出，如不是对管道进行紧固、拧紧等操作。
咔哒	电磁离合器	调整离合器压板和 A/C 压缩机皮带轮间隙。

第五章 汽车总线系统故障诊断与排除

第一节 总线系统故障诊断基础

一、CAN 的基本功能方式和优点

CAN 由一根双线导线构成，所有信号通过此双线导线在连接的控制单元之间传递。在车辆中一般使用一根不带屏蔽的对称导线（双绞线）。当两根单根导线相互均匀绞合时，就产生一根这样的对称导线。

传输以数字形式作为“0”和“1”信号（所谓的位）的序列进行。这时“0”和“1”分别对应于一个在标准或协议中定义的电平。不存在中间值。通过 CAN 传递的信号包含非常广泛且复杂的信息，由“0”和“1”信号排列组成。

进行 CAN 诊断和系统故障查询时，决定性的不是传递的信息内容，而是要检查总线上的信号电平是否对应于额定值和总线上的信号关系是否正常。如果这里不存在故障，则可认为总线无故障工作，车辆中出现的故障有其他原因。

总线的功能原则上可与通过邮局寄信相比较。

包含写给收信人的信息的信件被插入信封中。在信封上写上地址和发信人。信件被投入邮筒中，不同发信人发给不同收信人的具有不同内容的许多信件被汇集在邮筒中。邮局寄发这些信件，并送达信件上注明其地址的收信人。这是一种把信息从发信人传送到收信人的有效方法。

如果每个发信人都亲自把自己的信件带给收信人，则会导致交通混乱。如果发送例如作为广告宣传品的成批信件，一位发信人向多位收信人发送相同的信息，对此同样可利用邮寄途径的有效方法。

在 CAN 上，发送控制单元（发信人）的信息通过总线传送到接收控制单元（收信人）。借助地址和发信人信息，可把信息分配给正确的控制单元。车辆中的每个控制单元都可通过 CAN 与其他每个控制单元通信。

通过总线系统传送信息具有多重优点。除了减少电线束中的导线和控制单元上的插头连接外，例如一个控制单元的数据可同时发送到多个控制单元。

在该例中控制单元 B 发送一个规定用于控制单元 A 和 D 的信息。信息通过控制单元 A 和 D 中的滤波器，信息的数据被采用。控制单元 C 中的滤波器识别到此信息不是规定用于控制单元 C 的，因此不把信息的数据转发到控制器。

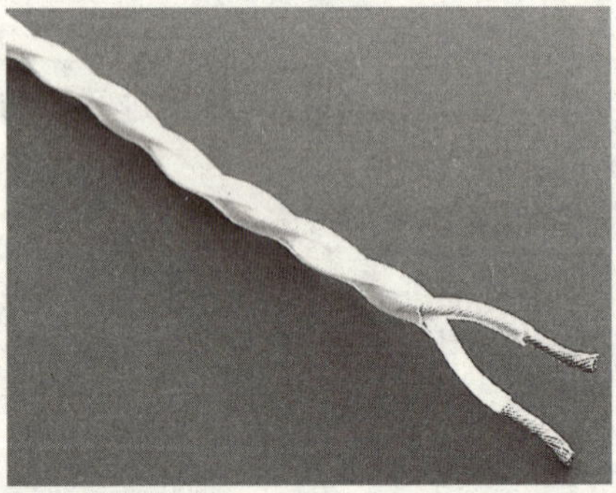

对称的双线数据线

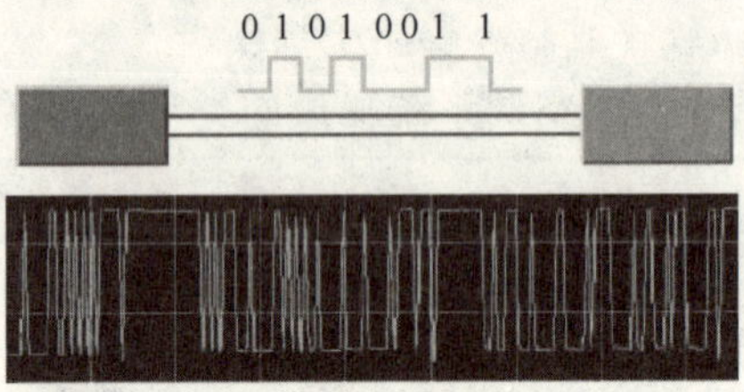

数字信号是“0”和“1”信号的序列

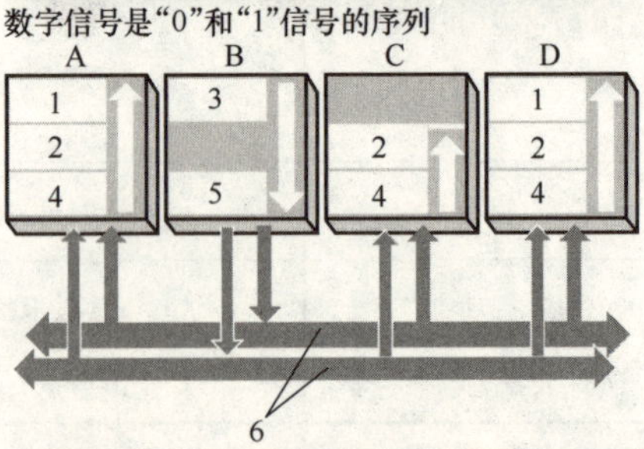

索引	说　明
A、B、C、D	控制单元
1	采用数据
2	过滤数据
3	准备数据
4	接收数据
5	发送数据
6	数据总线导线

二、CAN数据传输的抗干扰强度

通过导线进行的数据传输可能受车辆中的不同干扰源影响。

车辆中的典型干扰源是在运行过程中或在通过开关断开或接通电路时产生火花的部件。其他干扰源例如有移动电话和发射台，即所有产生电磁波的装置。

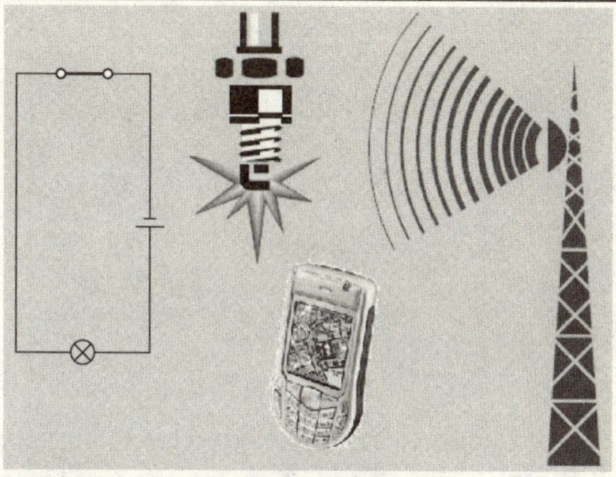

通过导线进行数据传输时的典型干扰源

为了防止干扰数据传输，数据总线导线被相互绞合。数据的传递方式为：在两根导线上相应的电平反向。例如在一根数据总线导线上的电压约为0V，则在另一根导线上的电压约为5V，反之亦然。于是对信号差而言，产生一个比单个信号更大的电压振幅。如果干扰信号影响CAN双线数据线，则两根芯线中的每一根都在相同的方向上受到相同程度的影响。因为信息被以推挽方式输入到导线上，每根导线的零位线将因干扰移动相同的量，然而两个电压的偏差保持不变。因此，干扰对要传递的信号没有影响。

CAN的两根导线被称为CAN高和CAN低。

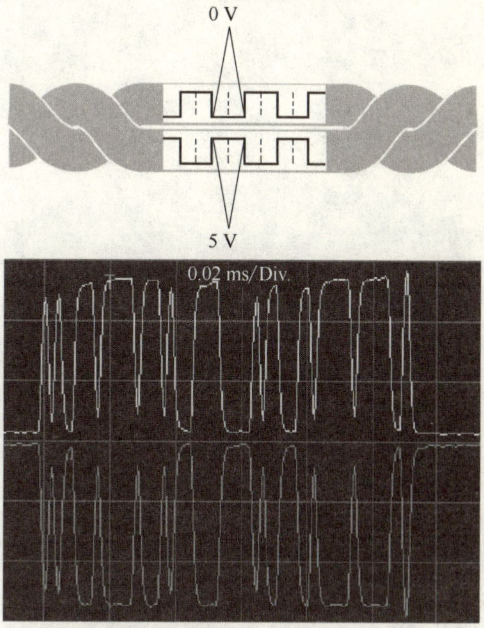

绞合的导线以及CAN高与CAN低上反向的电平保证数据传输时的抗干扰强度高

三、CAN数据传输速度

信息通过导线的传输速度受物理性能和与之相关的易受干扰性限制。传输速度取决于CAN总线导线的导线长度和电压振幅（信号电平）。数据传输速度以bit/s为单位，即在一秒钟内传输的位数。

CAN规定在最大导线长度为40m时最大速度为1Mbit/s。传输速度越低，导线长度就可以越长。

有代表性的传输率在100kbit/s到1Mbit/s之间。人们要求车辆中的电子系统像事件要求的那样迅速对事件作出反应。这就决定了，为了主管控制单元能够及时作出反应，必须非常快地传递重要数据。

特别是在控制和调节驱动装置时会产生重要数据。动力-CAN（动力传动系＝驱动装置）由于这个原因被设计成高速CAN。用于舒适性和娱乐的，时间要求不急迫的数据通过车身-CAN传递。

在相应的数据电码中为动力-CAN和车身-CAN规定了“0”和“1”信号的电平。如果CAN导线的信号处在静止位置，人们就称其为隐性电位。如果传递数据，则每根导线上的电平在隐性静止电位和显性工作电位之间波动。

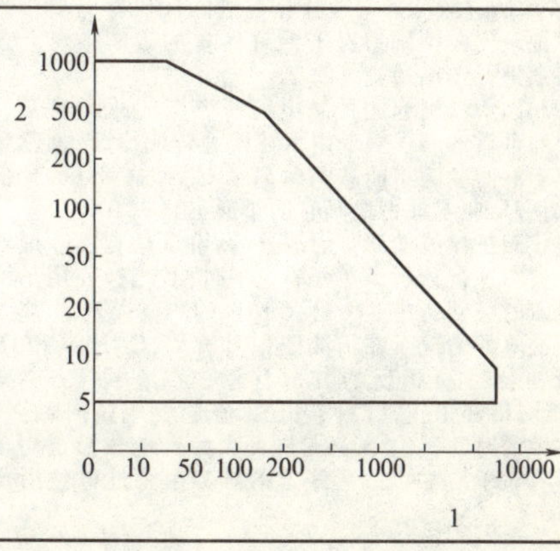

续表

导线长度和传输速度之间的关系

索引	说明
1	最大导线长度(m)
2	传输速度(kbit/s)

动力-CAN	显性	隐性
CAN 高	≥3.5V	≈2.5V
CAN 低	≤1.5V	≈2.5V

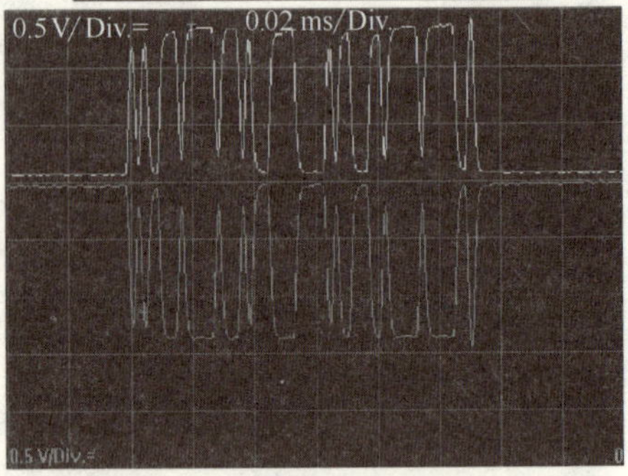

动力-CAN的无故障示波图

车身-CAN	显性	隐性
CAN 高	≥3.6V	≤1.4V
CAN 低	≤1.4V	≥3.6V

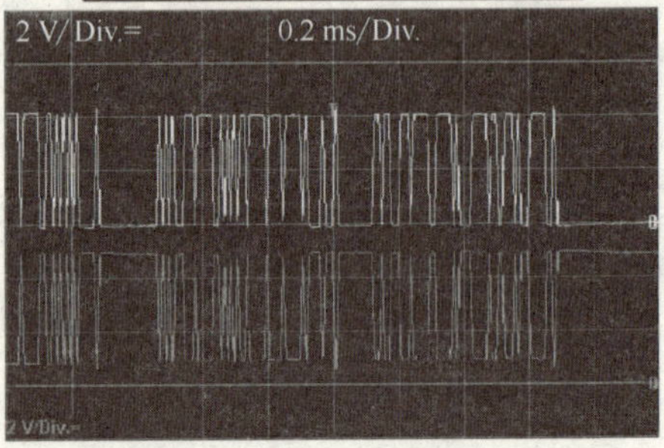

车身-CAN的无故障示波图

四、CAN 诊断概述

CAN 一般构造坚固且抗短路。对地短路、对车载网络电压短路和导线相互短路不会损坏控制单元。在最坏的情况下有故障的总线系统失灵。

然而车辆中的总线系统不仅会遭受短路，而且当水汽侵入时可能在接地、正极和 CAN 导线之间出现接触电阻。

CAN 的所有故障通常被存储在故障代码存储器中。然而故障记录仅在个别情况下允许简单的诊断。绝大多数时候必须进行详细的检查。

短路和因水汽引起的接触电阻所产生的故障通常只能用示波器可靠诊断。对于用示波器进行的诊断，推荐使用存储器示波器。为了能够同时显示 CAN 高和 CAN 低导线上的信号，此示波器应具有两个通道。

在连接测量导线并调整示波器后，可以切合实际地对显示的示波图进行分析。在分析电平时要注意，在用示波器进行测量时必须考虑一个最大 10%的测量误差。

在无故障的情况下在示波图中可看到，CAN 高和 CAN 低的脉冲始终沿相反的方向移动。在查找 CAN 高和 CAN 低时将首先查找隐性电位。在隐性电位时，总线停留大多数的时间。CAN 高是脉冲由隐性电位沿正向成像的通道。对于 CAN 低，导线上的脉冲由隐性电位沿负向成像。

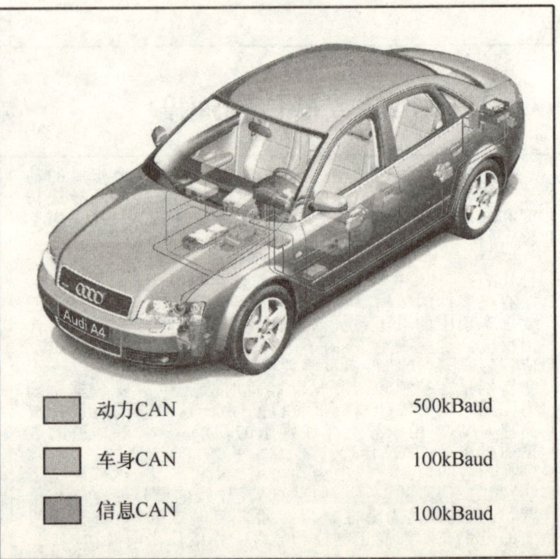

续表

由于车辆的机械振动，必须考虑到可能出现的绝缘故障、电缆断路及插头触点故障。于是就有一个 ISO-故障表，这张 ISO-故障表中包括了 CAN 数据总线可能出现的故障。除此之外还有导线混淆故障，在实际工作中，即使在本不该出现时，这种情况也可能突然出现。

故障 3～8 在动力 CAN 数据总线上可以用万用表/欧姆表来准确判断。

对于故障 1、2 必须使用数字存储式示波器（DSO）来判断。

对于车身 CAN 数据总线来说，只能用数字存储式示波器（DSO）来诊断故障。

ISO-故障 8 不会出现在车身 CAN 数据总线上。

ISO	CAN-High	CAN-Low
1		断路
2	断路	
3		对$V_{蓄电池}$短路
4	对地短路	
5		对地短路
6	对$V_{蓄电池}$短路	
7	对 CAN－Low短路	对 CAN－High短路
8	缺少R_{term}	缺少R_{term}

五、CAN 总线导线的维修理念

控制单元通过插头连接在 CAN 上。在插头的压接点中始终只能连接一根导线。这就导致，第二根导线必须在一个规定点上连接到 CAN 线束上。在通常情况下这同样通过压接点进行。为了避免在维修 CAN 导线时把新的、可能影响安全的故障无意间引入车辆系统中，CAN 的压接点绝对不能打开和通过维修更新。如果要脱开 CAN 导线，则只允许在与下个压接节点相距≥100mm 处进行。CAN 导线的绞合对于 CAN 的干扰影响具有决定意义。只有绞合不受损坏，才能保证 CAN 抗干扰地工作。由于这个原因，在维修 CAN 导线时只允许尽量少地干涉该绞合。

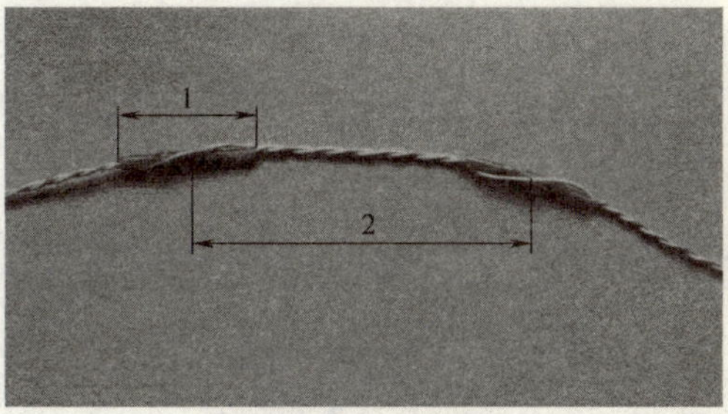

CAN 导线的维修理念

索引	说　明
1	绞合只可解开最长 50mm
2	CAN 导线断开处要与下一个压接节点相距至少 100mm

第二节　动力总线系统故障诊断

一、动力总线的诊断流程

1. 用诊断仪和欧姆表对动力 CAN 数据总线进行故障查寻

动力 CAN 数据总线上最常见的故障可以用万用表/欧姆表来诊断，当然，有些故障须使用数字存储式示波器（DSO）来判断。下面的故障查寻树表示的是使用诊断仪和万用表/欧姆表的故障查寻方法。

续表

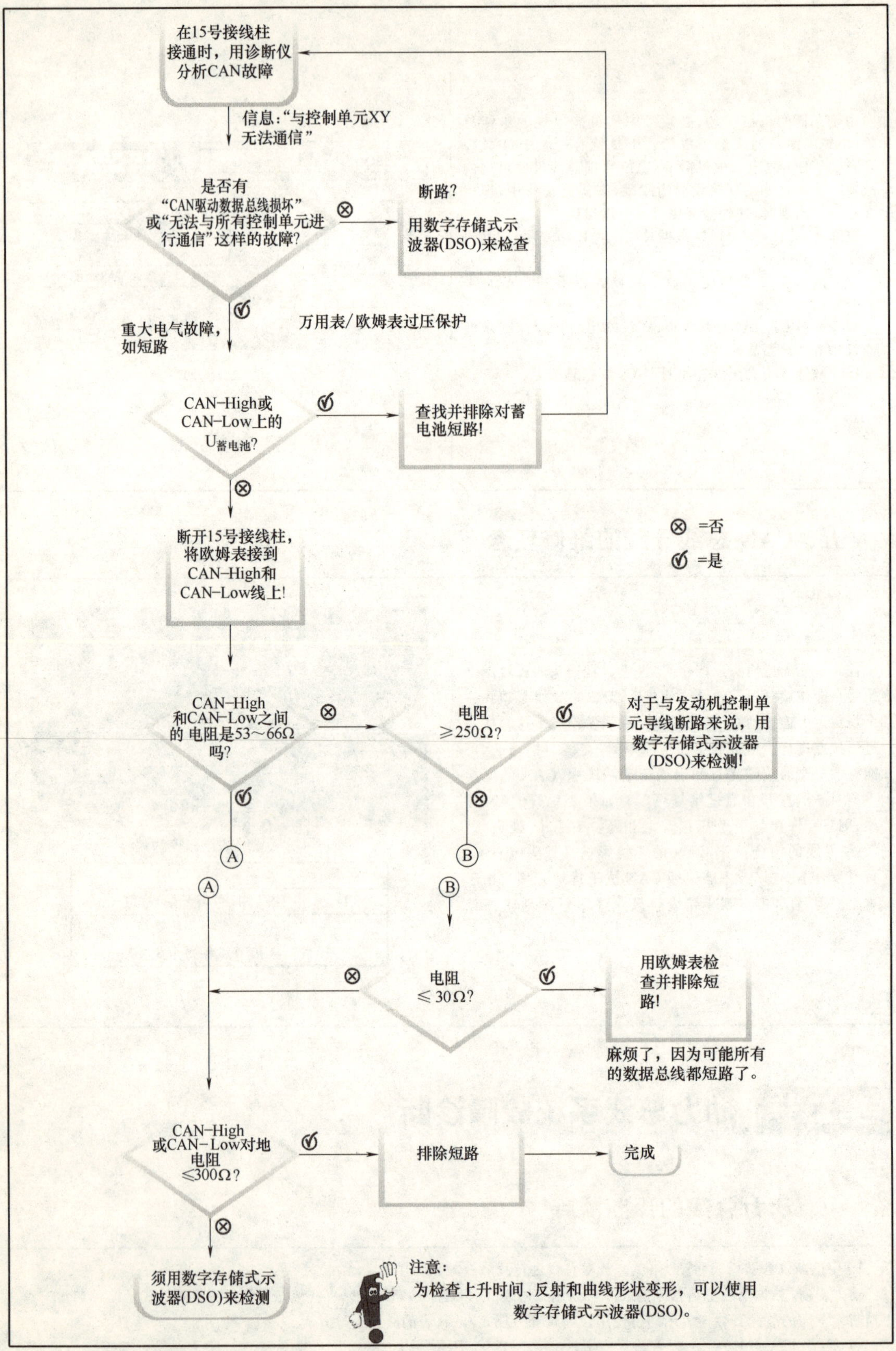
在15号接线柱接通时，用诊断仪分析CAN故障
信息:“与控制单元XY无法通信”
是否有“CAN驱动数据总线损坏”或“无法与所有控制单元进行通信”这样的故障?
断路?
用数字存储式示波器(DSO)来检查
重大电气故障，如短路
万用表/欧姆表过压保护
CAN-High或CAN-Low上的U蓄电池?
查找并排除对蓄电池短路!
断开15号接线柱，将欧姆表接到CAN-High和CAN-Low线上!
⊗ =否
✓ =是
CAN-High和CAN-Low之间的 电阻是53～66Ω吗?
电阻≥250Ω?
对于与发动机控制单元导线断路来说，用数字存储式示波器(DSO)来检测!
A
B
电阻≤30Ω?
用欧姆表检查并排除短路!
麻烦了，因为可能所有的数据总线都短路了。
CAN-High或CAN-Low对地电阻≤300Ω?
排除短路
完成
须用数字存储式示波器(DSO)来检测
注意:
为检查上升时间、反射和曲线形状变形，可以使用数字存储式示波器(DSO)。

续表

2. 用诊断仪和数字式示波器对动力 CAN 数据总线进行故障查寻

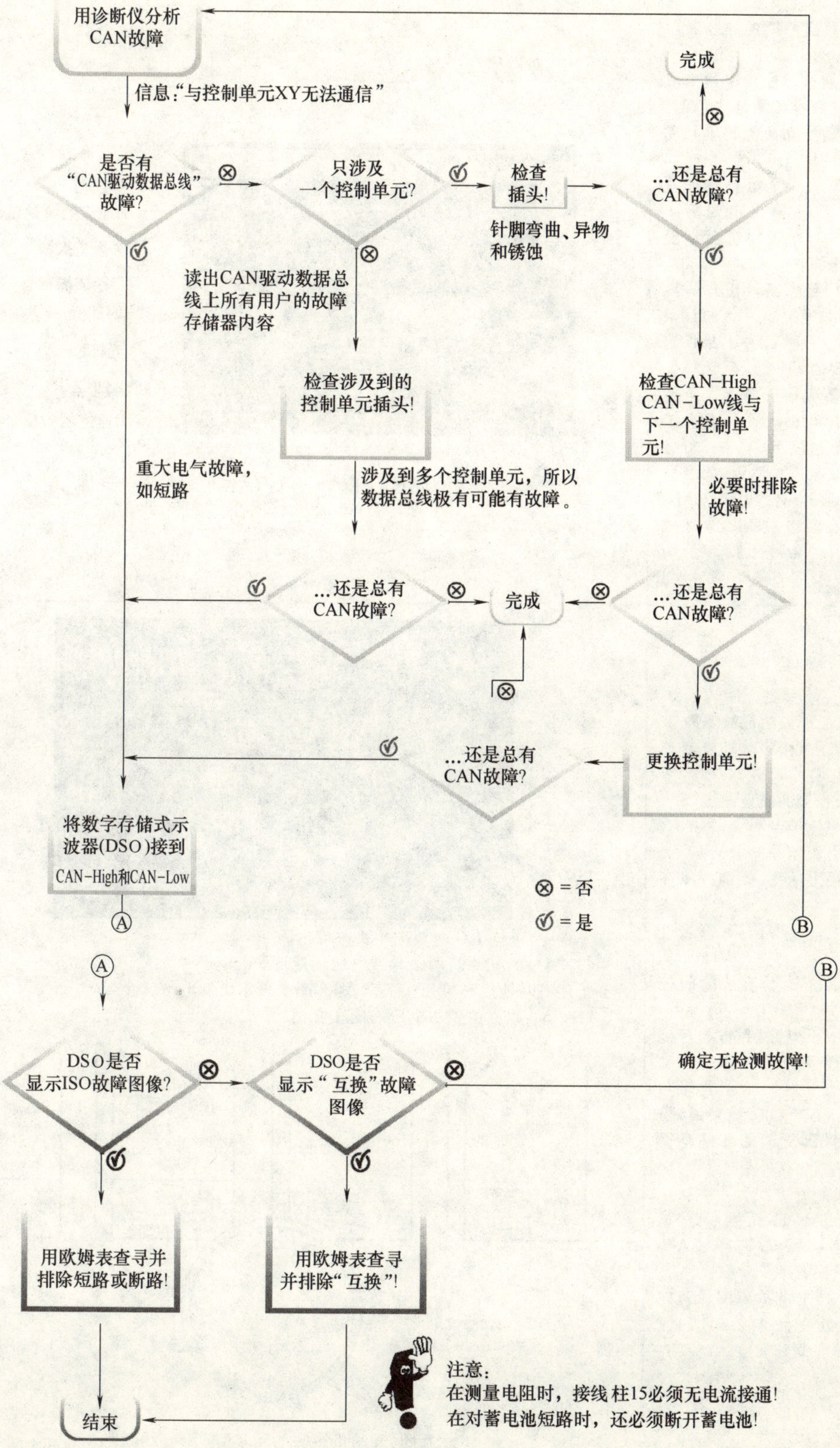

二、动力总线的诊断案例分析

1. CAN数据总线的导线断路故障(以CAN-Low-线为例) (1)首先通过诊断仪来读出故障存储器的内容和测量数据块 测试结果：发动机控制单元无信号 这个故障的一个重要特征就是在CAN-Low通道出现高于2.5V的电压，在正常工况是没有这个电压的。 这个信号无法通过正常的触发调节(例如通道A中3V)显示出来，因为这种故障并不是肯定会经常出现的，那么也就无法保证肯定会显示在屏幕上。于是就利用CAN-Low-线在正常工况时电压不超过2.5V来进行触发。在触发电平为3V时，触发器被调至通道B。如果CAN-Low-线现在断路了，那么这条线上的电压有时会超过2.5V。	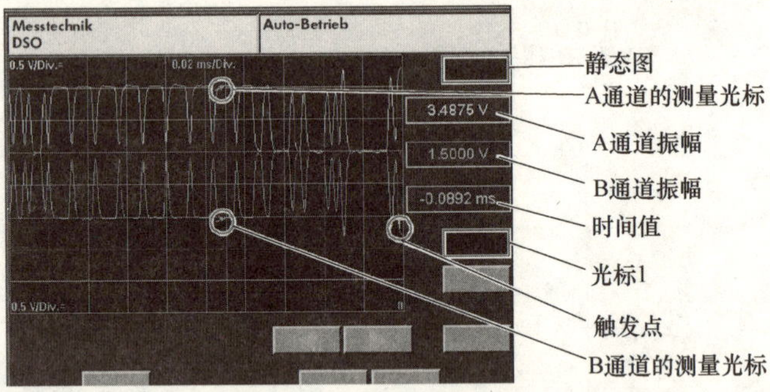
(2)测量波形就生成故障图像 (3)故障显示：发动机控制单元CAN-Low-线断路 (4)故障查寻的其他方法 ①拔下相应控制单元的插头，检查触点是否弯曲。 ②再次插上插头，查询故障存储器。 如果还是显示有故障，那么进行下一步。 ③再次拔下通信有故障的控制单元插头。 ④查看一下电路图，将与有故障的控制单元直接相连的控制单元插头拔下。 ⑤对于CAN-Low-线来说，检查插头内针脚之间的连接是否断路。 注意： 如果是CAN-High-线断路，那么相应地就需先进行CAN-High-线的检查。 这时DSO上的故障图像就向下翻转并处在低于2.5V的区域，触发器应调到通道A1.7V。	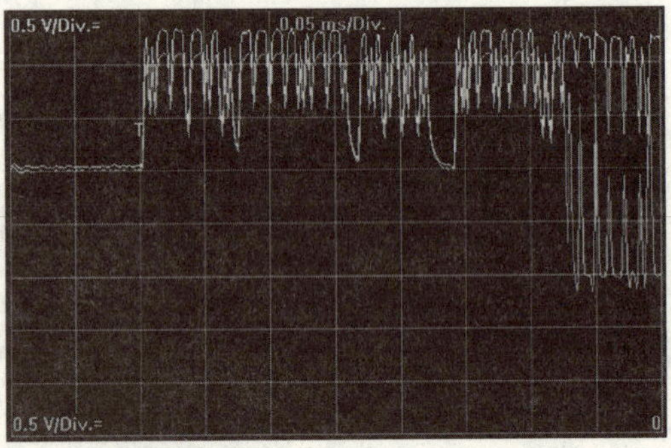 在本例中，电流无法再流向中央终端电阻 通过CAN-High-线，两条导线电压均接近5V。 如果还有其他控制单元在工作，那么图中显示出的电平就会与CAN-Low-线上的正常电压一同在变化 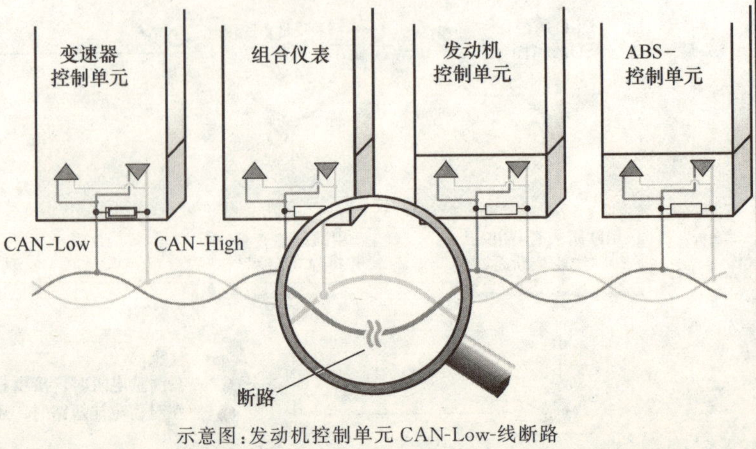 示意图：发动机控制单元CAN-Low-线断路

续表

2. CAN-Low-线对蓄电池短路(接线柱 30,12V) (1)首先通过诊断仪来读出故障存储器的内容和测量数据块 测试结果:驱动数据总线损坏 故障存储器内记录的是所有控制单元的故障内容。此外还有驱动数据总线损坏,这个故障内容表示:直接与网关相连的数据总线有短路或断路处。 以上所述的方法是以对蓄电池短路(ISO 故障 3 和 6)为例来说明的,这种方法也适用于对地短路(ISO 故障 4 和 5)、CAN-High 线和 CAN-Low 线之间短路(ISO 故障 7)和终端电阻故障(ISO 故障 8)。 这里将 ISO 故障 3 作为这些短路故障的代表来进行详细讨论。 通过相应的设定,可以用同样的方法在 DSO 上显示出这些故障,但是在本例中说明的却是另一种故障诊断和排除的方法。 注意: 短路(ISO 故障 3～7)相对来说较难发现,因为短路可能发生在线束中的任何地方,而使用欧姆表又几乎无法测量,这是因为无法得知短路点处的接触电阻,而且不能通过电阻测量来推断出导线的长度。 (2)测量波形就生成下面的故障图像 (3)故障显示:CAN-Low-线故障在于蓄电池电压	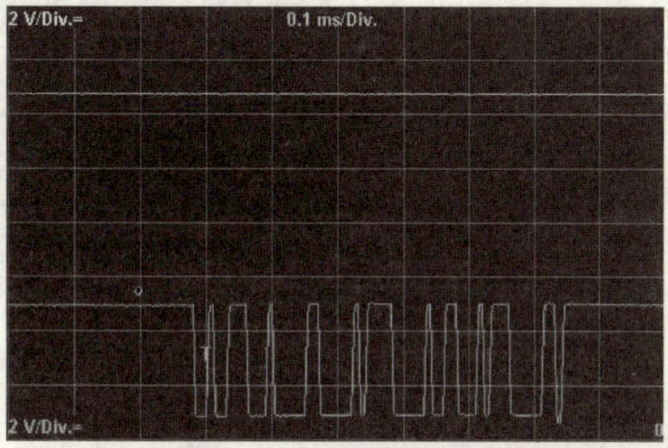 示意图:CAN-Low-线故障在于蓄电池电压
(4)故障查寻的其他方法 ①检查一下,看看接线柱 30 和 15 的导线是否有短路处。 ②可能的话可目视检查导线,看是否有短路处。 ③分别拔下各个控制单元,看看短路是否仍然存在。 ④尽可能将数据总线分成很多段,以便找出短路点。	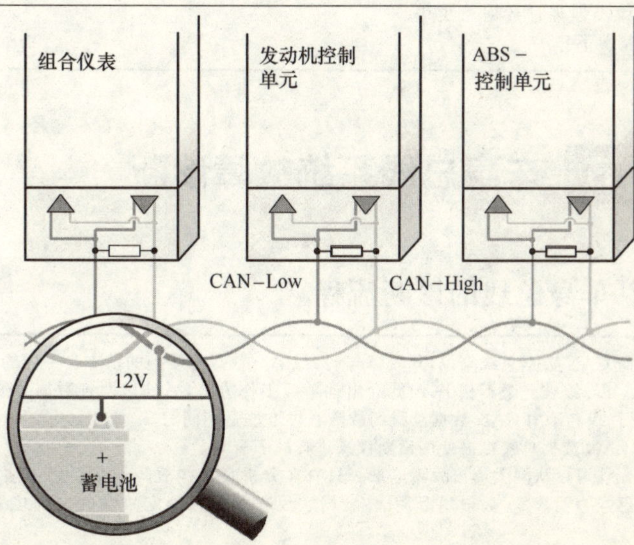

续表

3. 一个或多个控制单元上的CAN-High-线和 CAN-Low-线装混了 (1)首先通过诊断仪来读出故障存储器的内容和测量数据块 测试结果：发动机控制单元无信号 (2)测量波形就生成下面的故障图像 DSO 上显示：CAN-High 线和CAN-Low 线装混了。当线接混时，CAN-Low-线上会出现一条高于 2.5V(静电平)的电压波形曲线，图中也正是利用这个事实来显示的(在 DSO 左侧：CAN-Low-线电压高于 2.5V)。 当一个控制单元或一组控制单元的 CAN-High-线与 CAN-Low-线接混时，暂时在显示屏上不一定就能看出有什么差别。出现差别的频率可能非常低，以至于经过很长时间也不会显示出来。 如果控制单元装混了，那么就无法进行数据交换了，CAN 信息中断导致控制单元彼此相互干扰，这种情况积累多了就会产生“故障帧”(即 Error-Frames，就是 CAN 数据总线上的故障记录)。 (3)故障查寻的其他方法 仔细测量无法进行通信的控制单元和可以进行通信的控制单元之间的导线(按电路图)，故障肯定就在这两个控制单元之间。 注意： 这种故障主要发生在安装新件或以前曾经修理过数据总线的导线的情况下！	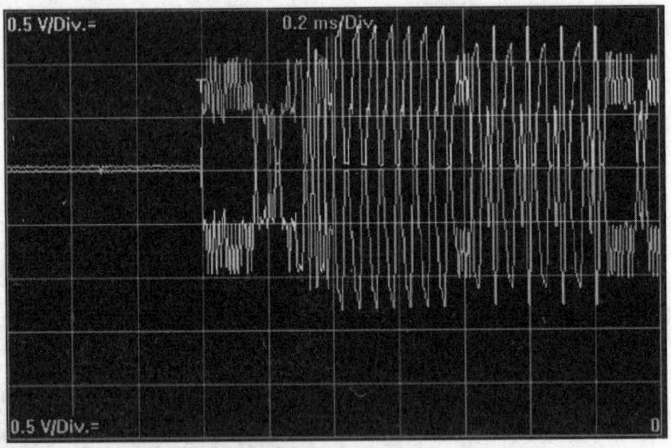 示意图：CAN-High-线和 CAN-Low-线装混了 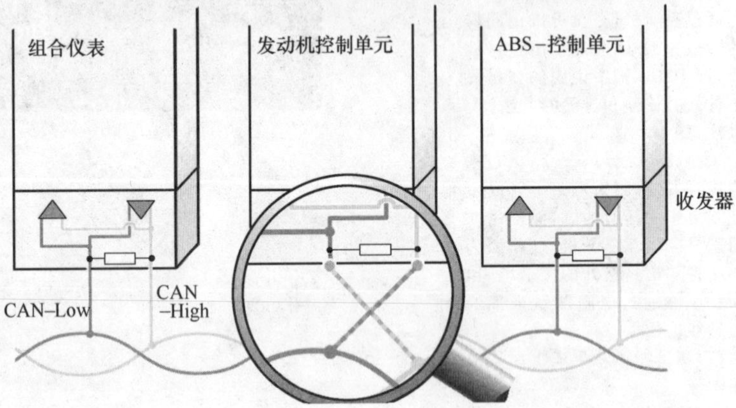

第三节 车身总线系统故障诊断

一、车身总线的诊断流程

对于车身 CAN 数据总线来说，其故障与动力 CAN 数据总线上的基本是一样的(ISO 故障表)。由于车身 CAN 数据总线中的 CAN 导线彼此毫不相干，由此会出现单线工作方式，另外这两种数据总线的电压值也不相同，这就决定了车身 CAN 数据总线和动力 CAN 数据总线的故障查寻方法是不同的。

对车身 CAN 数据总线也需使用诊断仪来进行故障查寻。

使用诊断仪可以从网关读出故障记录。只有在分析完这些故障记录后仍无法排除故障时，才使用 DSO 继续查寻故障。如果已经查明故障，必须用万用表/欧姆表反复测量以确定故障的准确位置。进行这些工作时一定要先断开蓄电池。

续表

故障查寻树形图一览

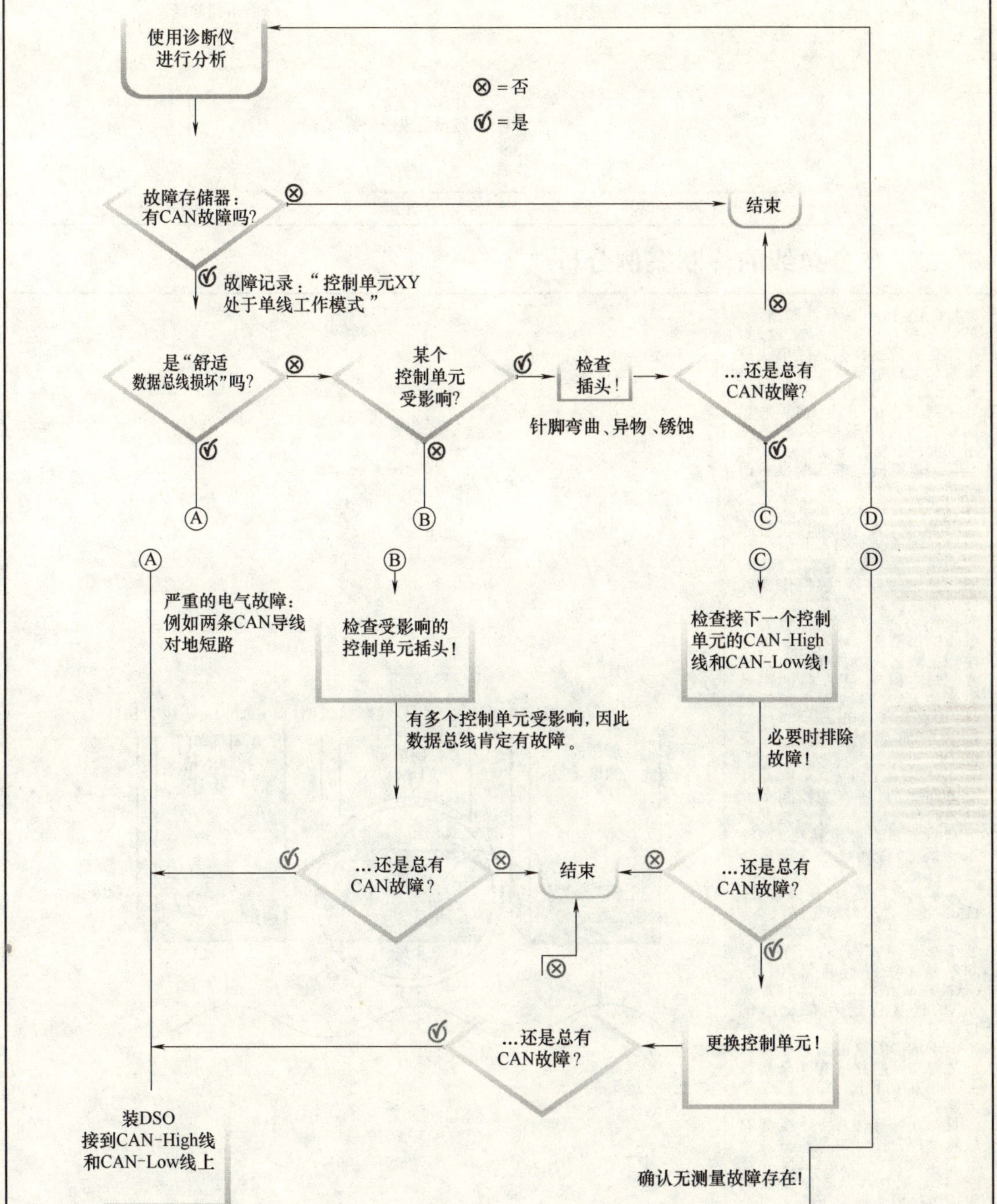

续表

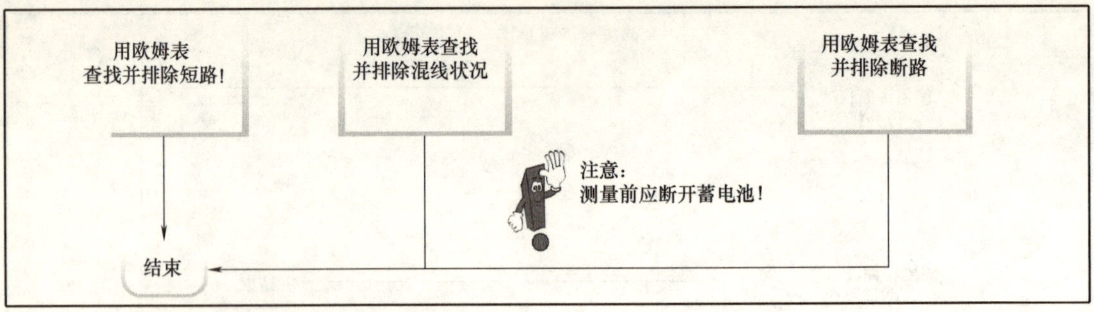

二、车身总线的诊断案例分析

1. CAN-Low-线导线断路

对于所有控制单元来说，短路总是会造成数据总线单线故障。如果只是影响几个控制单元，那么就可认为是某条CAN导线断路。由于用DSO来识别断路故障并不容易，为此须用下面的方法：

在测量数据块中已经显示出断路的大致位置，基本上可以肯定断路处在无法正常工作的控制单元和第一个可以正常工作的控制单元之间。

如果某条CAN导线已断路，那么使之短路后，数据传递就会以单线模式继续进行。以上的诊断为：舒适数据总线处于单线工作模式。所有控制单元在测量数据块中都显示单线模式。与此相反，无断路的那条完好的CAN导线如果短路的话，那么就无法再与受导线断路影响的控制单元进行通信了。

在本例中，当CAN-Low-线对地短路后，所有的控制单元继续以单线模式工作。这样就可判断出断路肯定就在CAN-Low-线上，否则数据总线在断路后就完全失效了。

为了完成检测，现在将CAN-High-线也置于对地短路状态。

故障显示：所有控制单元均处于单线模式，且右后车门控制单元无法进行通信，因此，CAN-Low-线与“右后车门控单元”的连接肯定存在断路的现象。

由于从诊断仪的信息中无法清楚得知断路到底在哪条导线上，所以在下面会用上这个内容：

只有在两条CAN导线都有故障时，车身CAN数据总线才会完全失效。一条CAN导线断路，数据总线从该断路点起采用单线模式继续工作。

为了能查出这两条CAN导线中的哪一条短路了，须在其中的一条线上造成对地短路。

然后根据电路图来确定这个内容：右后车门控制单元正常连接在舒适线束上的什么地方；线上正常工作的控制单元中，哪个控制单元离“右后车门控制单元”最近。

导线断路肯定就在这两个控制单元之间。

插头是很常见的故障源。

示意图：CAN导线上的导线断路说明（以CAN-Low-线为例）

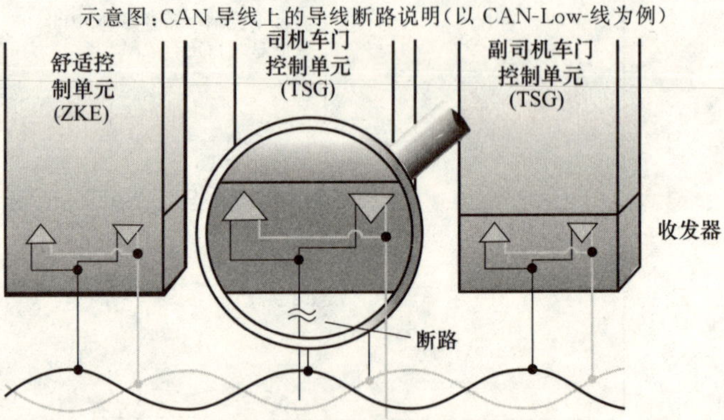

续表

如果已确定了失效控制单元的位置，则：
①拔下插头；
②检查插头上针脚是否损坏、弯曲或锈蚀；
③再插上插头；
④检查是否已排除故障。

如果仍未能排除故障，就使用欧姆表来查寻故障。

使用欧姆表查寻故障前应断开蓄电池，因为在测量过程中，舒适数据总线可能会开始工作，这就有可能导致测量结果不准。然后就可以用欧姆表来对断路的CAN导线进行测量了。必须检查导线和插头，必要时要更换。在此例故障中，司机车门控制单元与舒适控制单元上的CAN-Low-线对应的针脚之间无电气连接，因此故障原因肯定在于插头接触不良，或导线断路。如果情况不是这样，那就必须更换控制单元。

ISO 故障 1 和 2(单线模式)的故障排除流程

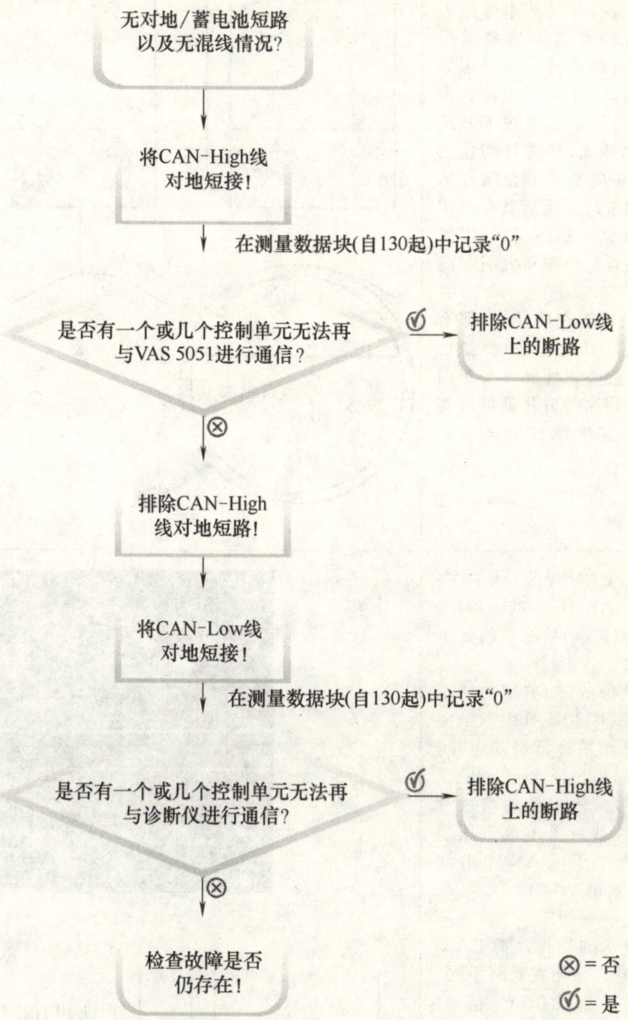

2. 一条CAN导线对蓄电池电压(接线柱30,12V)短路(以CAN-Low-线为例)

(1)故障显示：舒适数据总线单线模式

对于这种故障，典型的情况是：在DSO显示图中，CAN-Low-线上作用有蓄电池电压，且CAN-High-线继续传送CAN-信号。休眠模式与这种CAN-Low-线对蓄电池电压短路的区别在于：CAN-High-线上的电平恒为0V，无明显波动。

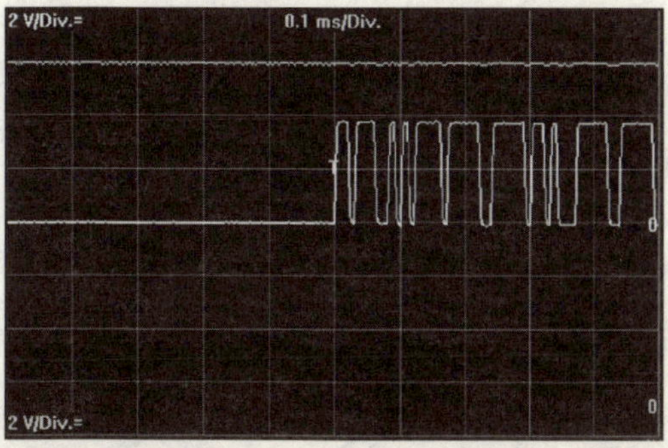

续表

(2)故障查寻的其他方法 一般来说，分叉式电缆柱上的短路故障是很不容易测量的，因此应先目视检查一下导线是否损坏，如果目视检查没发现什么，下一步应拔下各控制单元的插头，检查针脚是否弯曲、插头内是否有金属丝屑或类似的东西。随后就应该用欧姆表来监控短路情况，以便能确定是否是控制单元引起的短路。 如果仍未能查明情况，那么应逐个地断开电缆柱（例如可以先拔下插头以便断开与车门的连接），用这种方法就可以将故障限制在电缆柱的某一部分上。	示意图：CAN-Low-线与蓄电池电压相连 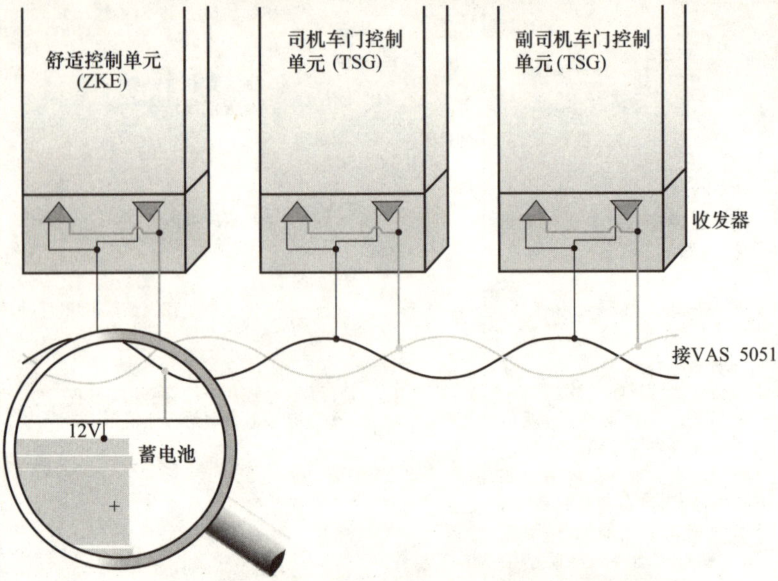
3. 某条CAN导线对地(0V)短路(以CAN-High-线为例) (1)故障显示：数据总线处于单线模式 对于这种故障，典型的情况是：在DSO显示图中，CAN-Low-线上作用有蓄电池电压，且CAN-High-线继续传送CAN-信号。休眠模式与这种CAN-Low-线对蓄电池电压短路的区别在于：CAN-High-线上的电平恒为0V，无明显波动。 此处特殊的是接地的CAN-High-信号。与导线断路不同，这里也没有“正常”CAN-信号！CAN-High-信号一直为0V。 (2)故障查寻的其他方法 一般来说，分叉式电缆柱上的短路故障是很不容易测量的，因此应先目视检查一下导线是否损坏，如果目视检查没发现什么，下一步应拔下各控制单元的插头，检查针脚是否弯曲、插头内是否有金属丝屑或类似的东西。随后就应该用欧姆表来监控短路情况，以便能确定是否是控制单元引起的短路。如果仍未能查明情况，那么应逐个地断开电缆柱（例如可以先拔下插头以便断开与车门的连接），用这种方法就可以将故障限制在电缆柱的某一部分上。	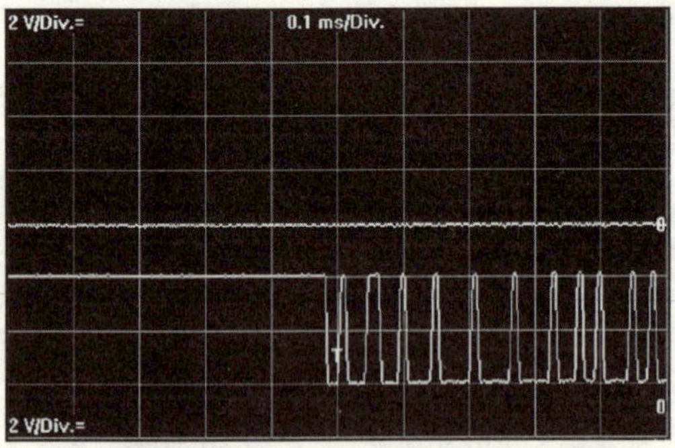 示意图：CAN-High-线与地相连 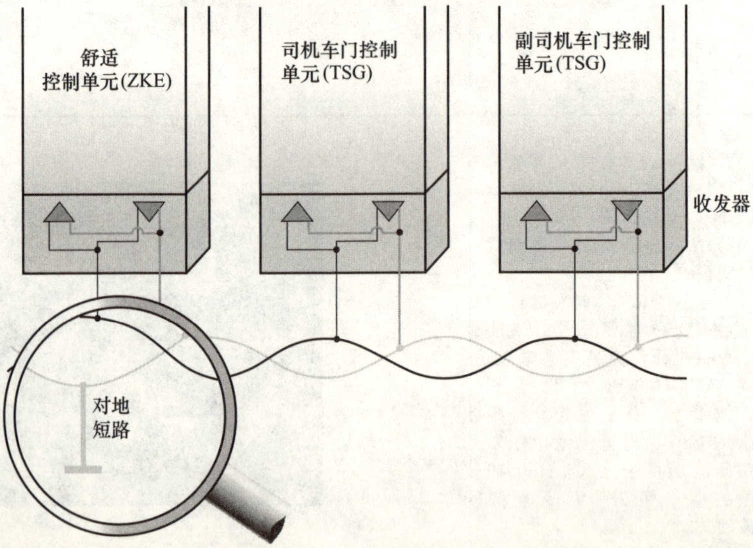

续表

4. 一个或多个控制单元的CAN-High-线和CAN-Low-线装混了 只有当两条CAN-导线损坏或装混时，车身CAN数据总线的通信才会有故障。 引人注目的是：隐性电平有一个偏移（在波形图的左边缘）。在隐性状态，某控制单元的导线装混会导致CAN-High-线上的电压升高和CAN-Low-线上的电压下降。 故障查寻的其他方法： 导线装混总是出现在最后一个能正常工作的控制单元和第一个不能正常工作的控制单元之间。导线装混的故障大多出现在修理数据总线时，应重点检查这些地方。应根据导线的颜色来进行目视检查。进行故障排除前应断开蓄电池，因为在测量时，车身CAN数据总线可能会开始工作，这就会导致测量结果不准。然后就可以用欧姆表来测量装混的CAN-导线了。在本故障中，司机车门控制单元上的CAN-Low-线的相应针脚与舒适控制单元上的CAN-High-线之间肯定存在电气连接，舒适控制单元上的CAN-Low-线与司机车门控制单元上的CAN-High-线之间也肯定存在电气连接。如果插头装混了，其他控制单元上也会出现这个故障。不管是哪种情况，最好先检查无法联系上的控制单元的插头。	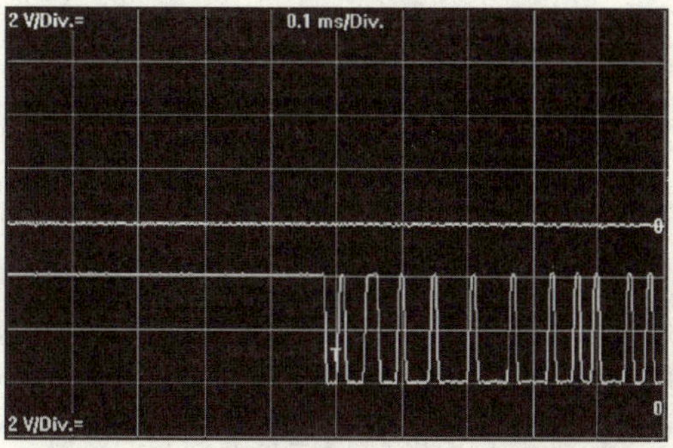 示意图：CAN-High-线与CAN-Low-线装混了 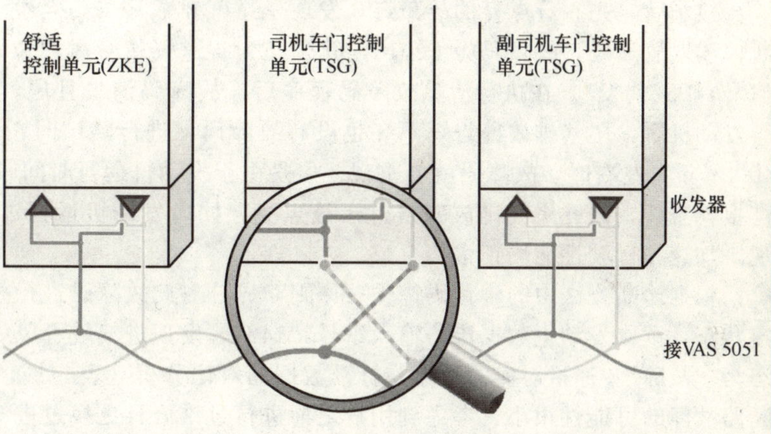

第六章 ▸▸ 汽车故障精选案例排除分析

一、大众迈腾故障码 P2015 无法清除

1. 故障现象

一辆 2007 款一汽大众 1.8TSI 迈腾轿车，发动机代码为 BYJ，在行驶里程达到 90000km 左右后，出现故障灯间隙性常亮现象。与车主沟通后得知，该故障灯点亮后，如果发动机熄火后再启动，则故障灯就会熄灭，但一段时间后故障灯又会点亮，并且已经针对此故障进行过多次维修，但故障仍旧没有排除。

2. 故障诊断与排除

接车后，先查看点亮的故障灯，发现是尾气排放警告灯常亮。然后使用 KT600 故障诊断仪读取故障码，故障码为 P2015，其含义为“进气歧管风门位置/运行控制传感器不可靠信号，PS/偶发”。在执行清除故障码程序后，故障码消失且尾气排放警告灯熄灭。重新运行发动机后，尾气排放警告灯不亮也没有故障码。进行路试时，当使发动机运行在 3500～4000r/min 左右时，故障码就会重现，但是由于发动机运行时间较短尚未符合尾气排放警告灯报警条件，因此尾气排放警告灯未被点亮，同时发动机运行过程中也没有明显的异常表现，加速和行驶性能均正常。

根据诊断方法中的“代码优先”原则，先针对此故障码进行故障排除，使发动机处于怠速状态，读取发动机数据流，输入组号“142”，发现进气歧管风门位置为“9.6%”，匹配状态为“故障”。通过对实测数据与标准数据的对比分析（表 6-1），初步判断系统电路短路或断路故障的可能性很小，考虑到用户之前进行过维修且更换过进气歧管风门位置传感器与进气歧管，因此怀疑是否是由于没有对新元件进行匹配而导致此故障的产生。接着使用 KT600 进行发动机控制单元和进气歧管风门传感器的匹配，在匹配过程中需要注意，首先确保蓄电池电压高于 13.72V，并在发动机怠速运行的状态下进行匹配；其次匹配中进气歧管风门的实际开度会不断变大；最后需要将点火开关关闭 50s，等待匹配自动完成。匹配完成后，重新检查数据流，进气歧管风门位置仍为“9.6%”，这是不正常的。

表 6-1　142 组数据流比对表

数据项目名称	实测值	标准值	判断结果
增压移动板实际位置(进气歧管风门实际位置)	9.6%	0～2%	异常
增压移动板额定位置(进气歧管风门实际位置)	0	0	正常
增压移动板电位计电压补偿值(进气歧管风门实际位置)	4.02V	4.02V	正常
增压移动板匹配状态(进气歧管风门实际位置)	故障	正常	异常

仔细研究该系统工作原理（图 6-1、图 6-2），发动机控制单元根据车辆与发动机的运行情况，适时地驱动进气歧管风门电磁阀，使其接通进气歧管风门转换真空罐与真空源的连接，真空罐在真空吸力的作用下，克服内部阻力，通过拉杆来拉动一根上面安装进气风门的轴，由于拉杆与轴是偏心连接，因此风门能够转动至所需的位置。进气歧管风门位置传感器检测风门的实际位置，并将信号传输给发动机控制单元，实现时刻检测系统运行状态的闭环

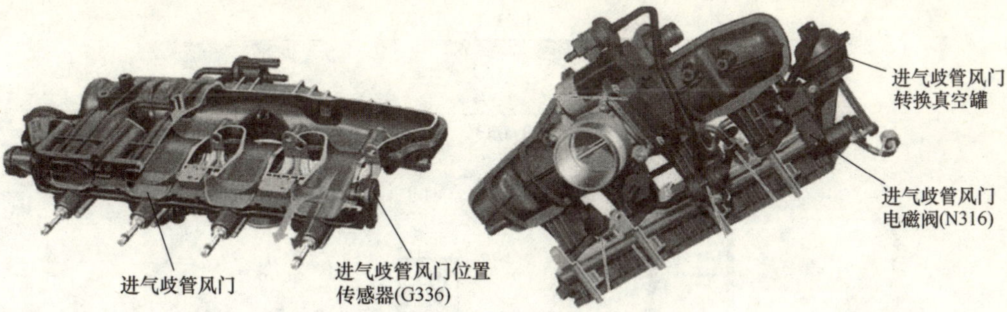

图 6-1　进气歧管风门系统元件位置图

控制系统。

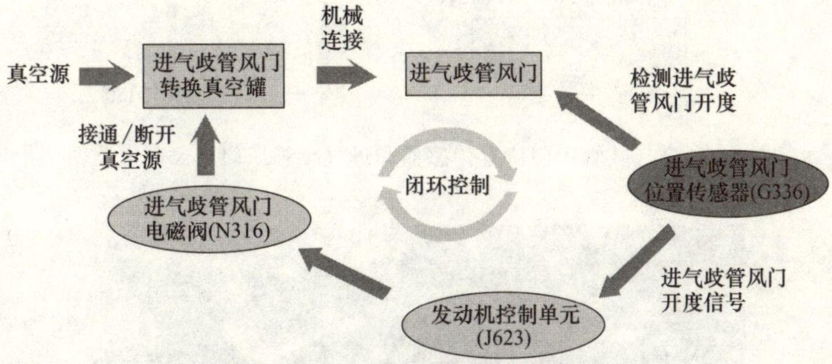

图 6-2　进气歧管风门系统工作原理图

通过对整个系统的分析，导致该故障的可能有：

(1) 进气歧管风门位置传感器及其线路故障；

(2) 进气歧管风门转换真空罐损坏；

(3) 进气歧管风门电磁阀及其线路故障；

(4) 进气歧管风门机械故障；

(5) 发动机控制单元和进气歧管风门传感器没有匹配；

(6) 真空管路泄漏故障；

(7) 发动机控制单元损坏等。

考虑到进气歧管风门位置传感器与进气歧管才更换不久，损坏的可能性很小。因此决定先检查进气歧管风门位置传感器和进气歧管风门电磁阀及其线路（图 6-3）。风门位置传感器供电静态电压测量，结果为正常的 5V，接地也是正常的，用真空枪测试进气歧管风门转换真空罐（图 6-4），也没有发现泄漏的迹象。进一步分析，如果控制风门位置传感器的风门电磁阀泄漏，也会造成风门位置传感器的信号不正确，但发动机控制单元检测传感器会有不正确的电压而点亮故障灯，而经过检查也排除了这个可能性，检测结果如表 6-2 所示。

表 6-2　进气歧管风门系统相关元件检测结果

检测内容	实测结果	标准值	判断结果
G336/T3yb/1～GND	5V	+5V	正常
G336/T3yb/3～GND	0.1Ω	≤2Ω	正常
G336/T3yb/2～J623/T59ya/27	0.1Ω	≤2Q	正常
N316/1～GND	12V	+12V	正常
N316/1～J623/T60ya/20	0.1Ω	≤2Ω	正常
进气歧管风门转换真空罐泄漏测试	无泄漏	无泄漏	正常

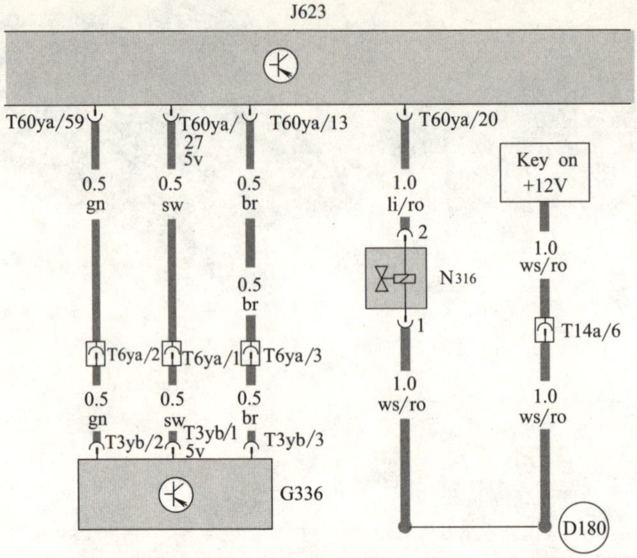

图 6-3　进气歧管风门位置传感器和进气歧管风门电磁阀电路图

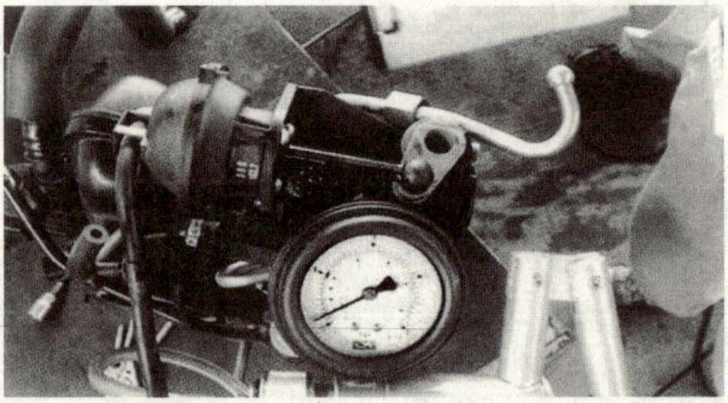

图 6-4　进气歧管风门转换真空罐泄漏测试

虽然上述检查结果均为正常，但是却在拆下机油滤清器检测进气歧管风门位置传感器电路的过程中，发现进气歧管风门位置传感器插头与机油滤清器底座距离过近，且已经影响到了插头的插拔，这是不正常的（图 6-5）。拆下进气歧管，对进气歧管做进一步检查，发现该进气歧管总成很新，内部几乎没有积炭，同时发现该进气歧管总成中的进气风门在处于关闭位置时，不能完全关闭（图 6-6），这也是不正常的。正常状态应该为在拆掉机油滤清器后，滤清器底座不会影响到插头的插拔；进气风门在处于关闭位置时，应该完全关闭。至此，

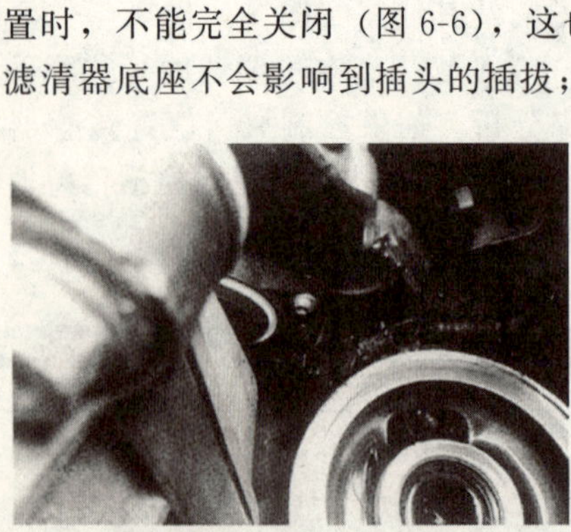

图 6-5　异常的进气歧管风门位置传感器插头与滤清器底座间的距离

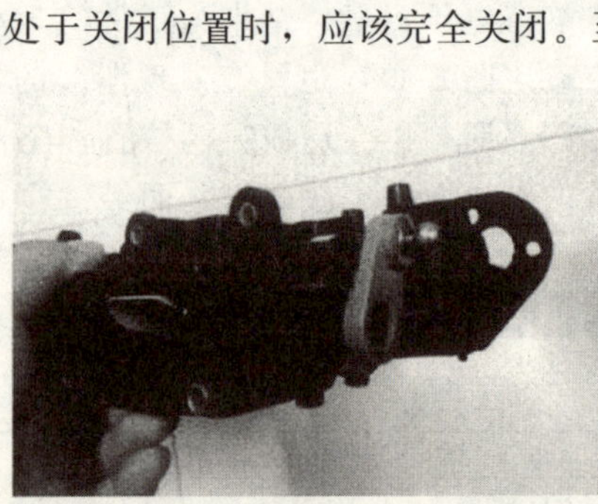

图 6-6　进气歧管风门无法完全关闭

也就解释了在对发动机控制单元和进气歧管风门传感器进行过匹配后，数据项进气歧管风门位置仍为“9.6%”而不在正常值范围内的原因所在。

考虑到客户之前曾经更换过进气歧管总成，所以怀疑新的歧管总成不是原厂配件。好在客户保留了先前更换下来的旧配件，因此决定将旧的歧管总成再安装回去，在安装过程中刻意留意了进气风门在关闭状态时的位置是处于完全关闭状态；将歧管总装安装完毕后，滤清器底座不会影响到进气歧管风门位置传感器插头的插拔。至此以为故障完全排除，可在接下来的修复后检查中，当发动机运行在3500～4000r/min左右时，故障码仍旧会重现，而数据流项目的进气歧管风门实际位置变为“23.92%”（图6-7）。但是随着发动机转速和节气门开度快速变化，进气歧管风门实际位置的数据偶尔又能变回到正常值范围。经过几次测试，发现只要实际位置的数据为“23.92%”左右且变化不动，此故障码就重现，而有时由于急松油门，歧管真空度突然变大，使得有足够的吸力能把进气歧管风门拉回到正常位置，使得故障码变成偶发性质。为了验证，再次拆下旧的歧管总成，发现进气风门处积炭严重（图6-8），用手推动风门拉杆，发现在一个特定位置会卡住，这也就说明了数据流会固定在一个特定值上的故障点所在。

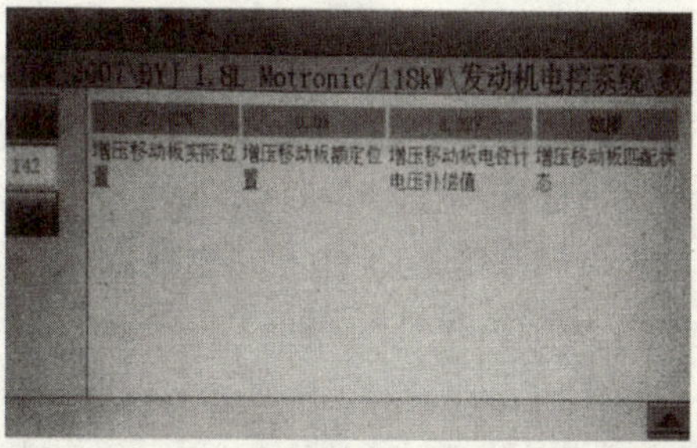

图6-7　数据流复检

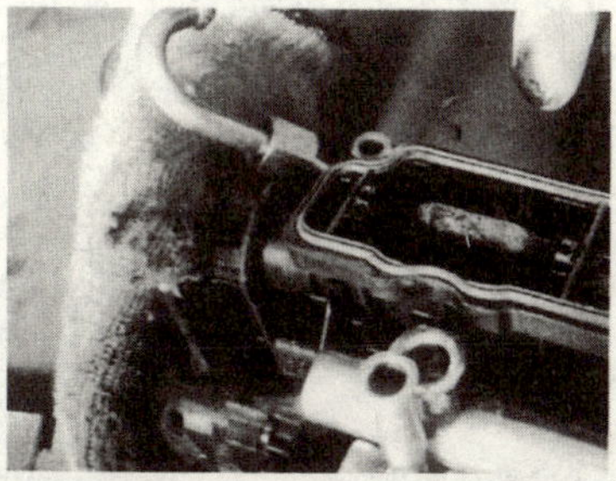

图6-8　进气风门积炭严重

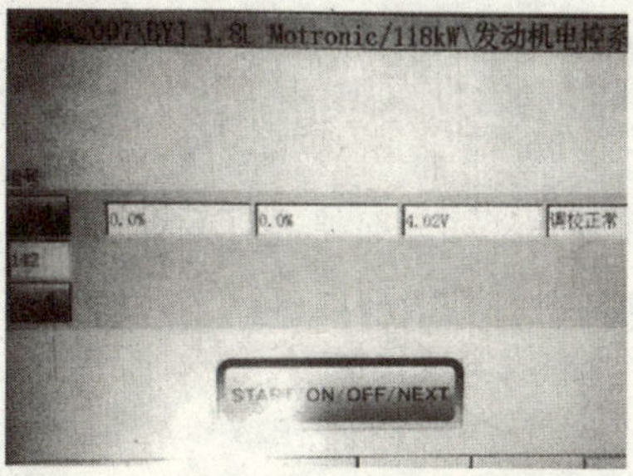

图6-9　进气歧管风门传感器匹配正常

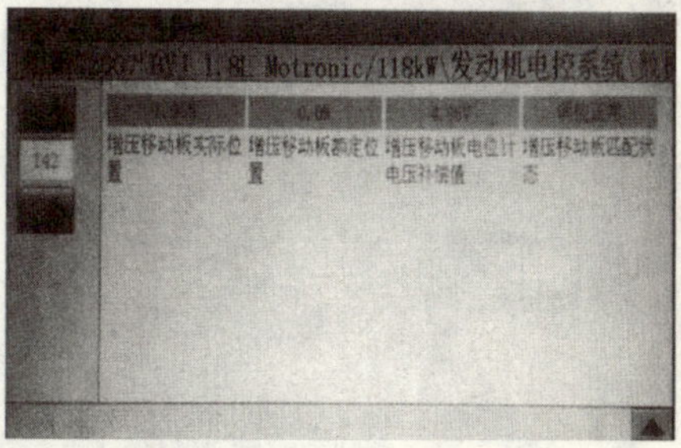

图6-10　正常的数据流

对旧的进气歧管总成进行清洁，清洁完毕后，进气歧管风门转动灵活无卡滞。将其安装在发动机上，发动机控制单元和进气歧管风门传感器进行过匹配，匹配成功（图6-9），进气歧管风门实际位置变为“0”。运行发动机，对故障码与异常数据流进行检查，故障码P2015消失，在怠速状态时，进气歧管风门实际位置变为“1.96%”，且随着发动机转速和负荷的变化，也能正常变化，不会再固定在某个数值不变（图6-10）。故障彻底排除。

3. 维修小结

在当今缸内直喷发动机越来越多地被应用到车辆上时，就对维修技术人员的专业理论知识提出了更高的要求，只有在对被修车辆的技术状况充分掌握的情况下，才不会只用简单的部件更换维修法来维修车辆；其次，新技术的广泛应用，也使得车主和维修技术人员需要对车辆进行及时的养护，避免“积劳成疾”产生故障；最后，在维修作业中也会经常遇到，因为更换的配件有质量问题，导致维修诊断过程中会陷入“死胡同”，影响到了正确的诊断思路。

二、奥迪A4L无级变速器软件故障

1. 故障现象

一辆2013年生产的奥迪A4L，1.8T发动机，搭载8挡CVT手自一体OAW型变速器。行驶里程110000km，初期进厂时用户描述该车变速器报警灯点亮，起步加速无力且有耸车现象，同时，发动机还有加不上油门的情况（其实是发动机限扭功能的表现）。

2. 故障诊断与排除

车辆进厂后没有急于试车，而是利用故障诊断仪进行系统检测，在变速器系统中检测到3个故障码，分别是：P1741，离合器匹配达到极限，主动/静态；P1743，离合器打滑监控信号太高，主动/静态；P1774，离合器温度监控，被动/偶发。

清除故障码进行试车，结果发现正如用户所描述那样挂前进挡怠速无爬行能力，需加速且冲击一下才能行驶，同时在起步低速运行过程中还有耸车现象，行驶一会儿变速器故障指示灯再次被点亮，以上3个故障码再次出现。

根据以往维修奥迪CVT变速器的经验，在故障码的提示下来分析，该变速器的故障应该很容易解决。首先就故障码“P1741，离合器匹配达到极限，主动/静态”来说，一般都是液压系统存在故障而导致离合器在自适应匹配条件下的匹配能力受限，从而因自适应匹配空间超出极限范围，并达到设定形成故障码的条件，进而导致变速器进入应急模式，所以在大多数情况下更换液压控制单元（滑阀箱）即可解决。另外，针对“P1743，离合器打滑监控信号太高，主动/静态”故障码来说，往往是由于控制单元检测到离合器自身的滑移量（打滑量）过大而被储存的，所以一般在确定从滑阀箱到离合器终端油路不存在问题的情况下，修理或更换离合器即可解决。而对于“P1774，离合器温度监控，被动/偶发”故障码就容易理解了，很有可能是由于离合器打滑而导致温度过高，所以解决了离合器打滑量的问题也就解决了这个故障码的问题。通过以上分析说明要想解决问题就必须要解体变速器检查维修。

图6-11 解体的变速器

解体变速器后逐一对每个部件进行检查，并重点对离合器和滑阀箱进行了检测，但都没有发现明显问题，同时链传动部分也完好无损没有任何磨损现象（图6-11）。

在这种情况下问题很可能出在液压控制系统方面，所以决定更换滑阀箱和离合器，包括其他密封元件，如图6-12、图6-13所示。

图6-12 新的滑阀箱

图6-13 更换下来的输入离合器总成

重新组装变速器并装车路试，开始在冷车状态下起步爬行，加速行驶都基本正常，本以为故障彻底解决了，可是当变速器油温上升到约40～50℃，故障现象重现，同时故障指示灯也再次点亮，重新检测依然还是那3个故障码。

另外发现前进挡离合器匹配不能成功而倒挡很容易成功。此时才感觉该车的问题并不简单，于是通过诊断仪来扫描相关动态数据，由于倒挡是好的所以可以进行动态数据的比较分析，在反复阅读并对比各项数据中，终于发现只有一项数据有些异常，那就是变速器安全/冷却控制电磁阀N88的驱动指令电流在R挡时几乎没有波动并保持在595mA。

而在D挡时波动较大，一般都会在0～605mA之间变化，而其他所有数据几乎相差不多。

为什么只有N88电磁阀的驱动数据在R挡和D挡有区别呢？难道是R挡油路和D挡油路或扭矩区别（传动比区别）所致？或者说这样的数据也是正常的？考虑到在过去维修老款奥迪01J变速器前进挡无爬行时是通过更换外部滤清器解决的，电控系统同样是记录“18149，离合器自适应匹配达到极限”的故障码，难道是滤清器在作怪？不过滤清器堵塞在过去可以通过数据流来验证，那就是离合器自适应匹配电流值（第十组数据）会变得很低，而对于这款A4L车新的OAW型变速器的数据来说却只是给了一个范围值。不得已也只能换一下滤清器再说。

更换外部滤清器（图6-14）后效果明显好多了，但车速一旦到40km/h左右时其3个故障码再次重现。另外一旦热车后即便在没有故障码的情况下前进挡还是没有爬行功能，而倒挡基本正常。同时再去对比倒挡和前进挡相关动态数据信息时也没有发现什么问题。要知道离合器总成和阀体（滑阀箱）都已更换且与原车未修前的故障现象几乎没有太大的变化，这充分说明至此还没有找到故障的根本原因。在维修中把与故障码有关的部件都已经更换了，难道是控制单元计算信息错误？在万般无奈之下又更换控制单元（图6-15）。

图6-14 外部滤清器

图6-15 新的变速器控制单元

更换控制单元重新解锁试车，结果，故障现象没有任何改变，此时维修彻底陷入僵局。在4S店技术通报中确实有过类似同样故障现象的解决方案，那就是需要控制单元程序的升级，实在不行也只能更换变速器总成了。升级之后故障现象消失，油温达到110℃左右的时候没有任何问题。

3. 维修小结

此次试车正常的情况下读取数据流，发现N88电磁阀的数据流在正常的情况下前进挡和倒挡的数据流都是不会发生变化的，都是保持在固定数值上不动。没升级之前，控制N88的程序处于一种紊乱的状态，控制电脑一直以为前进挡的预备油压是不稳定的，预备油压是通过压力传感器G193来控制的，可能是里面程序的计算错误导致了N88的不稳定。当机械问题全部排除的时候，应该就是软件的问题了。

三、宝马 523Li 发动机加速无力

1. 故障现象

一辆 2012 款华晨宝马 523Li，搭载 N52825BE 型号，2.5L 发动机和 8 速手自一体自动变速器，行驶里程 141971km，行驶中出现发动机加速无力、发动机故障灯点亮现象。

2. 故障诊断与排除

维修人员接车后，首先确认故障现象。发现发动机需要连续启动 2～3 次才能着车。着车后，中央显示屏提示“驱动装置有故障、可以继续行驶、加速能力降低、尽快由 BMW 售后服务检查”字样，如图 6-16 所示。

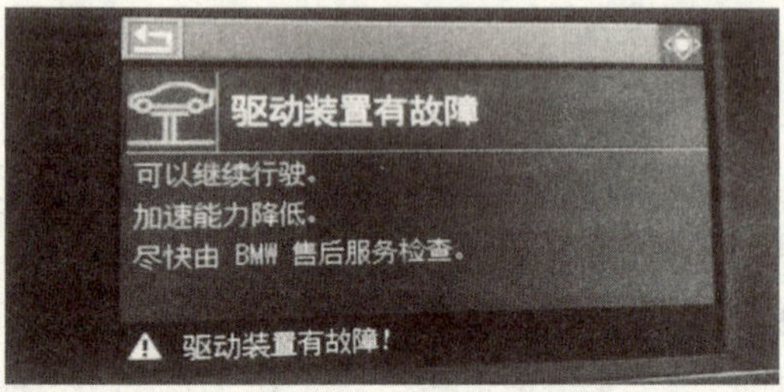

图 6-16 中央显示屏提示

对故障车进行路试，发现在水平路面车速最高只能达到 30km/h，稍微有点坡度路面车辆将无法通过。

用宝马专用诊断仪对发动机进行检测，报有多个故障码，如表 6-3 所示。

表 6-3 故障码列表

故障码	说　明	行驶里程
002A94	DME 曲轴传感器，信号	141968km
002D52	DME 内部故障，发动机转速监控	141968km
002DED	DME 电源管理，休眠电流故障	141968km
0051AB	EGS 发动机信号	141968km
009CC5	LM LIN 信息（RLS）缺失	141968km

根据故障码的提示，维修人员怀疑发动机曲轴位置传感器工作异常。于是从备件库借来一新的曲轴位置传感器装车，经试车，故障依旧，说明原车曲轴位置传感器应该没有问题。

维修人员根据诊断仪“查找功能”，发现曲轴位置传感器 12V 供电电源受发动机舱熔丝盒里的 F03（20A）熔丝控制。将发动机熄火，拔下 F03 熔丝进行检查，熔丝完好，但发现 F03 熔丝下端接线端子有一端出现腐蚀氧化现象，如图 6-17 所示。

对其氧化端子进行精心处理，重新插上熔丝，再次启动车辆，发动机顺利启动着车，其怠速运行平稳、加速顺畅有力，发动机故障灯熄灭。经反复路试，故障未再次出现，至此故障排除。

3. 维修小结

参考电路图（图 6-18）可知，该车故障主要是由于发动机舱熔丝盒里的 F03 熔丝下方

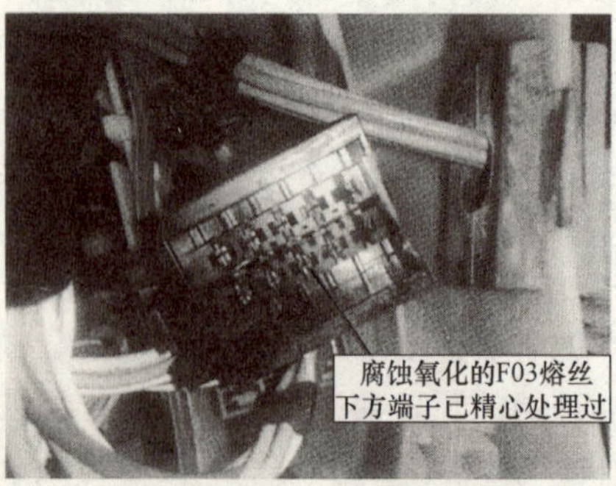

图 6-17 F03 熔丝安装位置

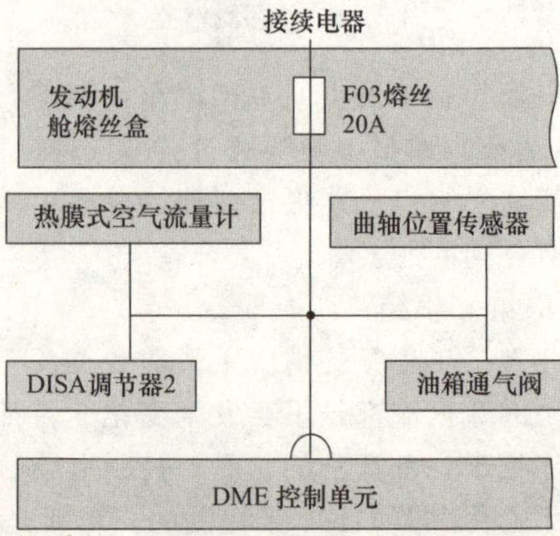

图 6-18 电路简图

端子出现腐蚀氧化，造成发动机电控系统相关传感器及 DME 等供电电源不稳定，导致发动机启动困难、加速无力、故障灯报警。维修人员在故障诊断时走了一些弯路，由于维修技术人员工作经验不足，发现相关传感器故障码后，第一步只想到更换传感器，然而更换传感器后故障依旧，才去查找传感器的相关线路。据了解，由于该车曲轴位置传感器安装位置比较隐秘，就车测量曲轴位置传感器插接器供电线路十分困难。在维修总监的提示下，维修人员后来对该车曲轴位置传感器的电阻值进行了测量，传感器端子 1 和端子 2 之间电阻约 3.5MΩ。

四、东风雪铁龙凯旋怠速不良

1. 故障现象

一辆 2013 年 11 月出厂的东风雪铁龙凯旋轿车，配备 2.0L EW10A 发动机，行驶 88000km。此车之前有过缸垫漏水故障，在综合修理厂更换过气缸垫，车辆在维修装配好后，怠速不稳定，发动机转速在 700～1300r/min 之间忽高忽低，热车后不踩加速踏板还会自动熄火，如果开着空调行驶会好一点，松开加速踏板不容易熄火。

2. 故障诊断与排除

拆开节气门前段进气管道，看到节气门叶片自动反复小幅度的关、闭，根据经验判断该故障车辆电子节气门已启用降级模式在运行。

首先利用诊断仪 DiagBox 检测故障码（图 6-19）。

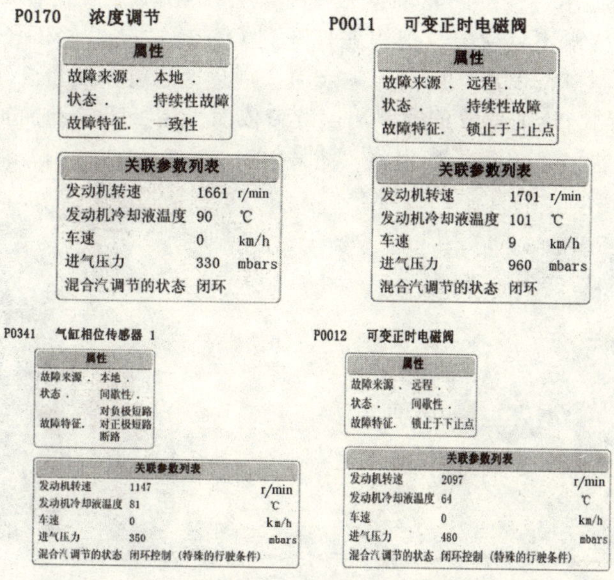

图 6-19　读取故障码

使用诊断仪（DiagBox）进入发动机 ECU，进入参数测量观看发动机运行数据，氧传感器在 0.1～0.9V 之间跳动、CVVT 电磁阀显示激活，未发现明显故障，然而凸轮轴移相角度却一直是 54.8°，经测试发现凸轮轴移相角不管发动机转速多少，它始终都是 54.8°不变，对比正常车辆的参数怠速时是在 3°～6°之间变化（图 6-20、图 6-21）。

根据 DiagBox 故障检测、参数测量以及结合客户刚刚更换过气缸垫的情况，分析导致此故障的最可能原因：①正时安装错位；②凸轮轴信号错误（参数测量数值不变）。CVVT 调整应该不会导致凸轮轴的信号错误，而 P0170 故障应该是前两项出故障而导致误报的一

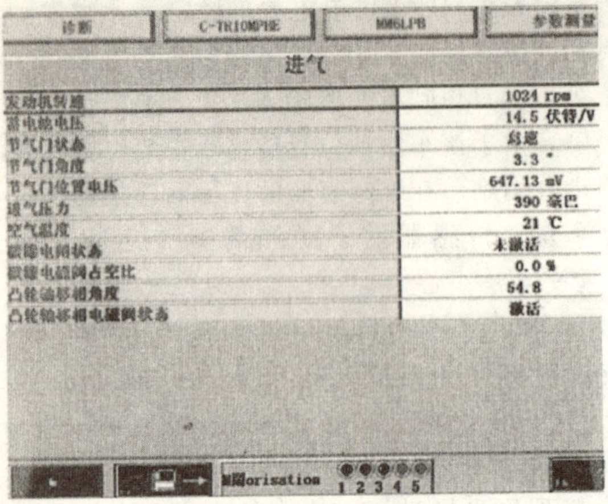

图 6-20　故障车参数

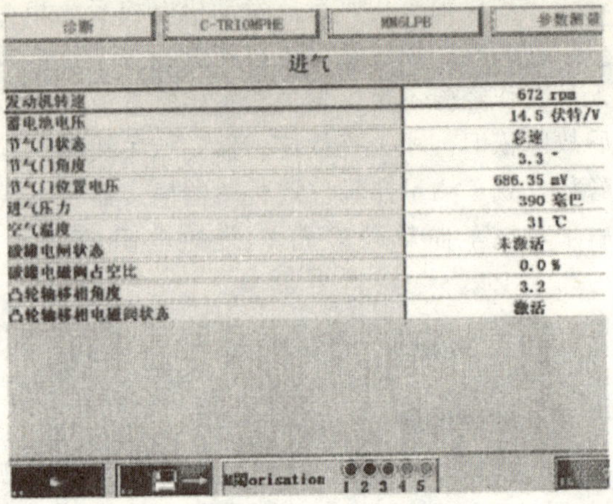

图 6-21　正常车参数

个虚故障码。

拆卸正时皮带检查时发现正时皮带表面有轻微龟裂现象，查询客户维修记录得知，车辆行驶近 90000km 没有更换正时皮带，在征得客户同意后，更换新的正时皮带、正时皮带张紧轮、正时皮带惰轮，按照 EW10A 发动机正时工艺重新调整安装正时皮带及相关附件（图 6-22），使用 DiagBox 对发动机进行完整初始化操作后，启动车辆测试维修效果，故障依旧。

按 P0341 故障码提示，检测凸轮轴信号——断开凸轮轴传感器插头 3VGR 检查，插头完好，插线脚未发现接触不良现象，把钥匙打开到 ON 挡，检测 3VGR 针脚 1 有 5V 供电，3VGR 针脚 3 电脑控制搭铁正常，插上插头启动车辆怠速运行，测量 3VGR 针脚 2 信号电压 5V（正常），更换新的凸轮轴位置传感器测试故障依旧。用扳手转动曲轴检查凸轮轴传感器信号齿，未发现有蹦齿、裂痕等损坏现象（图 6-23）。

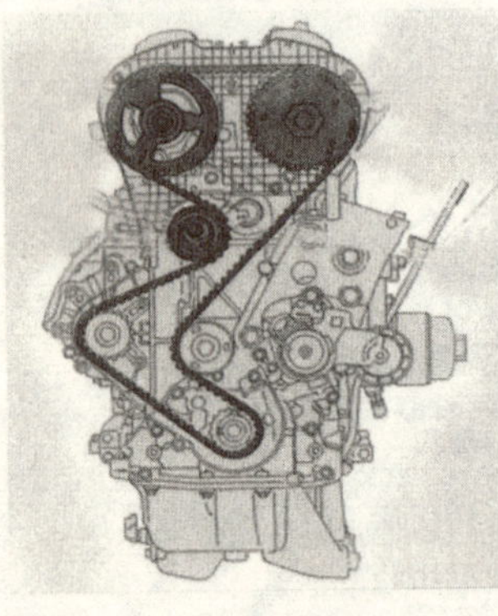

图 6-22　EW10A 发动机正时图

图 6-23　凸轮轴传感器安装位置

按 P0011/P0012 故障码提示，检查 CVVT 相关部件——启动车辆，并断开 CVVT 电磁阀接插器 2VNR，使用万用表电压挡测量 2VNR 端子 1、2 之间电压为 12V，证明发动机 ECU 与 CVVT 电磁阀之间线路正常，检查 CVVT 安装座孔未发现有磨损现象，更换新的 CVVT 电磁阀试车，故障依旧。

使用机油压力表检测机油压力 4.9bar（$1bar=10^5Pa$）（图 6-24），其正常值为 1.5～5.1bar。拆卸并检查凸轮轴相位调整器，发现调整器定位销、定位销槽、调整器油压开关阀均正常（图 6-25），调换同款正常车的凸轮轴相位调整器装车测试，故障依旧。

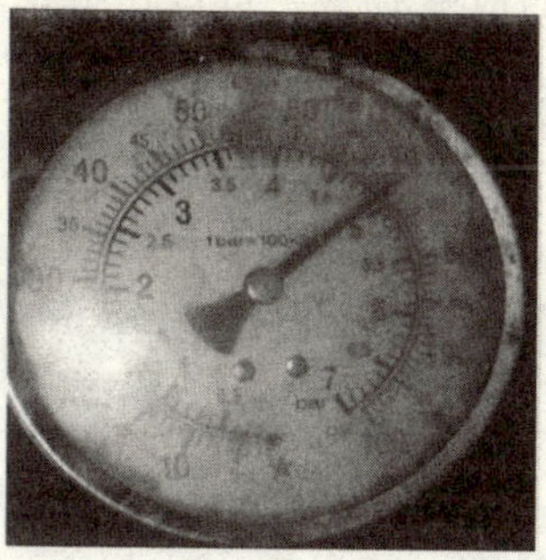

图 6-24　故障车辆机油压力

图 6-25　凸轮轴相位调整器

按 P0170 故障码，检查相关部件——因为发动机 ECU、发动机线束都已更换测试过，前氧传感器线路及 ECU 应该都是正常的，检查排气管路未发现有泄漏现象，更换前氧传感器测，故障依旧。使用缸压表检测缸压，四个压缩行程都能有 12bar（正常值不低于 11bar）；测量燃油压力 3.5bar（正常 3.5bar），燃油质量是没问题的，因为客户从送修更换气缸垫前到现在都没加过油；之后又逐步地更换了点火线圈、火花塞、喷油嘴、进气歧管、节气门、曲轴箱通风管、炭罐电磁阀、曲轴位置传感器，断开空调压缩机离合器电源、拆卸传动皮带，防止发电信号及压缩机离合器线圈磁场等干扰，但试车均无效果。

根据诊断仪 DiagBox 检测的故障 P0170/P0011/P0012/P0341 看来，故障应该是出在与正时有关的部件上，从参数测量看来只有凸轮轴移相角出现偏差最大，是移相角相关部件故障还是其他的部件损坏而导致移相角参数偏差？带着问题使用诊断仪 DiagBox 进入个性化参数测量，选中氧传感器、CVVT、凸轮轴移相角等相关参数，然后启动车辆，逐个地断开各传感器插头，并观察诊断仪的凸轮轴移相角参数变化。当断开凸轮轴位置传感器时，凸轮轴移相角马上变为−5°，经过多次的冷/热车测试都没有再出现游车现象。

发动机 ECU、发动机线束、凸轮轴传感器都更换过，测试都一样，只有进气凸轮轴没有更换过，但是进气凸轮轴也检查过，并没有什么异常的地方，难道真的是进气凸轮轴出故障了？于是就找了一辆同款车进行调换测试，两台车的进气凸轮轴拆卸下来放在一起对比检查，马上就发现故障车的进气凸轮轴信号齿逆时针偏移了 50°左右（图 6-26），把正常车的进气凸轮轴安装到故障车上试验，故障排除，诊断仪 DiagBox 参数测量凸轮轴移相角参数也恢复正常，经过多次的冷/热车测试故障都未再现。

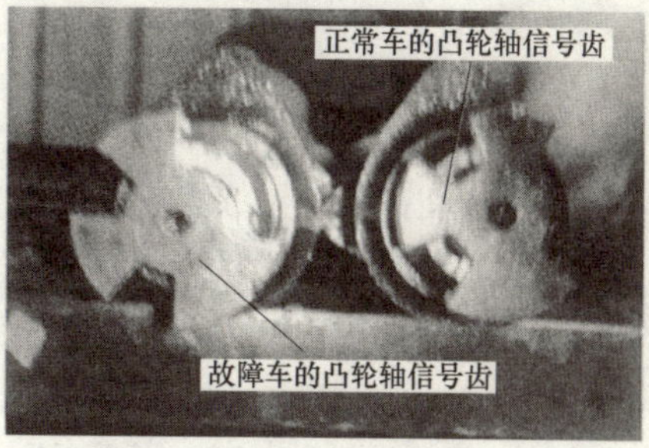

图 6-26　故障车凸轮轴信号齿与正常车比较

3. 维修小结

通过查阅资料，才知道 EW10A 发动机曲轴位置传感器是主信号，凸轮轴位置传感器是判缸信号，当判缸信号出现误差时，发动机会以曲轴信号为参考在降级模式下工作，才导致了以上故障现象。在清洗干净凸轮轴位置传感器信号齿表面油泥积炭后可以看出，信号齿是通过一个定位槽压配在进气凸轮轴后端的（图 6-27）。之前一直认为信号齿和凸轮轴是一体铸成的，认为要么凸轮轴断裂，要么信号齿崩裂，根本没考虑过信号齿会有移位现象出现，对车辆构造的了解不够，被撬动痕迹又未及时发现，所以导致走了很多弯路；另外，分析该车凸轮轴位置传感器信号齿和凸轮轴为过盈配合，一般情况下不会发生错位。该车凸轮轴位置传感器信号齿位置之所以会发生改变，很可能是维修工在校对正时时，用旋具撬动相关零部件所造成

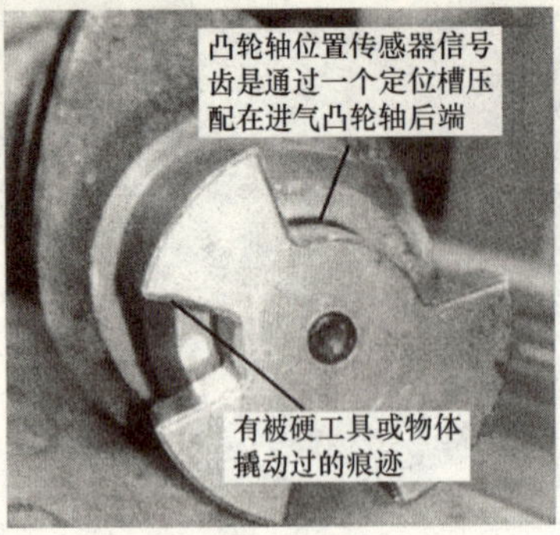

图 6-27　故障车的信号齿

的。该车进气凸轮轴的前端有一个可以用扳手转动的六方轴颈，如果需要转动凸轮轴，只能通过这种方法进行，其他非正常操作都可能产生不良后果，希望能引起同行们的注意。

五、雪佛兰景程 EF22 熔丝易熔断

1. 故障现象

一辆 2010 款雪佛兰景程轿车，配备 1.8L DVVT 发动机，出现仪表指针异常、防盗指示灯点亮、背景灯不亮、收音机界面不显示、空调不能工作等故障。

2. 故障诊断与排除

通过客户了解到，只要更换 EF22 熔丝，车辆就会恢复正常，但是用不了多久，熔丝会再次熔断。

根据图 6-28 可知，发动机机舱熔丝 EF22 下辖仪表板熔丝盒中的多个熔丝。既然上游熔丝烧断，下游熔丝正常，说明短路在上、下游熔丝之间，故障点应该在机舱熔丝盒至仪表板熔丝盒之间的线路上。但通过对该段线束进行检查，没有发现任何异常。

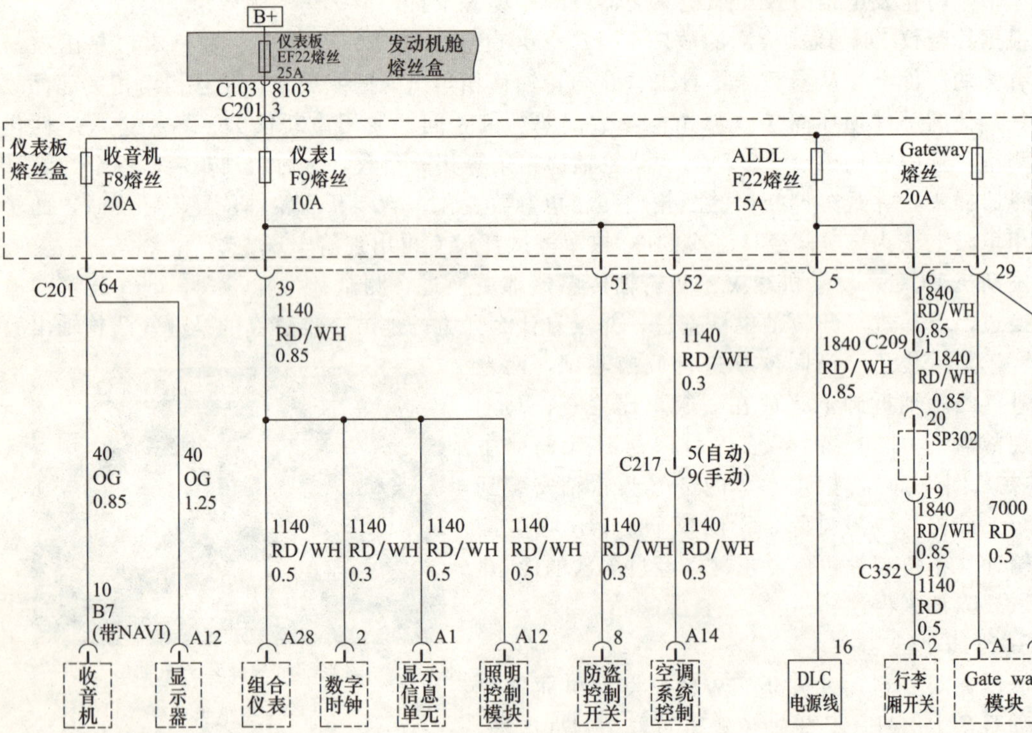

图 6-28　电路简图

会不会是下游熔丝不合格，耐受电流超出额定值呢？为此，将下游熔丝的额定值全部降低，F8 原 20A 更换为 15A 的；F9 原 10A 更换为 7.5A 的；F22 原 15A 更换为 10A 的，只有图 6-28 中的 Gateway（多功能模块）熔丝 20A 未做改动（因该熔丝位于熔丝盒盒内部）。这样，如果下游支路过载，则下游熔丝必定先熔断，这样就可以判断故障点在哪一条支路上了。

然而故障再次出现时，仍是只有 EF22 熔丝熔断，EF22 下游熔丝已经全部更换为额定

值更小的熔丝了，为什么还是 EF22 熔断呢？难道是仪表板熔丝盒或者机舱熔丝盒内部短路？

用万用表测量 EF22 熔丝电流输出端至接地的电阻，万用表显示“0”，当把仪表板熔丝盒拔掉后，变为“OL”。这个测量结果说明仪表板熔丝盒内部短路，于是更换了仪表板熔丝盒。但是客户使用了一段时间后，故障再次出现。

这说明故障点并不在仪表板熔丝盒，之所以会误判是由于万用表使用不规范。其一，当使用 FLUKE 17B 万用表测量电阻时，如果电路存在电压，会显示“0”，造成误导。其二，假如在测量的电路中有集成电路（例如模块）时，电路中有电容，在测量初期，电容充电，会显示“0”，当电容充满，会显示“OL”。当然，这一读值变化过程需要一段时间，而恰恰是这个过程给测量人员造成了误判。

通过电路图分析可知，仪表板熔丝盒内全部是电源线，没有搭铁线，所以不存在短路的可能。维修人员再次将机舱熔丝盒至仪表板熔丝盒之间的线束剥开，但没有发现短路的情况，于是又更换了机舱熔丝盒，但是客户反映，故障仍会频繁出现。

客户又提供了一个重要的线索：当车辆经过凹坑，左前侧有较大起伏时，熔丝就会熔断。从 EF22 熔丝熔断处间距较大且呈爆开状分析，故障原因很可能是线路突然短路造成的。而根据电路图（图 6-28），EF22 其下辖的支路熔丝皆是完好的，EF22 怎么会熔断呢？现在只能怀疑电路图有问题了。

从发动机机舱熔丝盒处测量，EF22 熔丝只有一根线去往仪表板熔丝盒，与电路图相符。从仪表板熔丝盒处测量，来自 EF22 熔丝的电源被仪表板熔丝盒分成了 4 条支路，而且每条支路上都有熔丝，而实际情况是 5 条，这与电路图的描述是不相符的，多出了 1 条支路，该支路上的熔丝被称为 ESP 熔丝（图 6-29）。

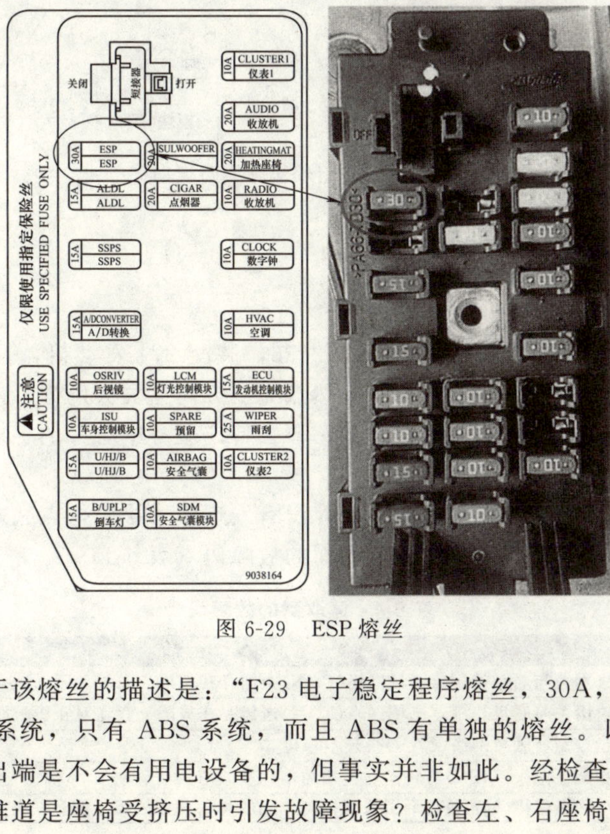

图 6-29 ESP 熔丝

维修手册上关于该熔丝的描述是：“F23 电子稳定程序熔丝，30A，未使用”。然而此车辆并没有配置 ESP 系统，只有 ABS 系统，而且 ABS 有单独的熔丝。以此来推，这是一个闲置的熔丝，其输出端是不会有用电设备的，但事实并非如此。经检查发现该熔丝为两前座椅加热模块供电，难道是座椅受挤压时引发故障现象？检查左、右座椅下面的线束，没有发现任何异常。

如果真的存在短路，很可能在座椅线束至仪表熔丝盒之间。经过检查，除仪表台内的线束无法看到，其余可见部位均无异常。至此，断定“短路点”一定在仪表台线束内。

如果拆开仪表台检查，工作量太大。所以决定将线路稍作改动，仪表台内的可疑短路的线被“割掉”放弃，重新布置一段从仪表板熔丝盒至座椅线束的供电导线。同时将该 ESP 到 30A。客户使用一段时间后，故障未再现，至此，故障彻底排除。

3. 维修小结

这是一个典型的间隙性短路的故障，之所以出现诊断波折，是厂家电路图的错误所导致。根据实际电路线路走向，终于找到了故障点，同时也发现了线路布置中的不合理之处（图 6-30）。

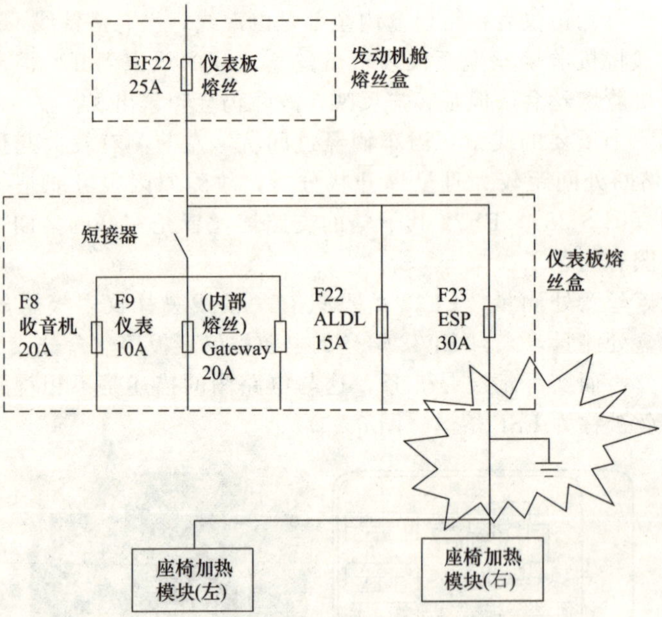

图 6-30 EF22 熔丝实际线路走向图

六、2014 款奔驰 E260 无法启动

1. 故障现象

一辆 2014 款奔驰 E260，底盘号 LE42 12136，装配 274 发动机，行驶 37000km。客户反映车辆正常行驶时，仪表上多个报警灯突然点亮、方向盘失去助力、停车熄火后车辆无法启动，打开点火开关仪表上显示“请勿换挡，请去特许服务中心”的字样。

2. 故障诊断与排除

接车后尝试启动车辆，可以顺利启动，并没有发现多个报警灯点亮现象。于是连接诊断电脑进行快速测试，读取到若干关于通信方面的故障码（表 6-4）。

表 6-4 读取到的故障码

故障码	说　明	状态
U103288	中央网关与底盘控制器区域网络(CAN)通信存在故障。总线关闭	A+S
U103212	中央网关与底盘控制器区域网络(CAN)通信存在故障。存在对正极短路	S
U118200	底盘控制器区域网络(CAN)管理不稳定	A+S
U021287	多功能摄像机(MFK)与转向柱模块通信存在故障。信息缺失	S
U012287	多功能摄像机(MFK)与牵引系统控制单元的通信存在故障。信息缺失	A+S

根据故障现象及维修经验判断，肯定是CAN线路或者CAN线上某个部件出现问题，但因为故障码太多，一时也无法确定到底是哪里出了问题。清除故障码后并再次读取，发现故障码全部消失了，故障现象也不存在，故障排除一时没了方向。

幸运的是过了一会儿，再次启动时，故障现象终于又出现了，此时启动机不能运转、仪表上多个报警灯点亮，确实如客户所述。再次连接诊断仪读取故障码，依然是若干与通信相关的故障码。同时发现检测仪检测不到发动机控制单元、变速箱控制单元、转向柱模块、两个安全带拉紧器等。

查找WIS网络框图，发现这些检测不到的控制单元都在CAN E上（图6-31）。看来此故障引起了整个CAN E系统的瘫痪，因此中央网关报了CAN E总线关闭的故障码。

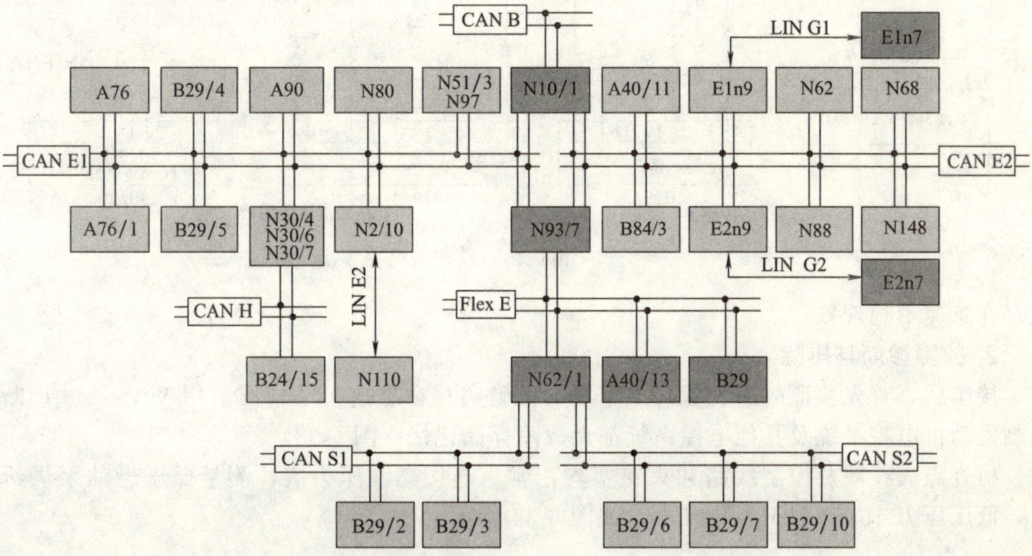

图6-31　WIS网络框图

A76—左前双向安全带紧急拉紧器；N80—转向柱模块；N2/10—辅助防护装置控制单元；
A76/1—右前双向安全带紧急拉紧器；B29/4—左后保险杠雷达传感器；N62—驻车系统控制单元；
A90—防碰撞辅助系统控制单元；B29/5—右后保险杠雷达传感器

首先检查CAN分配器，掀开驾驶员侧地毯，用万用表测量CAN线电压，发现在12V左右，正常情况下CAN线电压应为2V左右，这说明某个地方存在对电源短路。对于此类故障，最简单、最有效的方法就是逐个拔掉CAN分配器上的插头，直到系统恢复正常，那么所断开的那一路CAN线就是故障点所在的线路了。

参考电路图6-31，逐个拔去CAN分配器上插头，当拔掉其中一个插头时，发动机可以顺利启动了，此时把快速测试中的控制单元列表与正常车辆相比，发现少了两个后部保险杠雷达传感器。

会不会是雷达传感器坏了？于是举升车辆，拔掉雷达传感器的插头，故障依旧。说明故障点在线路方面，从电路图（图6-32）上可以看到，两个后部雷达传感器共用X172/2插头，当拔下此插头时，发现插头内已经被水腐蚀，从而造成线路短路，并引起CAN总线系统紊乱。对X172/2进行清洗处理后，重新插好试车，一切恢复正常。

七、2010款大众速腾怠速抖动

1. 故障现象

一辆2010款大众速腾轿车，配备1.8TSI发动机，行驶80000km，车主反映该车发动

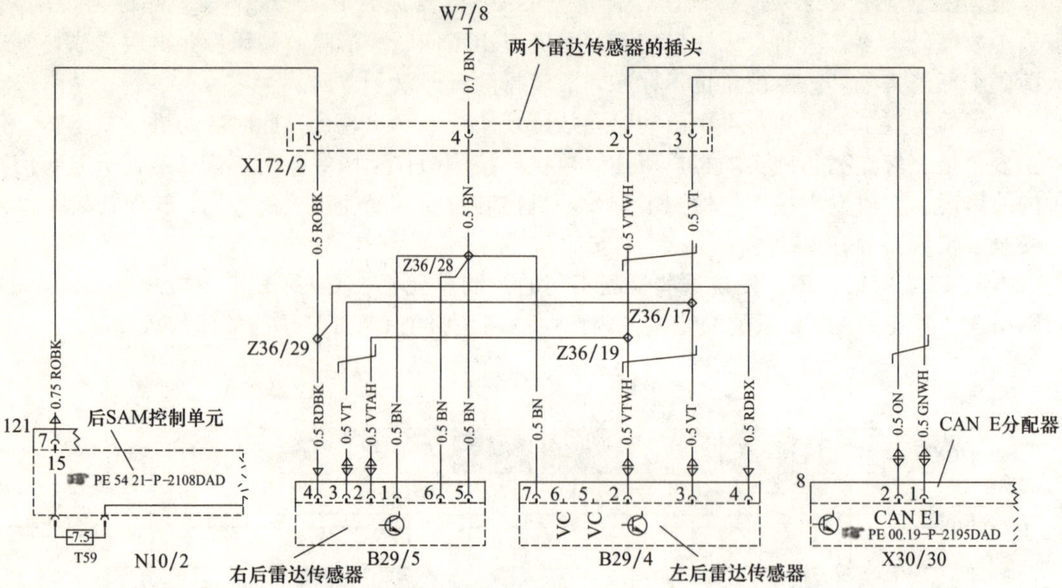

图 6-32 雷达传感器相关电路

机存在怠速不稳现象。

2. 故障诊断与排除

接车后，首先验证故障现象，该车发动机确实存在怠速抖动情况。用 VAS6150 诊断仪检测发动机电控系统及其他电控系统都无故障存储记忆（图 6-33）。

检查点火线圈及控制线路和火花塞均正常，连接燃油压力表，测量低压燃油泵供给压力，低压压力 4bar（$1bar=10^5Pa$），如图 6-34 所示。

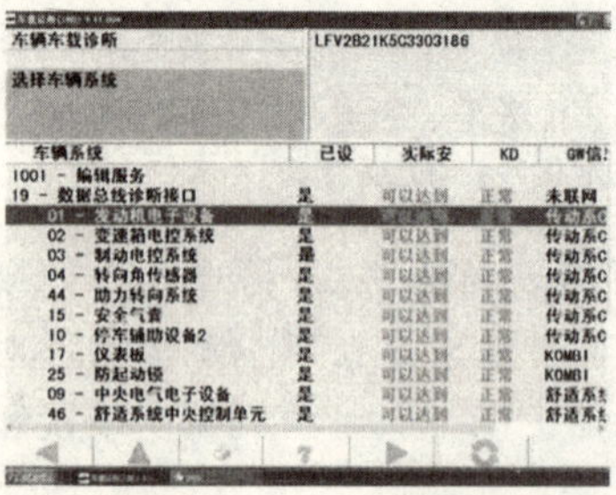

图 6-33 读取故障码

图 6-34 低压燃油压力

连接 VAS6150 进入发动机系统读取数据流 106 组 1 区，高压燃油压力（怠速 49bar、加速 101bar）、燃油系统高低压压力正常。当水温 90℃时，连接 VAS6150 进入发动机系统读取数据流 2 组 3 区，喷油时间 0.77ms。拆下喷油嘴检查喷油量和雾化良好，说明喷油嘴及控制线路正常；检查气缸压力，每缸 10～11bar，正常；检查进气系统无漏气现象；检查发动机配气及点火正时都正常。经上述检查排除空燃比、点火、正时、气缸压力等方面的故障原因。至此，分析故障应该不是在发动机部分。决定路试检查。通过进一步检查发现：当发动机怠速抖动时，稍加油门使发动机转速从怠速 680r/min 提升到 800r/min 时，发动机立刻平稳。路试车辆在 60km/h 左右加速行驶时有“呼噜、呼噜”声音。发动机熄火时，有时还能听见变速箱离合器部位发出“呲啦”声。至此基本确定离合器或飞轮故障。该车配备双质量飞轮，拆下双质量飞轮，发现初级飞轮和次级飞轮卡滞（图 6-35），而正常情况下初级飞轮和次级飞轮是可以相对旋转一定角度的。

查阅资料得知，所谓双质量飞轮，就是将原来的一个飞轮分成两个部分，一部分保留在发动机一侧位置上，用于启动和传递发动机的转动扭矩，这一部分称为初级质量，另一部分则放置在传动系变速器一侧，用于提高变速器的转动惯量，这一部分称为次级质量。两部分飞轮之间有一个环型的油腔，在腔内装有弹簧减振器，由弹簧减振器将两部分飞轮连接为一个整体（图 6-36）。当双质量飞轮损坏时次级飞轮可能偏向一侧，相对初级飞轮形成偏心，输出动力时将会失去平衡，造成抖动现象。

图 6-35 初、次级飞轮卡滞

图 6-36 双质量飞轮

3. 维修小结

经询问车主得知此故障车更换过离合器，分析造成此车故障的原因可能有：①修理工在拆装离合器时使飞轮受到过大外力导致双质量飞轮损坏；②装备双质量飞轮的车辆经过漫水道路时，使水进入双质量飞轮腔内，双质量飞轮内的弹簧因进水生锈，造成动作卡滞，在外力作用下折断。另外通过此案例总结出判断“双质量飞轮损坏导致发动机抖动”故障有以下特征：①发动机怠速抖动时，稍加油门使发动机转速提升到约 800～900r/min，发动机立刻平稳；②路试车辆在 60km/h 左右加速行驶时有“呼噜、呼噜”声音；③除了初、次级飞轮卡滞故障，还有次级飞轮和内部减振器弹簧完全脱落故障，如果脱落，用手拿住飞轮径向晃动会发出“哗啦、哗啦”的声音。

八、2014 款福特蒙迪欧天窗不能翘起

1. 故障现象

一辆 2014 款福特蒙迪欧轿车，GTDi240 至尊版，配备 2.0T 发动机，6 挡手自一体变速器，客户反映天窗不能翘起，没有通风功能。

2. 故障诊断与排除

首先进行故障确认，确实按住通风键天窗没有反应。根据客户所述，购买该车后第一次使用天窗通风时就没有这个功能，分析可能的原因有：开关故障、电机故障、线路故障、天窗初始化匹配问题。

本着由简入繁的原则，怀疑是天窗初始化匹配的问题，遂进行基本设定，反复尝试不能成功。初始化过程如下：

（1）确保天窗在全关位置；

（2）驾驶员车门打开，将点火开关置于 ON 位置；

（3）关闭车门，并等待室内灯熄灭；

（4）按动通风按钮 1 次，无论天窗玻璃是否有上翘动作，按动左侧阅读灯 1 次，按动右侧阅读灯 4 次，再按动左侧阅读灯 1 次；

（5）关闭点火钥匙，打开车门，打开点火钥匙（这个步骤要求在 3s 内完成）；

（6）按住上翘按键保持不动，等待天窗玻璃执行全关；

（7）关闭点火钥匙，设定完成。

对比正常车辆，倘若天窗电机损坏时，天窗玻璃在开启位置，更换电机后应从上述步骤（2）开始执行。执行到第（6）步时，天窗玻璃执行全关—上翘通风—关闭—全开—全关程序。若发现第（6）步天窗玻璃前进 10cm 后退回，应在断开蓄电池 5min 后重新执行学习步骤。

按照上述步骤经过反复设置不能成功，怀疑是部件或线路故障。接着对天窗开关进行调换新件验证，故障依旧，说明故障点不在开关。再进行天窗电机调换新件验证，故障依旧，于是将故障点锁定在线路上。

经查询电路图（图 6-37），得知天窗翘起是由 CPR38 号线控制。于是拔下天窗开关接插器 C930 和天窗开启面板模块 C921 插头，测量 C930 端子 19 与 C921 端子 7 之间的电阻，发现电阻值无穷大。于是找到并断开 C919 接插器，发现 C919 插头的 4 号针脚出现倾倒现象（图 6-38）。随即修复倾倒针脚，重新插好 C919 插头，故障排除。

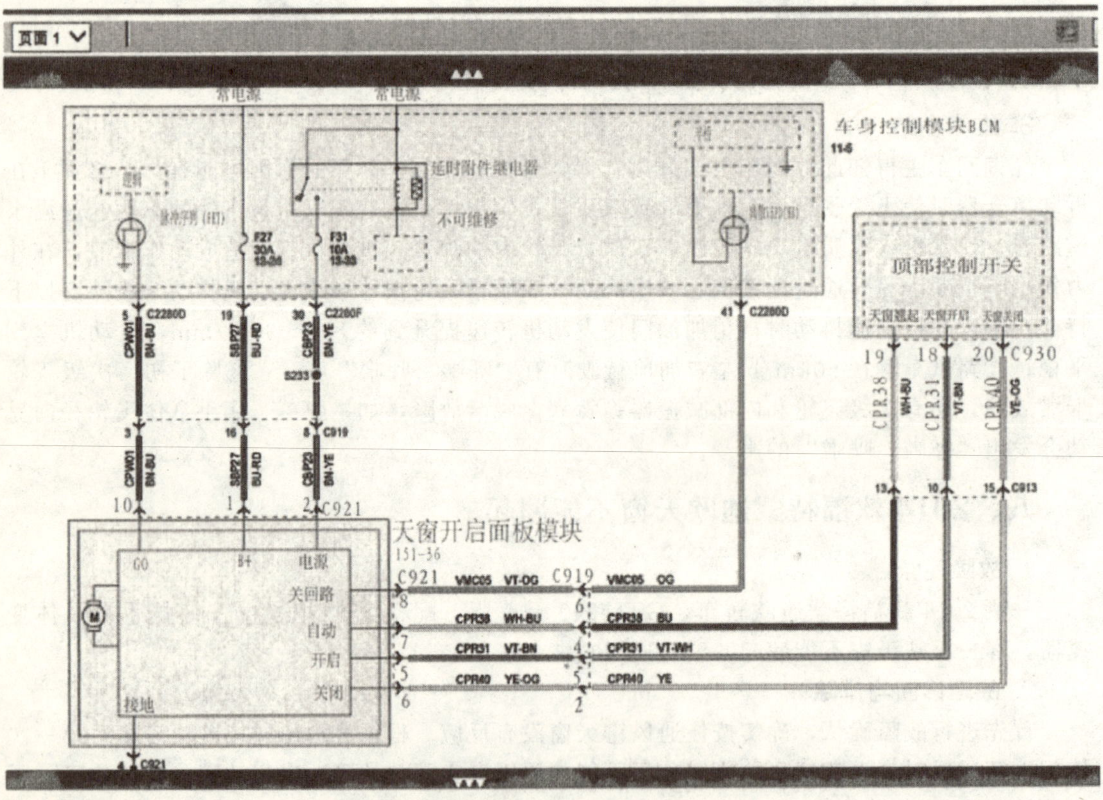

图 6-37 天窗控制电路图

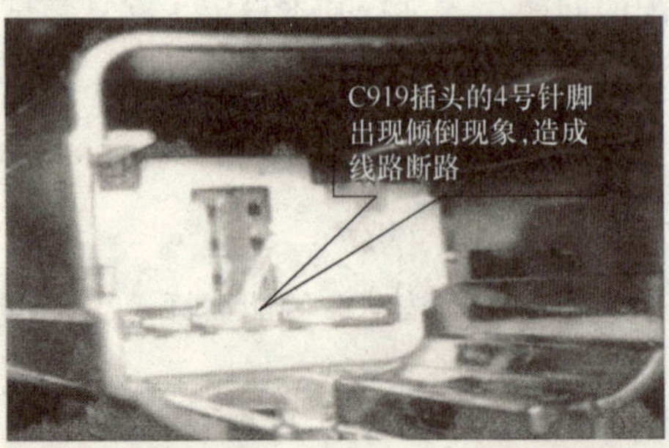

图 6-38 故障点

3. 维修小结

此故障虽然简单，但在实际维修当中，不可能每辆故障车都去查电路图，但是通过查电路图，我们知道了每一根线的作用，如果是 PWM 信号，甚至可以测这一根线的波形，故障自然很快被发现。随着技术的进步、车辆智能模块的增多，查询电路已不是什么“不专业”的标志。

九、2014 款大众帕萨特挡位指示灯闪烁

1. 故障现象

一辆 2014 款上海大众全新帕萨特轿车，搭载 CEA 型 1.8TSI 发动机、OAM 型双离合变速器，行驶 81132km，仪表上挡位指示灯闪烁、发动机故障灯点亮，车辆只能依 2、4、6 偶数挡行驶。

2. 故障诊断与排除

连接故障诊断仪，对发动机、变速器系统进行检测，发现变速器控制单元 TCM 中存储有故障码（图 6-39），发动机控制单元 ECU 中存储有故障码（图 6-40）。

02 - 变速箱电控系统 (KWP2000 / TP20 / 0AM300058L / 5272 / 043)

事件代码	SAE 代码	事件文字
05636 000	P1604	控制单元损坏 tbd

图 6-39　TCM 中存储的故障码

01 - 发动机电控系统 (KWP2000 / TP20 / 06J906027ED / 3915 / H07)

事件代码	SAE 代码	事件文字
05668 000	P1624	要求-故障灯开 激活, tbd

图 6-40　ECU 中存储的故障码

查看变速器控制单元软件版本为 4542，存在更新版本。查看数据流 52 组机电控制单元“基础设定”情况，显示为 655350km，即该控制单元未执行过基础设定。首先将变速器软件版本升级到 5272，然后再执行基础设定，试车故障依旧。

接着查看 R 挡、D 挡数据流（图 6-41、图 6-42）。用诊断仪故障“引导功能”读取数据流（图 6-43）。

02 - 变速箱电控系统 (KWP2000 / TP20 / 0AM300058L / 5272 / 043)

名称列	RDID	数值
130.2	----	8.60 mm
140.2	----	0.10 mm
150.2	----	-1.10 mm
160.2	----	8.40 mm
91.2	----	1.60 mm
111.2	----	3.00 mm
4.1	----	R

图 6-41　R 挡异常数据流

02 - 变速箱电控系统 (KWP2000 / TP20 / 0AM300058L / 5272 / 043)

名称列	RDID	数值
130.2	----	8.60 mm
140.2	----	9.30 mm
150.2	----	-1.10 mm
160.2	----	0.20 mm
91.2	----	1.60 mm
111.2	----	3.00 mm
4.1	----	D

图 6-42　D 挡异常数据流

首先，看挂入 R 挡时的数据，图 6-41 中 130 组 2 区显示的是 1/3 挡执行器的位置，正常情况下，挂入 R 挡后，该数值应趋向于 0，而此处显示的是 8.60mm。160 组 2 区显示的是 6/R 挡执行器的位置，正常情况下，挂 R 挡后，数值应为 8mm 左右。而从图 6-41 中可以看到，挂入 R 挡后，130 组 2 区和 160 组 2 区数据都在 8mm 左右，即 D1 挡和 R 挡执行器此时都处于结合状态，这明显是不正确的。

地址列	ID	测量值	数值	单位
02	12.1	12_1规定条件1	断开	
02	12.2	12_2 规定条件2	接通	
02	12.3	12_3电源电压1	0.1	V
02	12.4	12_4电源电压2	13.9	V
02	13.1	13_1 电源电压端子30	13.8	V
02	13.2	13_2 电源电压端子15	13.8	V
02	13.4	13_4 V401电源电压端子30	13.8	V
02	70.1	70_1 索引驱动器1目标压力	16.00	bar
02	70.2	70_2 索引驱动器1规定压力	0.00	bar
02	75.1	75_1 索引驱动器2目标压力	13.60	bar
02	75.2	75_2 索引驱动器2规定压力	13.63	bar

图 6-43 故障数据流

其次，再看挂入D挡时的数据，图6-42中130组2区显示的是1/3挡执行器的位置，正常情况下，挂入D挡后，数据应为8mm左右。140组2区显示的是2/4挡执行器的位置，正常情况下，挂入D挡后，数值应依然趋向于0。而从图6-42中可以看到，挂入D挡后，130组2区和140组2区数据都显示执行器在结合状态，即D1挡和D2挡都处于结合状态。由以上可以看出，控制D1执行器的程序或变速器控制单元TCM存在问题。

为了避免误判，再看图6-43中12组数据，分别显示分变速器1和分变速器2的电压。正常情况下，打开点火开关，1区和2区即显示接通，3区和4区显示电源电压。而从实际数据图6-43中，可以看到1区显示的是“断开”，3区却显示的是0.1V，数据明显不正常。

最后，再看一下图6-43中的70和75组数据，分别显示了分变速器1和分变速器2的系统压力。正常情况下，打开点火开关，规定压力应在13～16bar（1bar=10^5Pa）之间。而在如图6-43所示的实际数据中可以看到70组2区规定压力却显示为0，也不正常。

变速器之所以只有偶数挡，很可能与挡位执行器的位置数据异常、变速器系统压力的异常有关；很可能是控制单元监测到D1挡执行器数据异常后，就自主切断了分变速器1的工作。果断更换机电控制单元，车辆恢复正常，故障排除。

3. 维修小结

该变速器换挡执行器共有4个，分别是1/3挡执行器、2/4挡执行器、5/7挡执行器、6/R挡执行器。数据流里显示的数据是由执行器（手动变速里称之为拨叉）行程传感器探得。

将换挡杆置于P位时，D1挡和R挡执行器都处于结合状态，正常数据流如图6-44所示。

将换挡杆置于R位时，R挡执行器处于结合状态，正常数据流如图6-45所示。

02 - 变速箱电控系统 (KWP2000 / TP20 / 0AM300058L / 4562 / 043)

名称列	RDID	数值
130.2	-----	8.80 mm
140.2	-----	0.20 mm
150.2	-----	-0.40 mm
160.2	-----	8.20 mm
91.2	-----	1.60 mm
111.2	-----	2.20 mm
4.1	-----	P

图 6-44 P挡正常时数据流

02 - 变速箱电控系统 (KWP2000 / TP20 / 0AM300058L / 4562 / 043)

名称列	RDID	数值
130.2	-----	-0.40 mm
140.2	-----	0.20 mm
150.2	-----	-0.40 mm
160.2	-----	8.20 mm
91.2	-----	1.60 mm
111.2	-----	6.40 mm
4.1	-----	R

图 6-45 R挡正常时数据流

将换挡杆置于 N 位时，D1 挡执行器处于结合状态，正常数据流如图 6-46 所示。将换挡杆置于 D 位时，D1 挡执行器处于结合状态，且离合器 K1 处于将要啮合状态，正常数据流如图 6-47 所示。

将点火开关置于 ON 位置，连接故障诊断仪，用故障“引导功能”读取的车辆恢复正常后的数据流如图 6-48 所示。

02 - 变速箱电控系统 (KWP2000 / TP20 / 0AM300058L / 4562 / 043)

名称列	RDID	数值
130.2	----	8.80 mm
140.2	----	0.20 mm
150.2	----	-0.40 mm
160.2	----	0.10 mm
91.2	----	1.60 mm
111.2	----	2.20 mm
4.1	----	N

图 6-46　N 挡正常时数据流

02 - 变速箱电控系统 (KWP2000 / TP20 / 0AM300058L / 4562 / 043)

名称列	RDID	数值
130.2	----	8.80 mm
140.2	----	0.20 mm
150.2	----	-0.40 mm
160.2	----	0.10 mm
91.2	----	1.60 mm
111.2	----	2.20 mm
4.1	----	N

图 6-47　D 挡正常时数据流

地址列	ID	测量值	数值	单位
02	12.1	12_1规定条件1	接通	
02	12.2	12_2 规定条件2	接通	
02	12.3	12_3电源电压1	13.7	V
02	12.4	12_4电源电压2	13.7	V
02	70.1	70_1 索引驱动器1目标压力	16.00	bar
02	70.2	70_2 索引驱动器1规定压力	15.98	bar
02	75.1	75_1 索引驱动器2目标压力	13.60	bar
02	75.2	75_2 索引驱动器2规定压力	13.59	bar

图 6-48　车辆恢复正常后的数据流

十、2013 款别克英朗无法启动

1. 故障现象

一辆 2013 款别克英朗轿车，搭载 1.6L LDE 发动机，配备 EPS 电动助力转向控制系统，在事故维修完成后，车辆出现无法启动现象。

2. 故障诊断与排除

此车因事故维修，修复完成后，启动车辆时启动机不运转，在给新换的 ECU 做编程时，不能进入上海通用售后维修编程网（SPS）进行编程。用故障诊断仪 GDS2 进行扫描，发现诊断仪与很多通信模块都无法通信（图 6-49）。

状态	控制模块名称	[illegible]
	发动机控制模块	没有通信
	变速箱控制模块	没有通信
	电子刹车控制模块	没有通信
	驻车制动控制模块	没有通信
	多轴加速传感器模块	没有通信
	方向盘角度传感器模块	没有通信
	车体控制模块	已保存DTC
	充气头枕传感和诊断模块	没有保存 DTC
	仪表组	没有保存 DTC
	无线电	已保存DTC
	移动电话通信接口控制模块	没有保存 DTC
	加热、通风和空调控制模块	没有保存 DTC
	前座椅加热控制模块	没有通信
	无钥匙进入控制模块	没有通信
	驻车辅助控制模块	没有保存 DTC

图 6-49　GDS2 与多个模块无法通信

诊断仪在车身控制模块 BCM 内读到如下 2 个 U 类故障码：U0100，与发动机控制模块失去通信；U0121，与电子控制模块失去通信。根据 GDS2 诊断仪读取的信息以及故障现象分析，此故障应该出现在 CAN 高速网络通信上。

首先，使万用表置于欧姆挡，测量诊断接口 DLC 的端子 6＃和 14＃之间的 CAN 高速总线终端电阻为 120Ω（正常情况下为 60Ω）。

在高速网络上，诊断仪除了可与网关（车身控制模块 BCM）和远程通信接口控制模块通信外，与其他连接在高速网络上的模块都无法进行通信。

推断此故障的原因为高速网络通信线路断开，参照高速 GMLAN 电路图（图 6-50），对高速通信线路进行检查分析。根据 GDS2 诊断仪只能与车身控制模块 BCM 和远程通信接口控制模块 VICM 进行通信，可以判断出问题应该出现在连接器 X200 以后的线路或模块上。于是拆下左前 A 柱下装饰板，找到接插器 X200，发现 X200 接插器没有腐蚀和松旷现象。

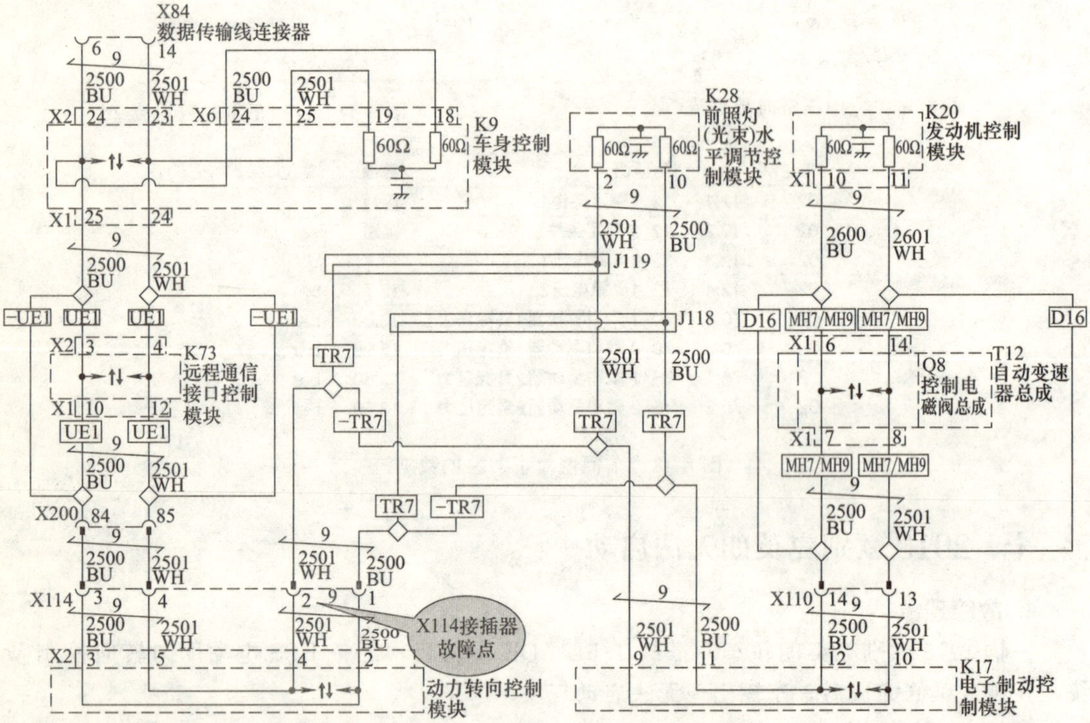

图 6-50 高速 GMLAN 通信总线图

然后准备用万用表检查 X200 与 X114 之间的线束导通情况。于是顺着电动助力转向控制模块出来的高速网络线束，在发动机舱保险杠下方找到了 X114 连接器（图 6-51），发现 X114 连接器有松动现象，对其进行紧固后，用诊断仪 GDS2 进行再次检测，发现 GDS2 与其他模块通信恢复正常。

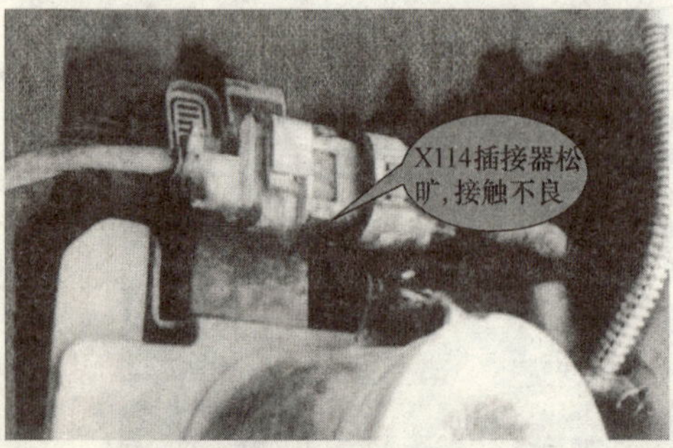

图 6-51 X114 故障位置

对新 ECU 进行 SPS 编程后，再启动车辆，发动机能正常启动，故障彻底排除。

3. 维修小结

该故障是人为故障，可能是钣金工没有插紧 X114 线束插接器所致。在事故车的维修中，有些钣金工只重视钣金件的修复和安装，而不重视车身线束的布置和连接问题。有条件的4S店，可尝试各机修班组轮流配合钣金工做事故车的维修，此时，事故车维修班组可以快速地确定车辆各电器元件、线束固定点和接插器的安装位置。特别是大型事故车辆，通常有拆装仪表板等复杂作业，经过一个大型事故车辆的维修，机修工基本能摸清该车型的线路布局、重要连接器位置，便于机修工在以后的常规维修中迅速找到相应的电器元件和连接器。而钣金工也能从机修工处学到该如何正确地检查线束和如何可靠地安装线束插接器的技能，以达到钣金工、机修工共同进步的目的。

十一、2015 款福特福克斯行李厢无法开启

1. 故障现象

一辆 2015 款长安福特福克斯三厢轿车，行驶 2858km，车主反映行李厢无法打开。

2. 故障诊断与排除

接车后，首先验证故障现象，发现确实如客户所述。为找到故障点，并迅速排除故障，连接福特 IDS 专用诊断仪，读取故障码，但无故障码储存，用 IDS 读取车身控制模块 BCM（中控锁模块集成在车身控制模块 BCM 内部）的数据流如图 6-52 所示。

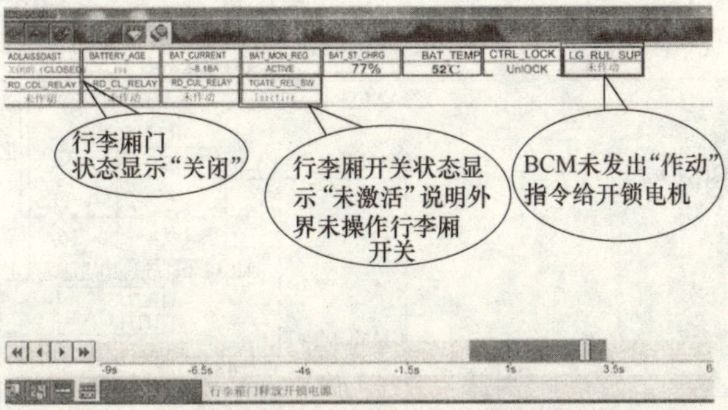

图 6-52 IDS 诊断仪显示数据

图 6-52 显示：未按下行李厢外部开启开关时，行李厢外部开启开关未激活（未被操作），行李厢门处于关闭状态，BCM 也未给开锁电机发出开锁指令。

于是按下行李厢外部开启开关，BCM 显示行李厢状态如图 6-53 所示。按下行李厢开关松开后，BCM 显示数据如图 6-54 所示。

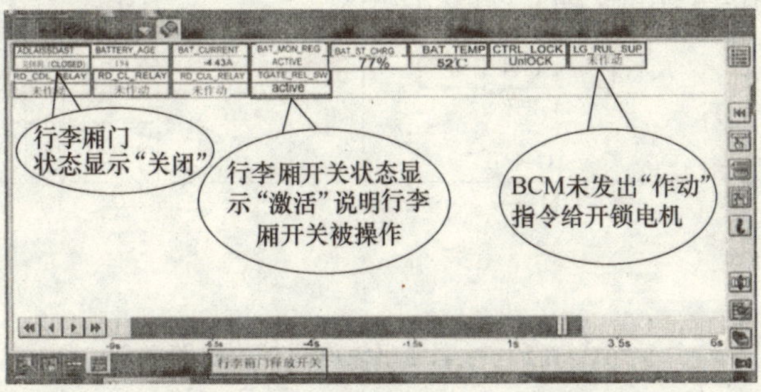

图 6-53 数据显示行李厢开启开关状态激活

从图 6-54 数据显示来看，BCM 确实已经控制相关电路导通以开启行李厢门锁了，且显示门锁已经“打启”，但是实际情况是行李厢门锁仍处于关闭状态。以此可以推断故障原因

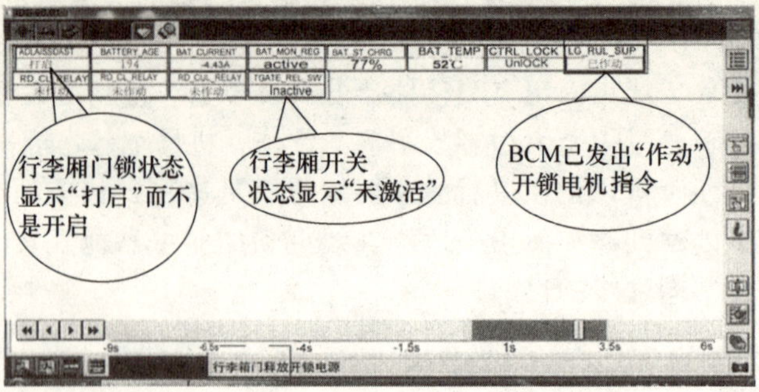

图 6-54　开关按下又松开后 BCM 作动

可能是：①行李厢门锁坏了；②BCM 所控制的电源线路无法到达行李厢门锁，中间线路出现断路或短路。

通过查询相关电路（图 6-55），得知门锁电机开锁/闭锁电源直接来自 BCM，通过 C44E-6号线。而门锁电机作动/状态反馈都是通过 C44E-7 线完成的。

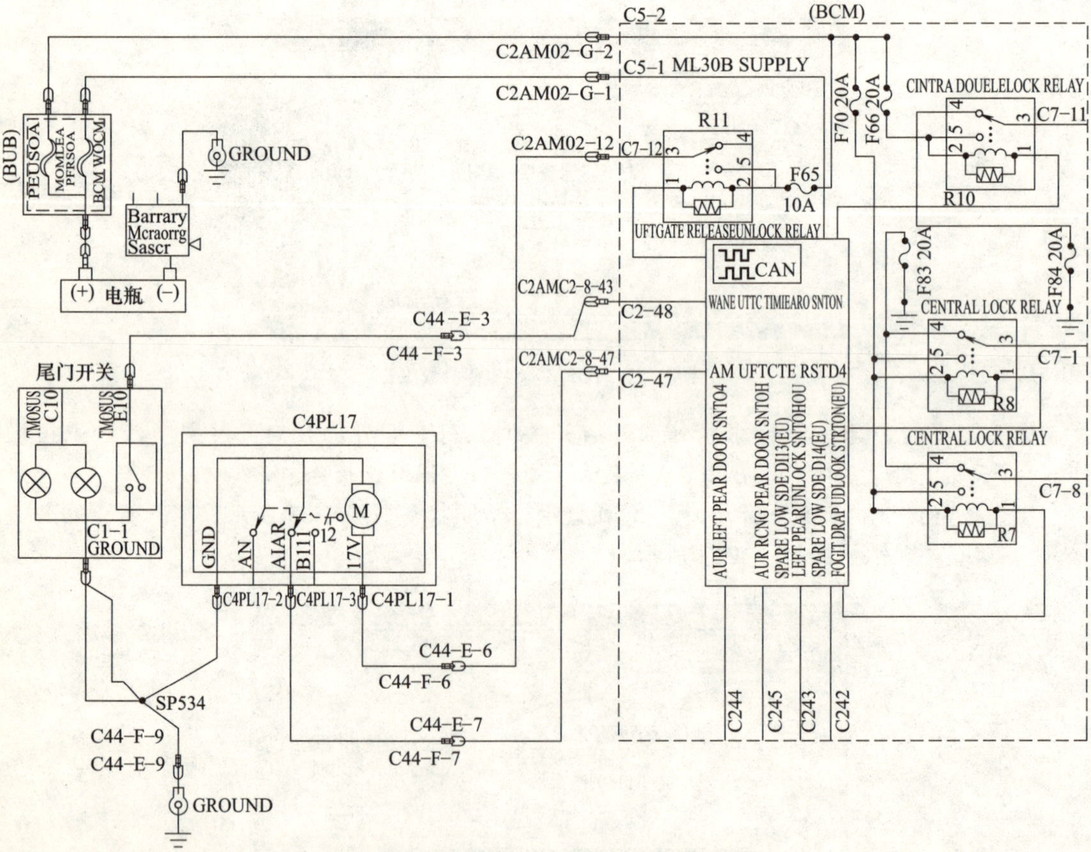

图 6-55　行李厢门锁电机控制电路

首先查看 F65 熔丝（10A），正常。掀开后排座椅，钻进行李厢内，将行李厢门锁锁扣固定螺栓拆下，打开行李厢，拆下行李厢门内饰板，拔下行李厢锁电机的插头 C4PL17。从电路图可知 C4PL17 的 1 号脚是行李厢门锁的电源线，2 号脚是接地线。于是将试灯接至 C4PL17 的 1 号及 2 号脚，按动行李厢开锁开关，发现试灯没有闪亮，说明行李厢门锁相关线路没有接通。

顺着线路图往回找，在右后翼子板内侧有一个 C44E 的插接器，其中的 C44E-6 是行李厢锁的电源线，C44E-9 是接地线。将试灯接至 C44E 的 9 号脚和 6 号脚，在 3s 内按 2 次无线电频率遥控器上的行李厢开锁按钮，发现试灯闪亮。由此可以说明问题出在插头 C44E 与行李厢门锁电机之间的线路上。

既然问题已经锁定在插头 C44E 与电机之间的线路上，排查自然不成问题。最终查明，故障原因是 C44E 的 9 号脚母插头内部孔径过大（图 6-56）而导致接触不良。

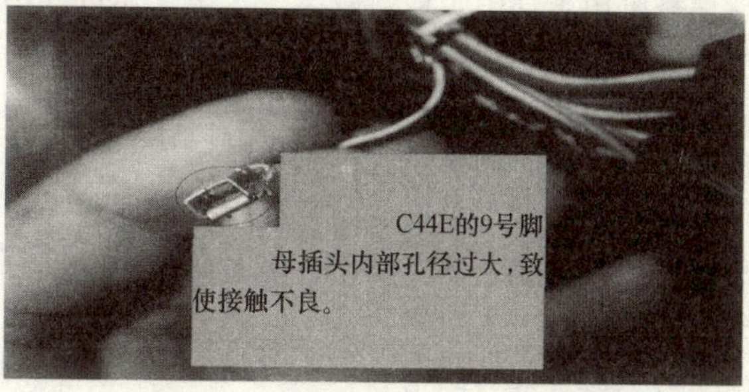

图 6-56　C44E-9 母插头内孔变大

3. 维修小结

打开行李厢门锁有三种途径：①在 3s 内按两次遥控器上的行李厢开锁按钮；②按一次遥控器上的行李厢开锁按钮，在 45s 内按下行李厢门外部开启开关；③如果中控已经解锁，驾驶员车门是打开的，则按下行李厢门外部开启开关即可。结合电路图得知，以上三种途径都要通过 BCM 去控制行李厢开锁电机，倘若 BCM 损坏，三种途径都将失灵。

十二、2012 款奥迪 Q5 换挡油击

1. 故障现象

一辆 2012 款一汽奥迪 Q5 城市 SUV 轿车，搭载 2.0TFSI 发动机，同时配备 ZF 公司生产的型号为 8HP-55（奥迪命名 OBK）型 8 速手自一体变速器，在其他修理厂维修后出现换挡冲击，问题一直未能解决。

2. 故障诊断与排除

车主反映在 2015 年初，某天早晨首次启动车辆时，没有预热直接加速起步，突然听见“嘎巴”一声响，随后前进挡和倒挡均无法行驶了。熄火后重新启动车辆，将要再次挂挡起步时听见变速器内部有严重异响，车主直接呼叫救援，拖到修理厂进行维修。

图 6-57　轻微烧蚀的摩擦片

修理人员将变速器解体后，仅发现一组离合器摩擦片轻微烧蚀（图 6-57），其他元件良好。

由于该修理厂缺少关于 Q5 此款变速器的相关资料，因此也不清楚此烧蚀的离合器是负责哪几个挡位动力传递，但不管怎样，既然离合器摩擦片烧蚀，自然换掉再进一步分析。

更换过新的离合器摩擦片后，重新将变速器装车进行路试，结果前进挡和倒挡莫名其妙地恢复正常，挂挡时变速器无任何异响了。

但新的问题出现了，在换挡时，无论升挡或降挡都略有冲击感，而且没有规律性，无法来确定在哪个特定换挡点上。有时 3-2 挡冲击、有时 2-1挡冲击、有时 2-3 挡冲击、有时 3-4 挡也有冲击，该修理厂经过多番研究，也未发现问题所在。

后来车主来到某修理厂，在验证故障现象后，决定先进行基本设定。因为新款车型变速

器在维修后，需要做匹配和自适应调整才可达到最佳运行状态。于是维修技术人员利用大众专用诊断仪 5054 对该变速器原自适应值进行删除，并进行变速器相关设置，同时又按照维修手册要求进行道路自适应调整。通过匹配和自适应调整后，该车换挡感觉有明显好转。但偶发性、不确定性的个别挡位冲击问题仍然存在。

向 4S 店求助，4S 店维修技术人员在了解上述情况后，经查询该变速器相关数据，发现该变速器所用软件不是最新版本。于是又通过专用设备直接将该变速器软件从 02A011 版本升级到最新的 10 版本。

升级后相当于把原来的自适应值又删除了，完成升级处理后又进行了道路试验，但换挡冲击感仍然存在，丝毫没有得到改善。

在反复试车都不见好转的情况下，有同事怀疑是不是液压控制阀体出现了问题。根据该车年限和行驶里程，该元件不可能过早地出现问题，但对于一个新产品来讲，也有可能存在一些小问题。

于是决定“死马当活马医”，拆卸阀体进行解体检查。当分解该变速器阀体时大家发现，该阀体与 6HP 系列的变速器相似，阀体中间隔板垫是带密封胶的那种一次性的垫子，不可重复使用。

经仔细检查终于发现问题点，就是在阀体中间隔板上有被单向阀明显冲击出的痕迹（图 6-58）。这充分说明严重的冲击痕迹是由于系统压力不稳定而造成的，在过去，只有行驶里程达到一定程度后，阀体隔板才可能出现这种“严重冲击痕迹”的现象。

与车主沟通之后，订购了一块新的机电控制模块（图 6-59），经过在线编程、基本设定后路试，故障得到了彻底排除。

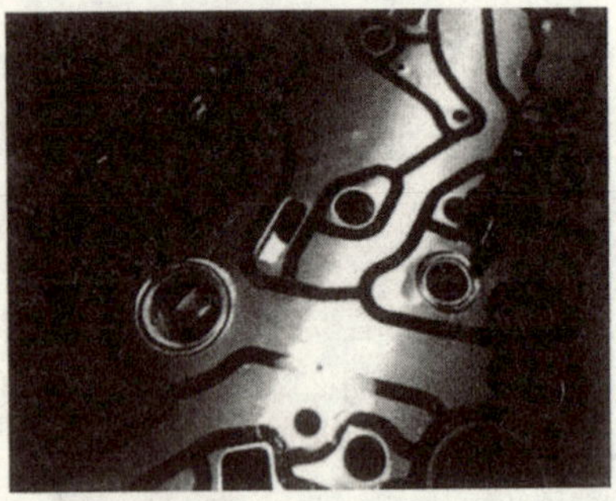

图 6-58 阀体中间隔板

图 6-59 机电控制模块总成

十三、2013 款奔驰 VITO 发动机故障灯报警

1. 故障现象

一辆 2013 款奔驰国产 VITO 商务车，配备 2.6L、V 型 6 缸发动机，行驶 28775km，发动机故障灯亮。

2. 故障诊断与排除

接车后首先启动车辆，仪表显示发动机故障，其他未见异常。确认故障现象后，查看维修记录，发现此车一直正常保养，只更换过空气流量计，并无其他维修。

用奔驰专用 Star Diagnostic 诊断仪（DAS）对全车控制单元进行快速检测，结果发现在发动机控制单元（ME）中存储有以下故障码（图 6-60）：0810 右侧气缸列上的进气功能失效（作用链），S（状态）：已存储。

由以上检测可知，是二次空气喷射系统有关故障。因此，首先查找该系统的工作原理

ME-SFI - Motor electronics				-f-
MB number 0034467640	HW version 09.37	SW version 10.32	Diagnosis version 8/32	Pin 101
FW number 2729020900	FW number (data) 2729035700	FW number (boot SW) 2729020900		

Code	Text		Status
0810	Malfunction of secondary air injection at right bank of cylinders (function chain)	I	STORED

图 6-60　故障码

（图 6-61）。

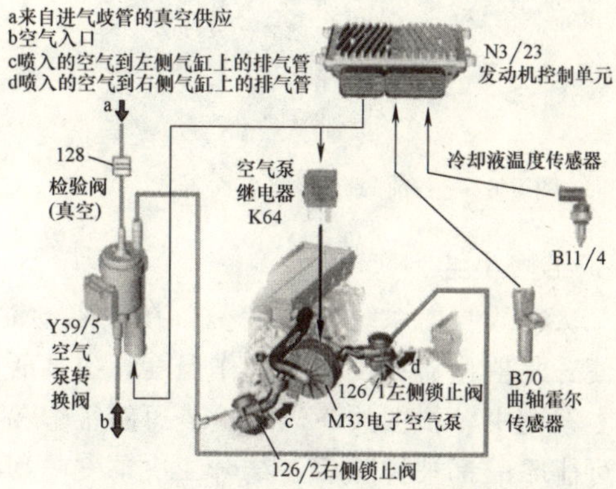

图 6-61　二次空气喷射系统原理

当二次空气喷射启用时，ME 触发空气泵转换阀，并同时通过空气泵继电器触发二次空气泵，这样来自进气歧管的真空和二次空气泵输送的新鲜空气就分别进入锁止阀的两侧（单向阀，一侧接真空，另一侧接二次空气泵）。锁止阀打开，新鲜空气通过锁止阀进入排气歧管，并与废气反应，从而提高废气温度。因此，分析可能的故障原因有：①Y59/5、M33、K64 和 ME 本身或相关线路故障；②真空管路和右侧锁止阀 126/2 故障。

执行故障码的引导诊断，用 DAS 激活二次空气泵 M33。结果 M33 有清脆的运转声音发出，说明正常工作，即 M33、K64 及其的相关线路和插头均正常；激活 Y59/5，未见反应。

在激活 Y59/5 期间，测量 Y59/5 两端电压为 12.0V 左右，说明 ME 对 Y59/5 的控制正常，且 Y59/5 的线路也无任何断路、短路和接触不良现象。通过与同款正常车辆对调 Y59/5，但故障依旧，由于电气方面的可能原因均被排除，接下来考虑机械部分。

（1）检查 Y59/5 出来的真空分岔管路（分别连至两个锁止阀），结果分岔路无漏气且连接牢固。

（2）拆下进气歧管，检查分岔管路至右侧锁止阀的真空管，也没有异常。

（3）拆下右侧锁止阀，用真空测试仪向锁止阀的真空侧供给真空，结果锁止阀发出“嘀哒”的声音，说明锁止阀开启正常，如图 6-62 所示。

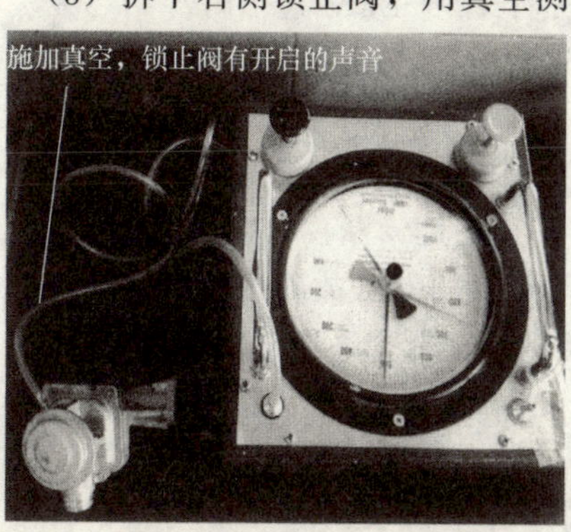

图 6-62　给锁止阀提供真空

（4）新鲜空气从锁止阀出来后，通过缸盖上的气道进入排气歧管，由于是新鲜空气，因此，气道不可能堵塞。

经过上述检查，发现各元件均工作良好，且二次空气泵所提供的新鲜空气能正常到达排气歧管，但仍会报 0810 故障码。

思路陷入僵局时，想到排气系统与二次空气喷射系统也有密切关系，因此，检查的思路进一步延伸到排气系统上。

（1）拆下右前氧传感器，用内窥镜检查三元催化器，没有堵塞和脱落，根据实际经验判断为正常。

（2）检查右前氧传感器表面呈现乳白色，判断为水蒸气引起（图 6-63）。

（3）装上新的氧传感器（图 6-64），清除故障码，试车若干次后，确认故障排除。

图 6-63　右前氧传感器表面异常

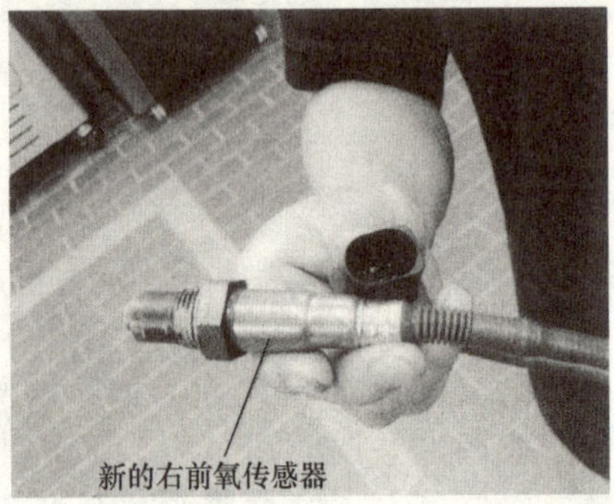

图 6-64　新的氧传感器

3. 维修小结

二次空气喷射系统的功能是：在冷启动时，把新鲜空气输送至排气歧管与废气燃烧反应，使三元催化器尽快达到工作温度，提高暖机的速度。

本案例中，根据故障码，检查思路很容易被局限在二次空气喷射系统内。当整个系统的所有可能原因都被排除后，结合二次空气喷射系统的功能，将可能的故障原因延伸至排气系统上，并最终发现氧传感器故障，是本故障的关键之处。从故障原因来看，氧传感器故障通常会报相应的故障码，而此案例却报二次空气喷射系统的故障码，极为特殊，颇令人费解。

仔细思考和推理，可以发现其中的关系，二次空气喷射是给三元催化器加热的，而催化器的作用是净化尾气，氧传感器又是监测尾气中氧的含量，因此，这其中必然存在着关联，由此产生故障码，这种方式与常规的故障码产生方式大为不同。因此，容易给检测带来误导，这也是该案例成为疑难故障的原因所在。

十四、东风日产轩逸车钥匙无法匹配

1. 故障现象

一辆 2012 款东风日产生产的轩逸轿车，型号为 DFL7200AA，行驶里程 152131km，该车车主因丢失一把智能钥匙去专业钥匙店匹配，当连接专用诊断仪进行车身 BCM 通信时却始终无法和车身模块 BCM 进行通信，因此不能读取 PIN 码进行钥匙匹配。

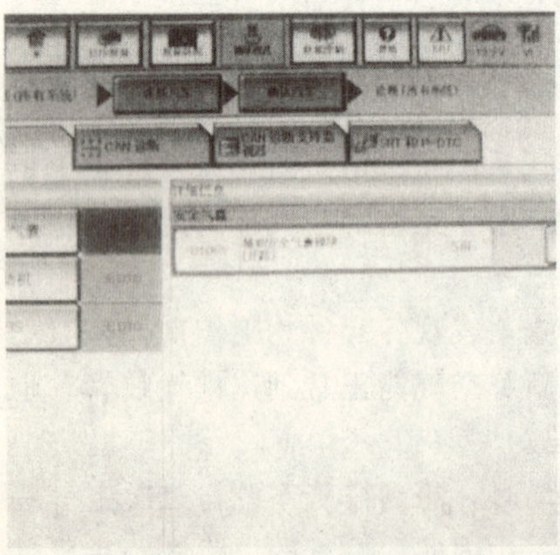

图 6-65　诊断仪与 BCM 无法建立通信

2. 故障诊断与排除

维修技师接车后使用诊断仪 C3＋连接 OBDⅡ诊断接口，进行车身模块 BCM 故障诊断，发现无法建立通信，再对全车所有电控系统进行故障诊断时只能扫描到安全气囊、发动机和 ABS 三个控制单元（图 6-65）。

该车在使用过程中仪表指示无任何异常，维修技师通过专用诊断仪 C3＋的 CAN 诊断功能进行全车电控系统的CAN系统的诊断，诊断结果显示CAN总线节点及链路报告（图6-66），绿色代表能正常通信，红色代表无法通信。

为了判断故障所在将蓄电池负极断开，经测量CAN总线的总电阻值为61Ω，正常。该车CAN总线终端电阻分别在发动机控制单元ECM和智能电源单元IPDM内，因为与ECM能进行通信，而与IPDM无法建立通信，故更换IPDM模块，更换后故障依旧，在此之前BCM也更换过，均无效果，后来又与正常车辆对调TCM、1-KEY. EPS/DAST 3模块，故障依旧。

维修技师测量了所有无法通信模块的CAN线束之间导通情况，均正常，经过几天的检查均不能解决问题。

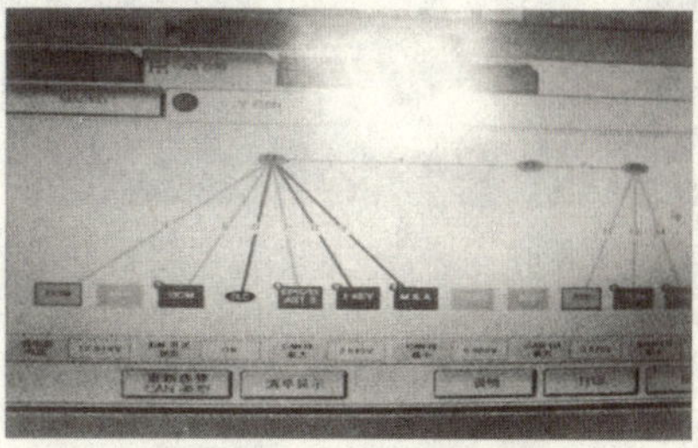

图6-66 CAN诊断功能报告

在阅读了CAN总线诊断显示报告给出的数值显示（图6-66）：该车IGN开关在ON状态下蓄电池的电压为12.519V：CAN-H最大值为2.543V、最小值为0.983V；CAN-L最大值为3.978V、最小值为2.305V。

有关CAN-H和CAN-L最大值和最小值均与正常值不符。经仔细查看虽然该车有一定的年限，行驶里程也比较多，但并无事故维修痕迹，全车线路没有损伤和改动，为了进一步确认将该车仪表台拆下找到CAN-H和CAN-L总线的汇集点之处。

经万用表测量，CAN-H线上的电压为2.61V（图6-67），粉红色的CAN-L线上的电压是2.33V（图6-68），此时测量的电压数值同CAN总线的CAN-H和CAN-L正确的电压值要求相符。进一步分析此两汇集点处，CAN线电压为何同C3＋诊断仪上显示的CAN-H和CAN-L电压值不相符呢？

图6-67 万用表所测CAN-H电压

图6-68 万用表所测CAN-L电压

于是怀疑CAN-H和CAN-L线在连接OBDⅡ诊断座上的6号和14号插脚的插线错位了。经检查，确实连接在OBDⅡ上的第6和14号脚错位了，将CAN总线上的蓝色的CAN-H线及粉红色的CAN-L线从OBDⅡ插座上拔出（图6-69），并重新按要求安装到位后再进行故障诊断，所有的控制单元均能进行通信诊断了。

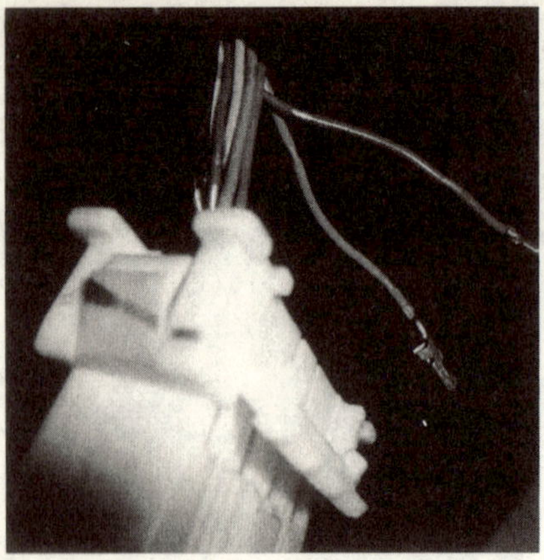

图 6-69 重新安装错位 CAN 线

3. 维修小结

（1）这是一起人为的故障，4S 店查看了该车来店所有的维护记录，均没有对该车电控单元的作业项目。询问车主也不知 OBDⅡ上 CAN 诊断总线插错位的原因，至于此故障何时发生已无从查起。

（2）车载网络系统的故障类型有汽车电源系统引起的故障、链路故障、节点故障，此例人为故障实属风马牛不相及，C3＋诊断仪对全车电控系统的诊断和对 CAN 总线诊断结果给我们对车载网络系统故障判断有了新的认识，对此类故障定位的逻辑性一定要严谨，不可盲目换件，要开拓思维、勤于总结，才能做到没有修不好的车。

十五、2009 款福特福克斯发动机间歇性抖动

1. 故障现象

一辆 2009 款福特福克斯 C307 轿车，搭载 1.8L 发动机和 4 速自动变速器，行驶 45000km，车主反映车辆行驶过程中发动机间歇性抖动，重新启动后，车辆又恢复正常；故障时，发动机加速不良，其转速最高只能达到 2000r/min 左右。

2. 故障诊断与排除

因车辆为间歇性故障，来店时车辆完全正常。维修人员使用 IDS 诊断仪扫描发动机故障码，发现 2 个与动力系统有关、5 个与网络有关的故障码。

维修人员截取了两个与动力系统有关的故障码，认为它们是最主要的故障码：P0607，控制模块性能，系统正在以设定的系统模式操作（图 6-70）；P2110，节气门作动器控制系统—强制限制 RPM，系统正在以设定的系统模式操作（图 6-71），而对于其他 5 个关于网络的故障码没有在意。

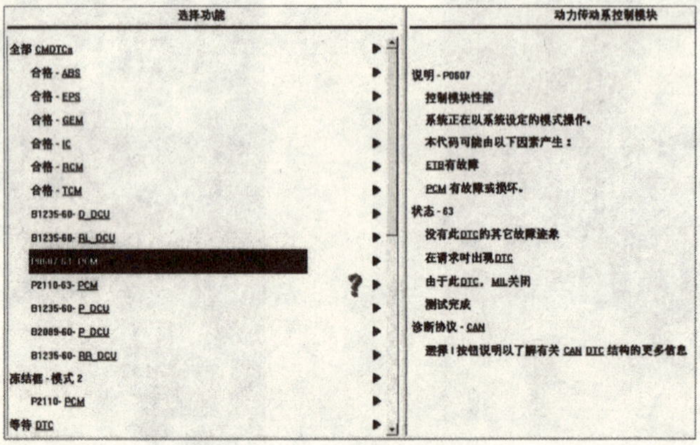

图 6-70 P0607 故障码

清除故障码后进行路试，在行驶 15km 后故障再现，此时明显感觉发动机抖动非常严重，发动机进入转速受限模式。

回店后，在车辆未熄火的情况下打开发动机机盖，拆下节气门前端进气管，并观察节气门动作，连接 IDS 观察发动机实时工况参数（图 6-72）：发动机负荷（LOAD）为 45.32%、转速为 1248.75r/min、节气门 TP1 电压为 4.08V、TP2 电压为 1.27V、加速踏板 APP1 电

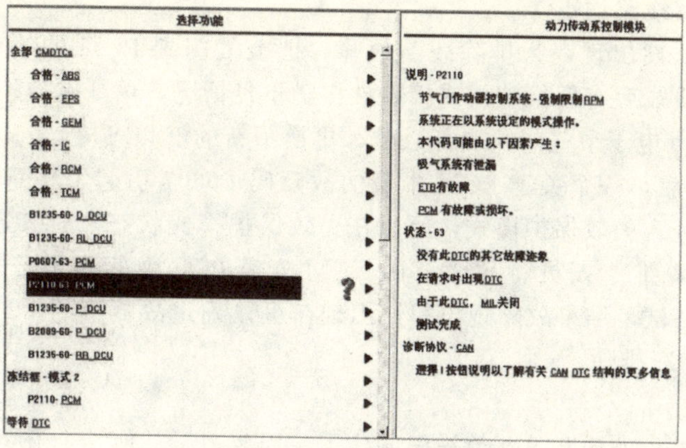

图 6-71 P2110 故障码

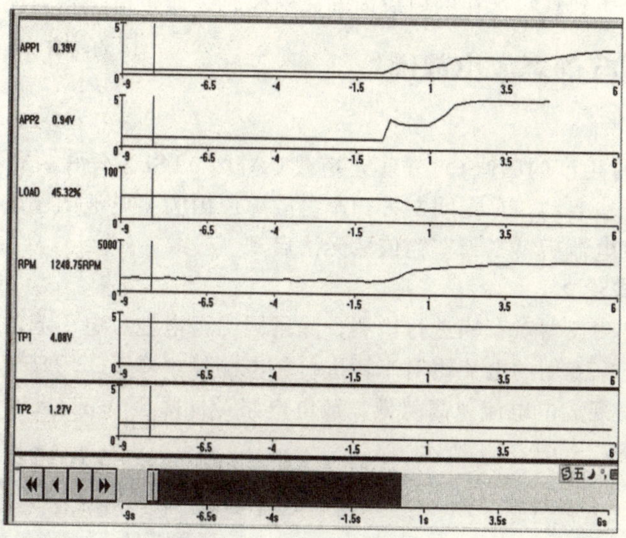

图 6-72 发动机工况参数

压为 0.39V、APP2 电压为 0.94V。

尝试踩下加速踏板，节气门没有动作，但 APP1 与 APP2 信号变化却正常，认为此时发动机已经进入失效保护模式，PCM（发动机控制模块）已经不能有效地控制节气门作动，所以节气门开度不随加速踏板动作而变化；继续加速时，发动机转速有所上升，而进气流量传感器 MAP 数据却变化不大，所以负荷有所下降。

福克斯 PCM 进入失效保护模式一般有两个原因：①加速踏板位置传感器 APP 故障；②节气门位置传感器 TP 故障。两个不同点是：①APP 故障后踩下制动踏板，发动机转速会降到怠速转速附近，松开制动踏板时转速会增加；②TP 故障后 PCM 会使发动机 1/4 缸断油，所以发动机工作会更加粗暴，而不受制动板状态的影响。按此分析，此车的症状与 TP 故障相符合。

于是分别对发动机 1/4 缸进行“断缸”测试，发现发动机转速没有明显变化，证明发动机 1/4 缸已经处于断油状态。但使用 IDS 进行检测时却没有发现有关 TP 故障的实质性的故障码。此时，又重新梳理了一下思路，想到故障码 P2110，此时使发动机熄火，用手直接来回顶开节气门翻板观察 TP1 与 TP2 信号变化，奇怪的是 TP1 与 TP2 信号变化皆正常，说明节气门作动器以及线路均正常。

因故障现象间歇性出现，为排除线路故障，把节气门到 PCM 的线束剖开进行彻底检查，但没有发现该段线束有任何破损或接插件接触不良情况，可基本排除线路故障。

为了排除 ETB（电子节气门）内部故障，更换了新的 ETB 进行路试，故障依旧。排除完 ETB 与线路故障后，一个关于 PCM 本身的故障码 P0607 引起了注意，因为每次出现故障时，发动机都会进入失效保护模式，所以在失效保护模式状态下对其进行检测意义不大。为更快确定故障点，维修人员将故障车的 PCM 安装在正常车上（连同仪表及钥匙防盗 PATS 芯片）进行路试，结果故障现象很快出现，可以确定故障车的 PCM 已损坏，更换新的 PCM 后，故障彻底排除。

3. 维修小结

从一开始维修人员的诊断思路就被限制住了，因忽视了其他 5 个有关网络的故障码，而错误地认为它们没有实质性意义，其实它们都是因 PCM 内部故障所检测到的故障码，这也提醒维修人员，以后遇到真实存在的模块内部故障码时，应考虑是否为模块本身故障。

十六、奥迪 Q5 静态放电故障

1. 故障现象

一辆 2012 年 6 月生产的奥迪 Q5 轿车，搭载 CAD2.0TSI 发动机，行驶 73000km。车主反映近期车辆经常无法启动，车主朋友告知车主故障原因为蓄电池问题，故进店主动要求更换蓄电池，但更换蓄电池后第二天车辆依然无法启动。

2. 故障诊断与排除

首先使用电脑检测仪器对车辆进行检测，除了因为蓄电池亏电引起的几个偶发故障外无其他故障码，连接厂家专用的电流钳对车辆进行放电测量（降下车门玻璃，锁闭车辆，等待大约 3min 左右），发现放电电流忽高忽低，放电电路最低降至 0.511A 时稍等片刻突然增至 3.20A 左右，如图 6-73、图 6-74 所示。

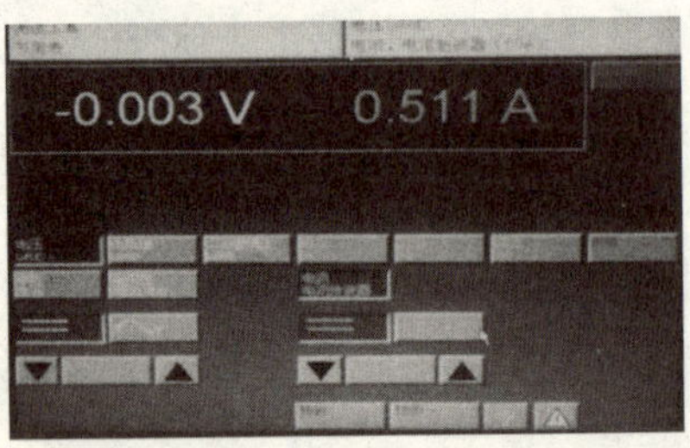

图 6-73　放电电流最低点

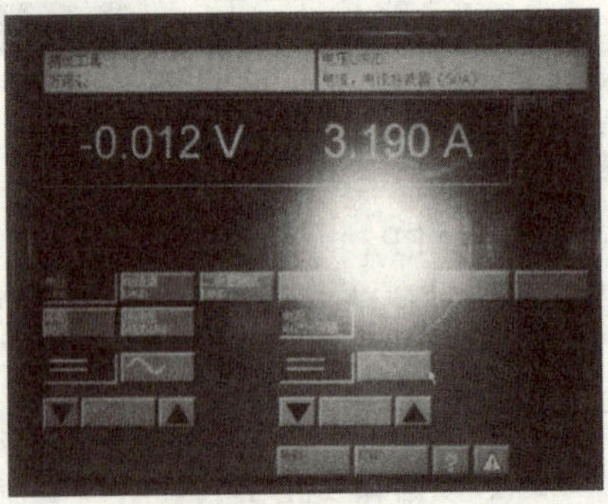

图 6-74　放电电流最高点

与车主沟通得知，该车辆三个月前在维修门店加装过无线接收器，遂建议车主将加装部件拆除（因该加装部件安装位置隐藏，车主开回原安装门店拆除）。第二天上午车主告知已经拆除，但今早蓄电池依然无电，再次进店检测，使用专用电流钳测量，结果仍与第一次放电情况相同，丝毫没有改善。由于放电电流为 3A，所以基本可以推算出外部总共有 36W 的用电器部件工作。

引起该故障的主要原因有：

（1）室内灯有偶发性工作的情况；

（2）个别控制单元故障或控制开关信号错误，引起数据总线不能睡眠；

(3) 车辆上还存有加装部件，干扰了汽车上的电子元件的正常工作。

根据这几点对车辆开始进行逐一排查。首先将车辆开至安静且光线较差的位置，锁闭车辆，一人留在驾驶室（车门上的车内监控一定要关闭，否则会出现报警情况）等待大约2min后，能很清晰地听到在驾驶员正前方的车辆外部有继电器工作的声音，声音频次大概在20s左右一次，接着能听到车辆后备厢右侧连续四下“啪嗒啪嗒”快节奏的响声，此时电脑上的放电电流瞬间增至3A以上，随后电流逐渐降低。对产生响声的部件进行查找，出现连续四次响声的为J540控制单元，一般情况下它挂靠在底盘总线中，使用电流钳单独测量J540未发现明显放电情况。出现一次响声的为发动机所控制的645继电器，在出现声音时发现继电器控制端电压在11.5V左右，此电压能控制继电器正常工作。将645继电器拔掉，电压降低1.2V，同时拔掉J540后电流大小基本无变化，至此思路有所困惑，感觉到问题不是那么简单。结合电路图与实车查看，蓄电池正极接出三根较粗的电源线，第一根通向车辆行李厢右侧熔丝处，第二根通向启动机与发电机处，第三根通向仪表台左侧保险箱与前挡风玻璃右下侧保险箱处。使用电流钳分别检测放电情况，发现此电流主要是仪表台左侧保险箱与前挡风玻璃右下侧保险箱处放电。看似非常复杂的故障现象经综合分析得知，个别电脑及它所控制的部件存在工作异常的情况，导致其他控制单元异常，错误信息只能从数据总线中传出，使用奥迪专用总线工具VAG1598/38对左前方控制单元逐个切断，对通信进行阻止，当切断至J519控制单元时，电流骤降至0.162A，如图6-75所示。

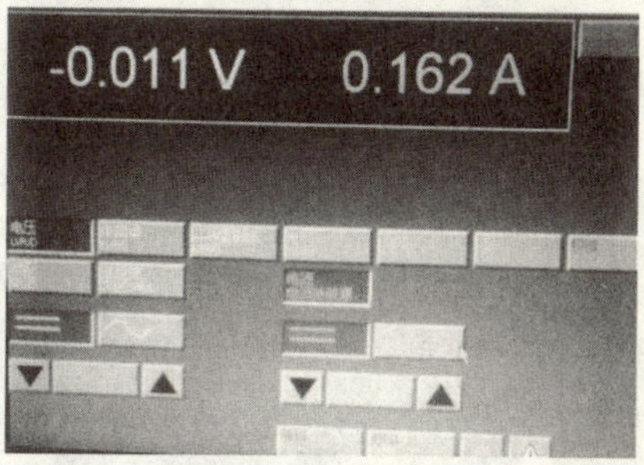

图6-75　切断J519控制单元时的电流

断开J519后反复测量，放电电流均在1A之内，至此该故障有了新的进展，问题锁定在J519自身及它所控制的用电器存有异常情况。因J519所控制的电器元件太多，只能对每个插头断开试验（前提条件是，尽量不要断开控制J519供电与搭铁的插头）。此时当断掉T17L黑色插头时，放电电流突然恢复正常，反复试验后确定插头T17L黑色控制端子存有异常，查找相关的电路图得知此插头主要控制车内顶灯、玻璃刮水电机以及脚步照明灯。对所控制的部件逐个检查，当拆下车顶天窗控制盖板时发现在顶灯处还安装有一个信号控制接收器（图6-76）。

拆下该信号控制接收器，测量放电情况，放电电路恢复至正常数值，在50mA以内，如图6-77所示。反复测量放电电流一直稳定在46mA，三天后电话回访，车辆启动正常，故障未现。

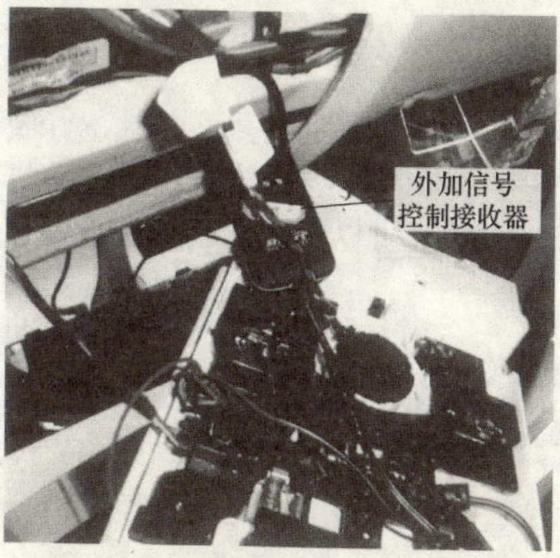

图6-76　加装的信号控制接收器

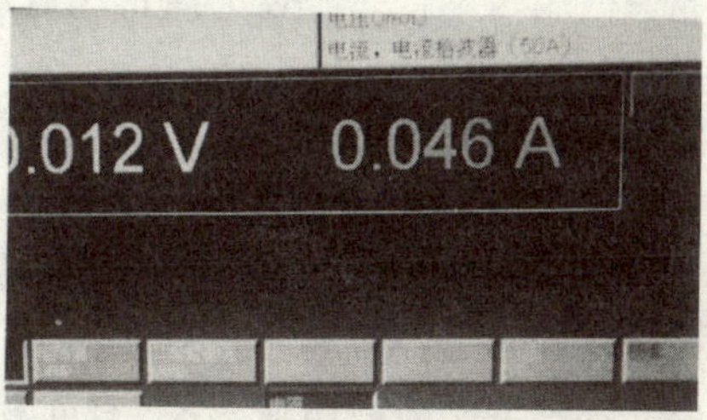

图6-77　放电电路恢复至正常数值

3. 维修小结

该故障开始看似简单，但分析到发现J540与J632出现不正常现象时感觉又比较复杂，看到这种复杂现象的故障时，需要冷静综合全面分析，引起这种复杂现象的故障一般情况下为某个控制单元损坏、控制单元的供电与搭铁存在虚接、外加电器设备信号干扰及外加电器设备的加入影响了总线原有的工作环境，引起工作错乱。

该案例为一典型外加电器设备所引起控制单元工作异常，导致对其他控制单元产生干扰所致，因所加装的电器需要的供电直接接到J519控制顶灯的T171/17电路中，因顶灯供电为占空比供电，即破坏了原有电路的外界负载状态，引起该故障，车内前部顶灯控制电路图如图6-78所示。

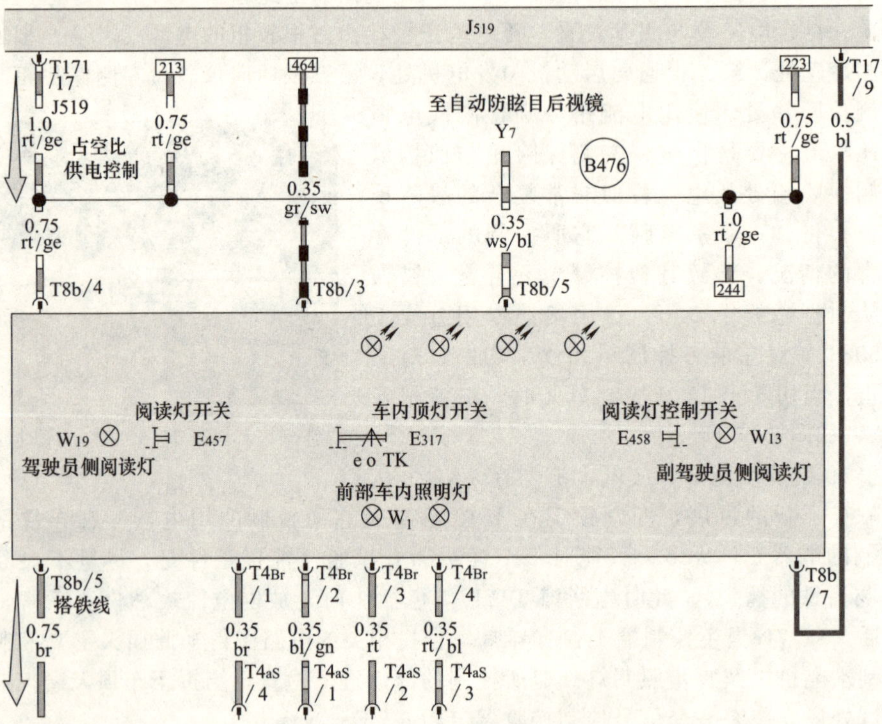

图6-78 前部顶灯控制电路图

十七、2010款大众迈腾偶发不走车

1. 故障现象

一辆2010年产一汽大众迈腾1.8TSI轿车，搭载02E型6速DSG变速器，行驶里程124203km。车主反映车辆在行驶中，仪表盘挡位指示灯突然闪烁，感觉加速时发动机动力没问题，但车辆不走车。熄火后再次启动，故障消失，车辆又可以正常行驶，此故障已发生过几次。

2. 故障诊断与排除

此车挂挡后加速，发现发动机动力没问题，说明问题出在变速器上，分析故障原因：

（1）变速器电控单元供电、搭铁或传感器以及线路故障；

（2）变速器电控单元本身故障；

（3）变速器机械故障或ATF有问题。

车主描述车辆出现故障时，只要将车辆熄火后再启动故障就会消失，然后车辆一切正常，此车的故障发生时间不确定。检查变速器电控单元的供电和搭铁，确认没有问题，将车辆交给车主自行试车，并告知当车辆出现故障时让车主不要做任何处理原地等待救援。

故障再现，到达现场后试车，但无论挂任何一个前进挡均不走车，挡位指示灯不停地闪烁。用VAS6150A检测发动机、制动、停车制动、仪表电控系统，均存储故障码49409：变速器控制单元无通信，静态（图6-79）。根据故障现象和故障码分析，更加验证故障原因出在变速器上。

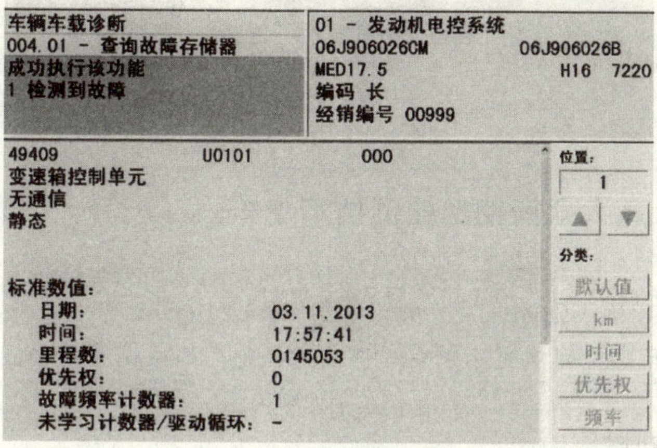

图6-79 检测故障码

在故障状态下，测量变速器电控单元T25/9正极供电针脚（图6-80）正常。测量带负载下T25/8和T25/24搭铁针脚正常，如图6-81所示。然后将变速器供电熔丝SB8拔下再插上，故障消失，车辆可以正常行驶。根据以上分析和测量判断为变速器电控单元J743本身故障，更换J743后故障排除。跟踪该车三个月未发生此故障，确认故障彻底排除。

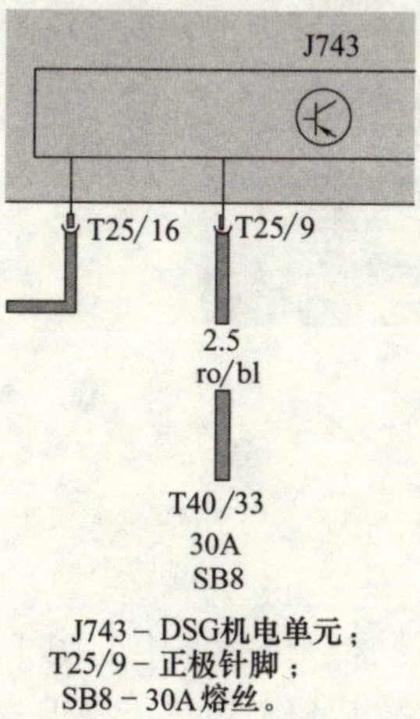

图6-80 测量正极供电

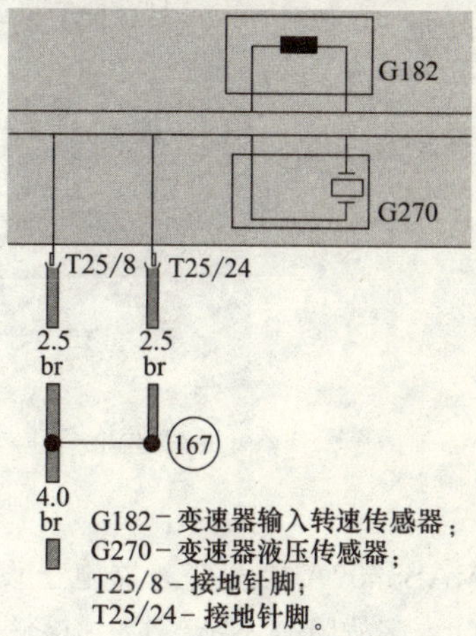

图6-81 测量接地

3. 维修小结

02E变速器质量为94kg，最大扭矩为320N·m，离合器采用两组多片湿式离合器，有6个前进挡和1个倒挡，操作模式为自动挡位和手动挡位。02E电控单元与滑阀箱为一体，统称机电单元（图6-82），如果一者损坏必须整体更换。

更换DSG机电单元完成后需注意ATF油加注量，第一次加变速器油7.2L（更换变速器油加5.5L），需用VAS6150A对变速器做基本设定。

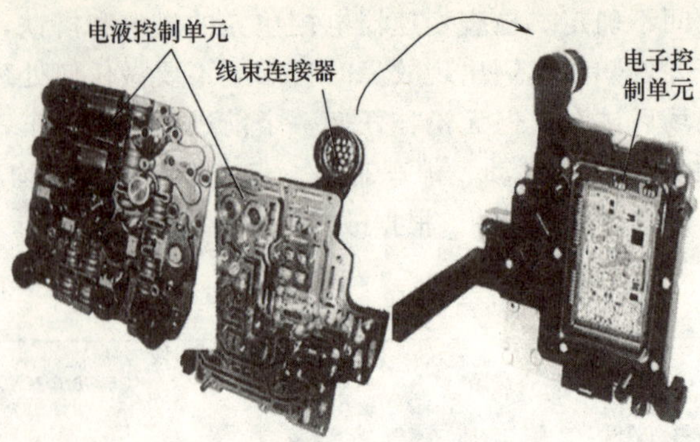

图 6-82　02E 机电单元

十八、2012 款大众新朗逸挂倒挡不走车

1. 故障现象

一辆 2012 年产上海大众朗逸 1.4 TSI 轿车，搭载 DQ200 型 7 速 DSG 变速器，行驶里程 16021km。车主反映挂倒挡时不走车，挂前进挡走车，采用手挡模式时只有 1 挡，同时挡位指示灯闪烁。

2. 故障诊断与排除

该车输入轴 2 被设计成空心轴，如图 6-83 所示，安装在输入轴 1 的外侧，通过花键与 K2 相连，用于驱动 2、4、6、R 挡。为了记录变速器输入转速，轴上有变速器转速传感器 G612 的靶轮。因为该车有偶数挡位，所以判断应该不是输入轴 2 机械故障，有可能是倒挡控制阀损坏导致倒挡不能正常挂入，也可能是倒挡控制阀的线路连接有问题。根据资料可知，DSG 变速器传输组 1、2 的控制阀都集成在机电单元中。

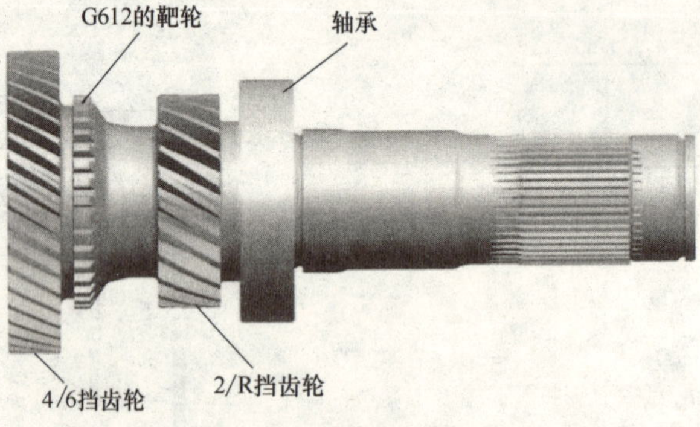

图 6-83　朗逸输入轴 2

用 VAS5052A 检测变速器电子设备显示故障码 05964：部分传送 2 中的阀 1，电器故障（图 6-84）。该故障码不能清除。检测发动机电子装置显示故障码 05668：要求—故障灯开，

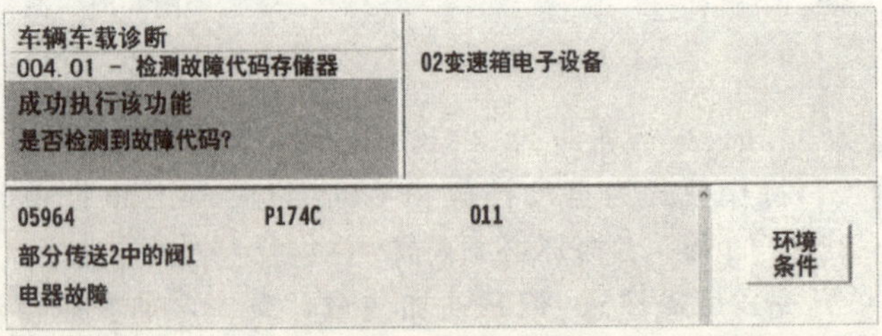

图 6-84　变速器故障码

主动（图 6-85）。该故障码可以清除。

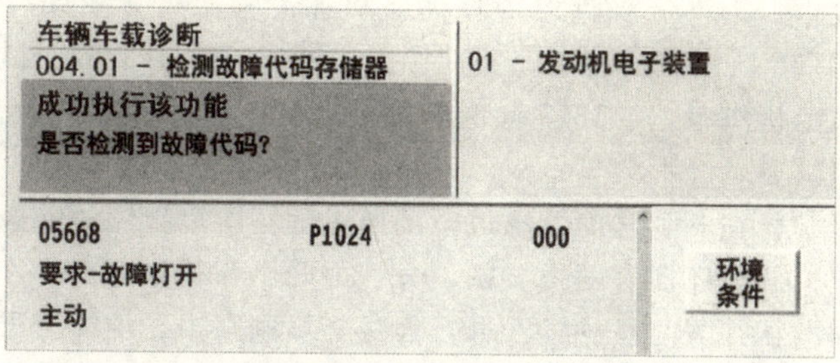

图 6-85　发动机故障码

通过阅读数据块发现，变速器电控单元能接收到挡位信号，说明 F319 信号与变速器通信正常。测量 J743 的正极供电、T25/9、T25/25 正常，接地 T25/6、T25/24 正常。通过以上检查，怀疑机电单元内部倒挡控制阀损坏。连接 VAS5052A 诊断仪，使用引导性功能，将挡位设置在空挡位置，放出齿轮油，更换 DQ200 机电单元。重新加注齿轮油，再次进入引导性功能执行变速器完整的基本设定（最后自动清除故障）。挂入倒挡车辆行驶正常，挂入 D 挡或采用手挡模式时，挡位能升到 7 挡，路试正常。

3. 维修小结

离合器 1 控制 1、3、5、7 挡，离合器 2 控制 2、4、6、R 挡。挂上奇数挡时，离合器 1 接合，输入轴 1 工作，离合器 2 分离，输入轴 2 不工作。在工作过程中总是有两个挡位结合，一个正在工作，另一个为下一步做好准备。手动模式下可以进行跳跃降挡，如果起始挡位和最终挡位属于同一个离合器控制的，则会通过另一离合器控制的挡位转换一下。如果起始挡位和最终挡位不属于同一个离合器控制的，则可以直接跳跃降至所定挡位。

判断机电单元故障之前首先要判断外围线路是否正常，更换机电单元时要测量换挡柱塞的长度，应为 25mm，并且要做拆卸和安装的基本设定。

十九、2012 款大众速腾空调不出风

1. 故障现象

一辆 2009 款一汽大众速腾轿车，搭载 1.4T 发动机、DSG 变速器，自动空调，行驶里程 45600km，车主反映该车鼓风机不转动，空调不出风。

2. 故障诊断与排除

车辆进入工位，验证故障现象，启动发动机后按下空调 AUTO 键，鼓风机不转动，出风口不出风。电脑检测存储两个故障码：鼓风机机械故障，偶发；空调电器故障，偶发。

阅读鼓风机电路图（图 6-86），拆卸鼓风机检查外观未见异常，鼓风机插头不连接，测量线束侧插头，鼓风机正极供电 4 针与地线 3 针之间电压为 12.94V（图 6-87），正常。连接鼓风机插头，打开空调开关，鼓风机转动一下立即停止，这个现象说明可能是鼓风机（包括鼓风机 V2 和鼓风机控制单

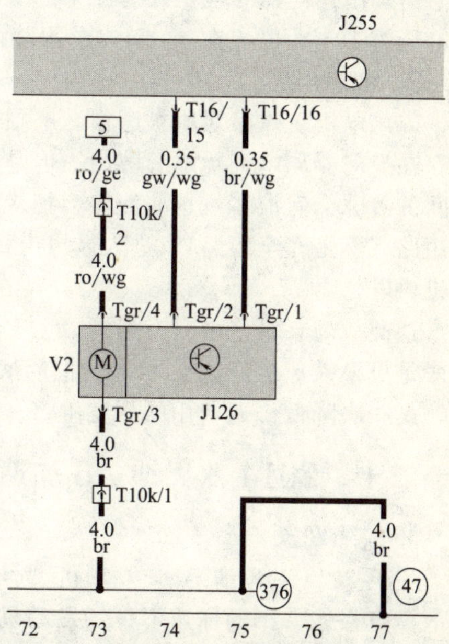

J255－自动空调控制单元；V2－鼓风机；
J126－鼓风机控制单元。

图 6-86　鼓风机电路图

元 J126）故障，也可能是自动空调控制单元 J255 控制信号故障。

随后作了如下分析：①J255 根据设定目标值和各传感器实际参数，通过鼓风机控制单元 J126，控制鼓风机 V2 的电流占空比，实现调速；②J255 实时监测鼓风机的电流，出现过电流时强行切断鼓风电机供电；③J255 同时存储故障码，使用诊断仪可以读取故障码和鼓风机工作状态，但故障显示屏不会显示故障。

这时车主提及该车曾在一个月前清洗过空调通风道，所以猜测故障原因是清洗时鼓风电机进水损坏。鼓风电机的换向器有两个炭刷，分别由两个弹簧施加力，使炭刷与换向器导电铜片紧密接触。各导电铜片之间是绝缘云母，为减轻炭刷磨损，绝缘云母低于导电铜片。

那么会不会是炭刷与换向器出现问题呢？分解鼓风机，当取下炭刷时，发现换向器导电铜片的缝隙中填满黑色炭粉（图 6-88）。

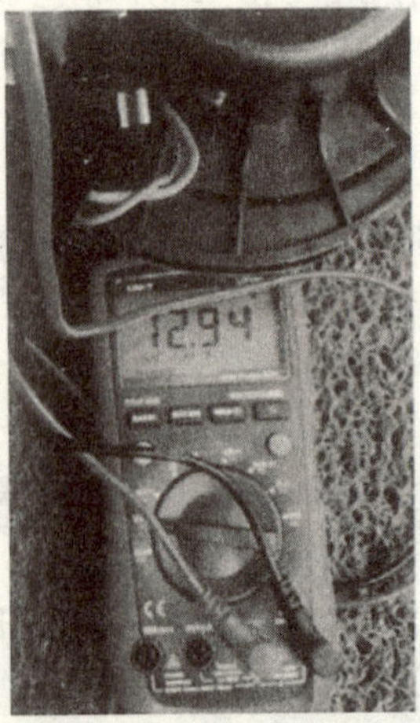

图 6-87　测量鼓风机供电

图 6-88　缝隙之间有炭粉

清理出换向器导电铜片缝隙中的炭粉，打开空调开关，鼓风机转动正常，测量鼓风机供电电压为 12V，电流在 3A 以内。跟踪该车 2 个月，鼓风机工作完全正常。

3. 维修小结

鼓风电机工作时炭刷被磨损，磨损下来的炭粉受电机高速旋转产生的离心力甩出，不会留存在换向器导电铜片的缝隙内。但是清洗空调风道时，清洗剂流到换向器表面，导电铜片之间的缝隙会有液体，这些液体会把炭粉粘住，积累到一定程度时导电铜片之间的炭粉将电流短路（不是完全短路），进入鼓风电机的电流增大，J255 的保护功能启用，强制切断鼓风电机供电。

这类故障在维修中时有遇到，大多是由于清洗空调方法不当引起，故障发生后解决方法一般是更换鼓风机。这次本着刨根问底的态度，最终查清了故障点，进行了行之有效的修理，是一次降低修理费用的深度维修。

二十、2014 款奥迪 A5 加速不良

1. 故障现象

一辆 2014 款奥迪 A5，发动机型号 CNC，行驶里程 5543km。车辆仪表中 EPC 和发动机故障灯报警，车辆加速不良，发动机控制单元 J623 读取到故障码 P023600：增压压力传感器不可靠信号。

2. 故障诊断与排除

首先根据故障码进行引导性故障查寻，检查增压压力传感器 G31 的供电电压，G31 插

头的 1 号线与 3 号线之间的电压测量值为 5.4V，在正常范围内。再测量发动机信号电压，插头 1 号线到 4 号线之间的电压也在规定范围内，电脑提示更换 G31。更换增压压力传感器 G31 后试车，故障灯依然点亮，但在 J623 读取到的故障码变为 P023400：增压压力调节高于调节极限（图 6-89）。

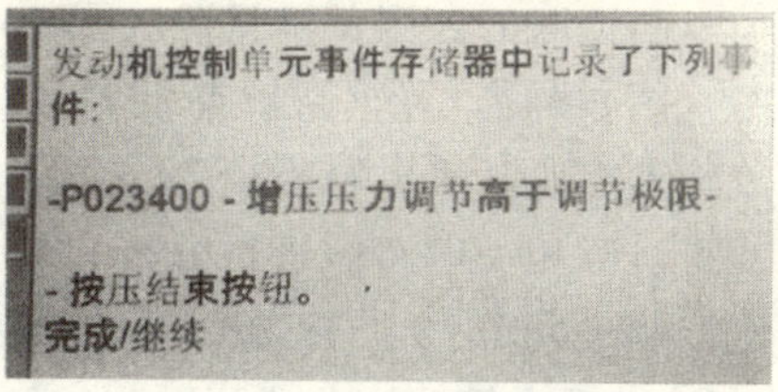

图 6-89　改变后的故障码

在路试时，读取发动机的增压压力实际值与目标值（图 6-90）比较后发现，读取出来的实际值无论在何种工况下始终保持在 1.5bar（1bar=10^5Pa）左右。正常情况下目标值应该会随着发动机转速和负荷而改变。

根据故障码再次进行引导性故障查询，提示导致增压压力超出标准值可能的原因有：

（1）增压压力调节器 V465 损坏或至废气门的连杆卡住；

（2）增压压力传感器 G31 损坏；

（3）废气涡轮增压器的废气风门卡在关闭位置上（图 6-91）。

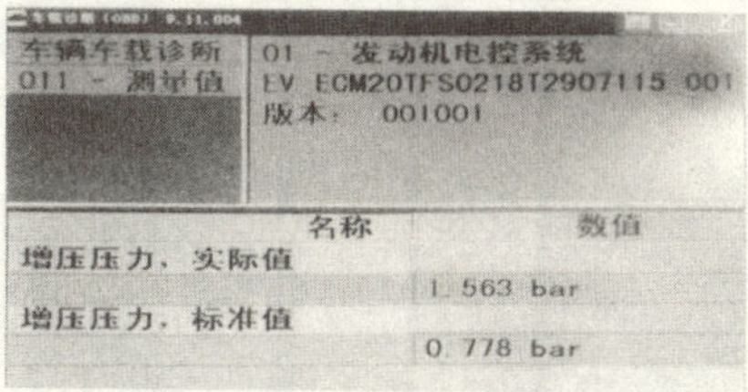

图 6-90　读取增压压力数值

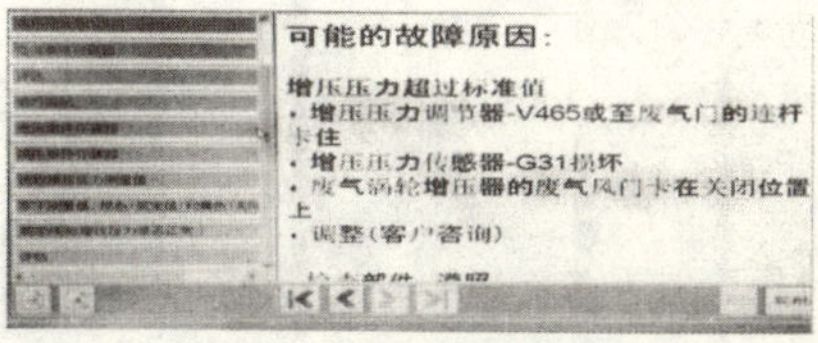

图 6-91　增压压力超标原因

由于之前已经更换了增压压力传感器 G31，并排除了 G31 故障，因此还剩下另外两种情况。将氧传感器拆出，刚好可以看到涡轮增压器的排气泄压阀门（图 6-92），进行作动器测试，观察到 V465 的连杆、风门开关正常，行程同正常车辆相比无异，故排除第一点故障原因。

查询相关资料得知，增压空气循环阀 N249（图 6-93）是负责调节进气压力的，发动机控制单元根据工况的需求，控制 N249 泄压来进行调节。如果 N249 的活塞卡住在关闭位置，会导致无法泄压，从而使涡轮增压器保持在较高压力。拆下 N249 检查后未发现问题，把 N249 的活塞取下试车，让其保持在泄压状态，但启动后涡轮增压的实际值还是保持在 1.5bar 左右，这说明故障点并不是出在涡轮增压器上。至此，提示故障原因全部排除。

图 6-92　排气泄压阀门

图 6-93　增压空气循环阀 N249

电脑诊断的原因都被排除，那么会不会是电脑板出现的问题呢？根据发动机控制单元电路图（图 6-94），再重新检查 J623 到 G31 的线路是否断路、短路，确定不存在故障，故判断故障点在发动机电脑板 J623 上。

通过对相关电路图进行分析和测量，最后怀疑可能是电脑板故障，于是找同款车型的发动机控制单元 J623 进行对换，利用电脑在线解除部件保护后匹配试车，故障排除。

3. 维修小结

提速不起的故障在奥迪 2.0T 发动机上出现的比较频繁，根据以往的经验首先会想到更换压力传感器 G31 和压力调节阀，因为电脑板损坏的情况比较少见而很少考虑到。在以上两种情况排除后会陷入死胡同，最后冷静下来通过对电路图的分析，确定是电脑板故障。各种诊断方法的正确使用，可以大大缩短检查问题的时间和过程，利用电脑做引导性故障查询可以给维修指明方向，但是有时也会误导人，所以我们应该保持清晰的思路，对电路图要认真解读，利用排除法、由简到难地尝试可能的故障，才能顺利解决问题。

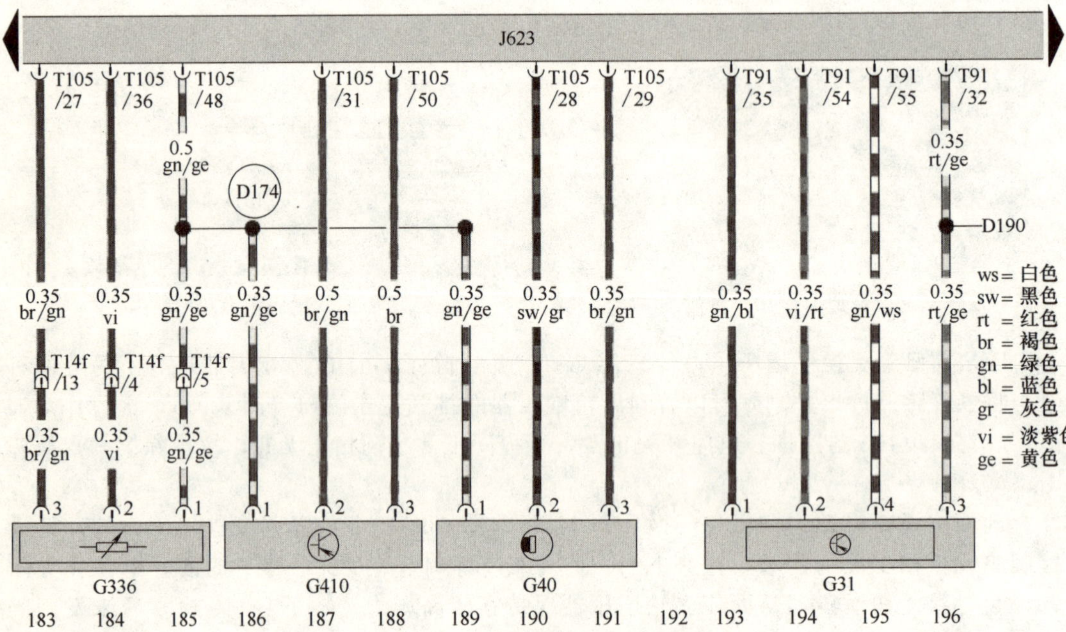

图 6-94 发动机控制单元电路图

二十一、2013 款大众 CC 急加速不良

1. 故障现象

一辆 2013 款一汽大众 CC 搭载型号为 CEA 的发动机，行驶里程约 42677km，车主反映该车行驶时发动机偶发加速不良现象，同时仪表 EPC 故障灯报警。

2. 故障诊断与排除

用诊断电脑 VAS5052A 检测发现发动机控制单元有故障码 P0087：燃油油轨/系统压力过低，静态（图 6-95）。进行试车，怠速、低速和匀速行驶均正常，当进行急加速时，明显感觉动力不足，发动机抖动，同时发动机故障灯 EPC 报警，最高转速达不到 3000r/min，尝试清除故障码后进行试车，急加速行驶一段路程后，故障再一次出现。

根据故障现象和故障码判断导致该故障的可能原因有：

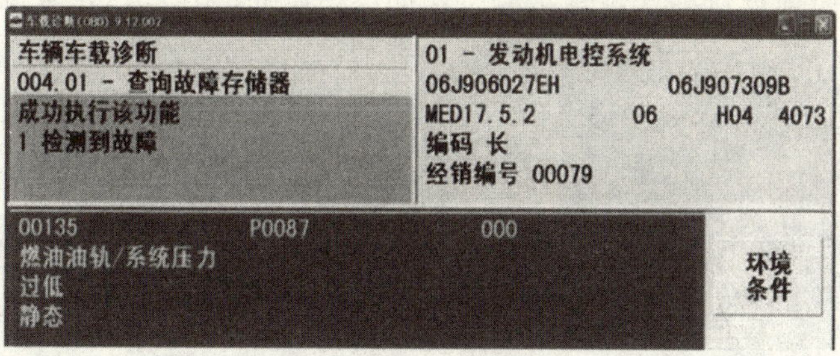

图 6-95　故障码 P0087

(1) 油泵、燃油滤清器故障；

(2) 油泵控制器及相关线路故障；

(3) 低压燃油管路故障；

(4) 燃油压力调节阀 N276 及线路故障；

(5) 高压泵故障；

(6) 发动机控制单元故障。

根据维修经验，出现该故障码时油泵、油泵控制器及高压泵损坏的情况比较常见，首先检查油泵、燃油滤清器、油泵控制器，并尝试更换正常的油泵和油泵控制器进行试车，故障依旧。接上诊断电脑，读取发动机高压系统压力，01-08-140 组 3 区高压压力只有 4bar（$1bar=10^5Pa$），如图 6-96 所示，正常车辆高压应为 50～150bar。检查低压系统油压为 6bar 左右，在正常范围，故排除低压燃油系统的故障，同时排除油泵和油泵控制器故障，不需要更换。

根据经验分析，如果高压泵燃油调节阀损坏，高压压力在 7bar 左右，该高压系统油压只有 4bar，是低于低压燃油系统压力的，说明燃油高压系统没有建立。根据缸内直喷高压行程原理，燃油高压通过安装在燃油泵上的压力调节器 N276 来调节。在喷油过程中，发动机控制单元根据计算出的供油始点向燃油压力控制阀 N276 发送指令使其吸合，此时针阀克服针阀弹簧的作用力向前运动，进油阀在弹簧作用力下被关闭。随着泵活塞向上运动，在泵腔内建立起油压，当泵腔内的油压高于油轨内的油压时，出油阀强制开启，燃油便被泵入油轨内。在油轨内形成稳定的高压燃油压力，由压力传感器识别并把信号传送给发动机 ECU，读取数据流 01-08-140 组 3 区显示的压力大小，可以分析判断燃油高压是否建立。

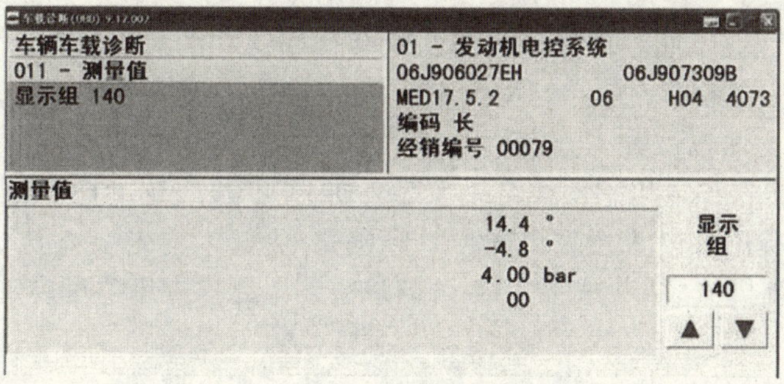

图 6-96　高压压力测量值

根据对燃油高压建立过程原理的分析，导致燃油供给系统高压不能建立的可能原因包括：高压泵损坏、凸轮轴驱动装置损坏、输油管堵塞故障、低压燃油系统过低、高压泵燃油调节阀及线路故障以及发动机控制单元故障等。

由先易后难的原则进行部件排查，低压燃油压力已经测量过在正常范围，首先对高压泵外观、燃油调节阀及线路进行检查，均正常。检查高压泵，当拆下高压泵输油管时，高压泵输入口处发现有一个类似圆锥形铁块异物（图 6-97）。立刻取下异物，进行试车，故障消失。

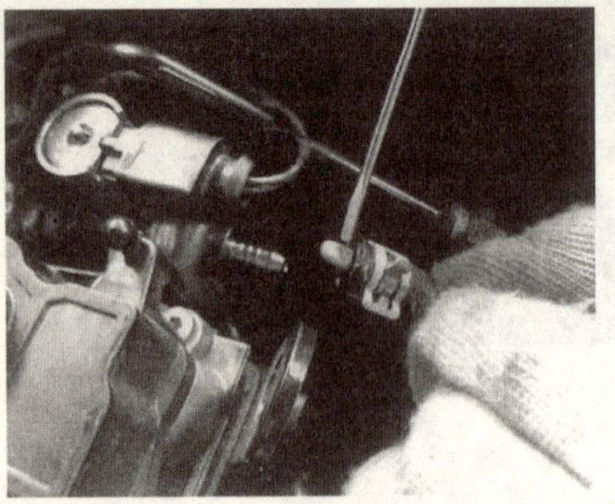

图 6-97　高压泵输入口处发现异物

但是异物是怎么进到油管的呢，带着疑问查了一下此车维修记录，发现此车在几个月前发生过一次事故，发动机燃油管进行过拆解，异物很有可能是拆解过程中意外掉进去的，修理工在装配油管时没有发现异物造成的故障。

故障车由于高压泵输油管内有异物，该异物尺寸大于单向阀内部孔径，起初异物离高压泵进油口较远且呈不规则形状，未完全堵塞进油管，车辆虽供油不畅但尚能保持系统压力不至于发动机故障灯报警。随着车辆不断使用，异物随着燃油流动移动，直到碰到高压泵进油口，当车辆加速时高压泵进油口被异物完全堵塞，从而出现发动机加速不良、仪表 EPC 故障灯报警。

3. 维修小结

作为修理人员在维修故障时不要仅仅局限在车辆故障现象和故障码上，还要学会查车辆的维修记录，分析故障和此前的维修项目（特别是出过事故的车辆）是否有相关联的地方，同时在维修过程中一定要做好相应的防护工作，对于油管等类似的部件，拆卸后如果不能及时装配好，要做好防止异物进入的预防工作，同时在装配时要仔细检查是否有异物。该故障车辆就是一个典型的代表，修理人员维修车辆时没有做好防护工作，导致异物意外掉进油管，装配时又没有仔细检查造成故障。

二十二、2013 款大众捷达尾气排放指示灯报警

1. 故障现象

一辆 2013 款大众捷达轿车，搭载型号为 BJG 发动机，仪表上的尾气排放指示灯报警，但行驶中无异常感觉。

2. 故障诊断与排除

首先使用 VAS5051 查询发动机 ECU 中有故障码 16724：凸轮轴位置传感器 A 电路不正确配置。在怠速状态下，读取 01-0 8-12 组 3 区和 4 区数据，均显示为 0（其正常值应分别为 28，87），3 区和 4 区表示曲轴位置信号与凸轮轴位置信号的对应关系，简言之就是信号凸轮的高低点与曲轴位置参考点的相对位置识别。3 区和 4 区皆显示为 0，说明发动机 ECU 不能识别凸轮 G 信号与曲位位置 Ne 信号。

凸轮轴正时位置错误或传感器线路故障都会使 ECU 接收到的凸轮轴位置感应值不正确而报故障（此时如断开 G40 也会报出同样故障码）。为此，首先检查发动机配气正时正常，鉴于凸轮轴本身出现机械故障的概率小到可以忽略，因此排查思路可确定为对传感器线路故障的评估。

根据 2013 款捷达 BJG 发动机捷达凸轮轴位置传感器电路图（图 6-98），凸轮轴位置传感器 G40 的 T3a/1 脚为供电端，T3a/3 脚为 ECU 内部搭铁端，T3a/2 脚连接 ECU 的 T80/80 脚，向发动机 ECU 提供反馈信号电压。运用 VAS5051 检测仪的波形检测工具，实测 T3a/3 脚和 T3a/1 脚有 5V 的供电电压和正常接地，再以 ECU 的 T80/80 脚为监测点，测量其波形振幅为 2.55V 不规则信号波形（图 6-99），脉宽时有时无，偶尔也表现为波形振幅为

2.55V 凸轮轴信号波（图 6-100），而正常的 G40 信号波形为振幅 5V、连续周期变化的方波，检测说明传感器信号产生失真。

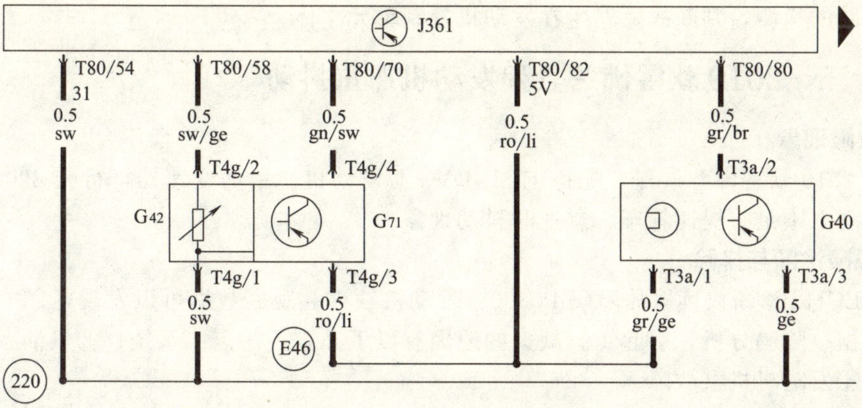

图 6-98　凸轮轴位置传感器电路图

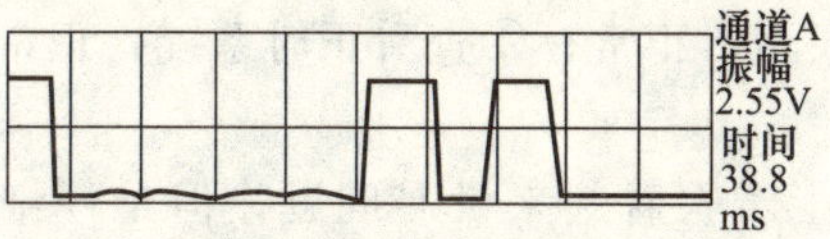

图 6-99　振幅为不规则的信号波形

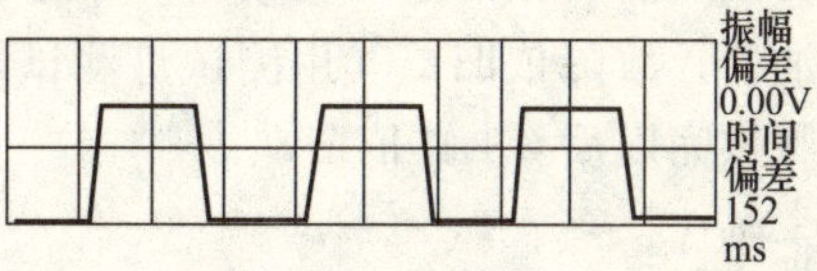

图 6-100　脉宽时有时无的凸轮轴信号波

根据观察到的波形无异常干扰和突变现象，分析传递凸轮轴信号的线路出现故障或受周边电磁干扰的可能性不大，至此可将故障源锁定为发动机 ECU 和凸轮轴位置传感器两部件上，应分别对其做功能性检测。断开 G40 插头，以连接发动机 ECU 的 T80/80 脚、T3a/2 脚为检测点，测量在点火挡位上由 ECU 输出的直线电压为 2.5V，而对比测量正常车的信号电压为 5V。

凸轮轴位置传感器为霍尔器件，可以把它视作具有导通和截止作用的状态开关，线路的断开模拟了凸轮轴位置传感器的截止状态，截止状态的信号电压直接反映了发动 ECU T80/80 脚的状态，由此可分析推断出 ECU 的信号处理模块出现电路故障，提供的基准电压有问题，导致故障存储码 16724：凸轮轴位置传感器 A 电路不正确配置。此故障码在报警机制上归属为废气排放指示灯报警范畴，此信号失效可以用发动机转速传感器 G28 的信号代替计算，并模糊识别出气缸的喷油和点火顺序，从而实现 ECU 应急行驶工况，因其他执行元件工作正常，从驾驶员的感受来讲，是感觉不到故障对行驶工况有明显影响的。

更换发动机 ECU 后再测量凸轮轴电压信号，为图 6-101 所示的标准波形，幅值为正常的 5V，尾气排放指示灯也不再报警，故障彻底排除。

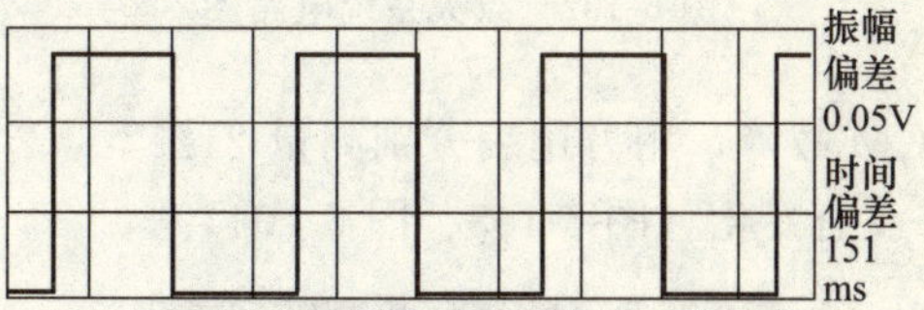

图 6-101　标准凸轮轴信号波形

3. 维修小结

该故障从故障机理上来说并不复杂，主要是由于发动机控制单元内部电路故障导致传感器 5V 基准电压过低，在 G40 工作状态下，导通电压峰值低于电脑内部设定值，以至于发动机电脑无法正确识别凸轮轴信号，而造成这种故障的原因一般有传感器本体故障、线路故障、发动机控制单元故障等。对于这种故障的判断首先要根据维修手册的要求，对 G40 的相关线路进行检查，这包括 G40 的搭铁、5V 电压、传感器信号电压的基本检查。在测量

T3a信号电压时，即可发现电压只有2.5V的异常情况，这说明发动机控制单元的霍尔电压不正常。在此之前采用了波形检测方式，更加直观地观察到了信号波形异常的情况，再结合对相关电路的检测，判断故障发生在发动机控制单元本体。

二十三、2010款雪佛兰景程发动机严重抖动

1. 故障现象

一辆2010款雪佛兰景程，配备1.8L DVVT发动机、手动变速器，行驶89000km。发动机出现动力不足、提速耸车、怠速时抖动现象。

2. 故障诊断与排除

用TECH2诊断仪读取故障码P0300：发动机缺火。观察数据可以发现，1缸缺火1000多次。根据故障码分析，引起1缸缺火的原因有以下几点：①点火系统；②供油系统；③正时系统；④发动机机械故障。

由于此类故障多为点火系统故障，故维修人员检查了火花塞，火花塞正常。与同款车互换点火线圈后，依旧是1缸缺火。于是又进行了如下检查：①测试缸压，正常；②与2缸互换喷油器，故障依旧；③用测试灯测试喷油器供电线路，正常；④查看正时系统，正常。以上步骤做完以后，1缸依旧缺火。

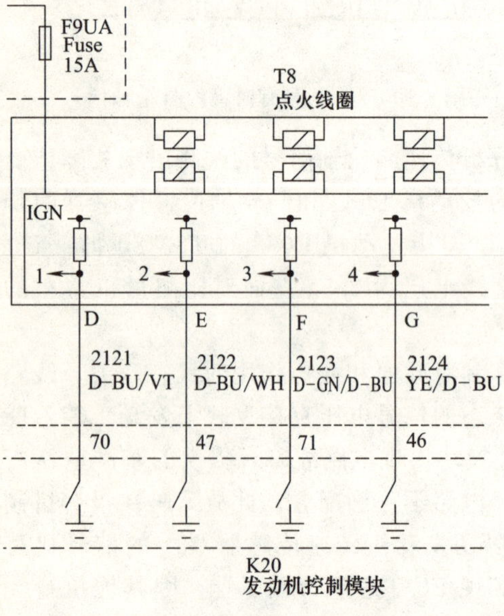

图6-102　点火系统电路图

以上步骤看起来没有问题，但是仔细分析会发现，维修人员在排除点火系统的步骤时存在漏洞。单纯互换火花塞、线圈，只能排除这两个硬件的问题，并不能保证整个点火系统没有问题，其中最主要的点火强度的测试没有做。

由于此车点火线圈为4缸一体式，测试的时候只能将点火线圈整体拿下，然后将火花塞装在1、2缸点火线圈内，用导体引出发动机搭铁与火花塞外壳相连，断开1、2缸喷油器插头，启动车辆观察1、2缸火花塞点火强度。发现1缸没有点火迹象，2缸火花强烈。

故障点找到了，这时的任务就是检修1缸不点火的故障了。参照点火系统电路图（图6-102），测量2121＃两端电阻正常，测量2121＃与搭铁之间电阻为无穷大，与车身之间电压为0，此时可排除2121＃线路故障。怀疑是ECM故障，用万用表分别测量2121＃、2122＃点火控制线的频率，结果发现2121＃线路几乎没有变化（图6-103、图6-104）。

图6-103　2121＃线电压变化频率

图6-104　2122＃线电压变化频率

通过对比可以看出：点火信号控制线的电平正常变化频率为7.03～21.12Hz，而2121＃点火信号控制线的电平变化频率几乎为0。怀疑ECM模块内部故障，找同款车辆互换ECM模块，故障消失，确认ECM内部点火控制存在问题。

3. 维修小结

在维修此类故障中，有两个关键点要抓住：一是巧用火花塞搭铁观察点火强度；二是用万用表测量电平变化频率的方法来确定故障点。

二十四、别克英朗发动机故障灯点亮

1. 故障现象

一辆行驶了133500km的上海通用别克英朗轿车，因动力系统故障进厂维修，车主反映发动机故障灯点亮。

2. 故障诊断与排除

接车后对车辆进行试车，发动机怠速运转正常。连接故障诊断仪进行电脑检测，显示故障码：P0016，曲轴位置——进气凸轮轴位置不合理；P0017，曲轴位置——排气凸轮轴位置不合理，故障状态为当前。

查阅维修手册有关故障码的解释，发动机运行时，凸轮轴位置执行器系统启用发动机控制模块（ECM）以改变凸轮轴正时，来自发动机控制模块的进气和排气凸轮轴位置执行器电磁阀的信号，是经过脉宽调制（PWM）的信号。发动机控制模块通过控制电磁阀的接通时间，以控制进气和排气凸轮轴位置执行器电磁阀的占空比。进气和排气凸轮轴位置执行器电磁阀用控制机油流量施加压力的方法控制凸轮轴的提前或延迟。发动机控制模块使用曲轴位置传感器、进气和排气凸轮轴位置执行器电磁阀传感器信息来监测曲轴和凸轮轴位置之间的相关性。

设置故障诊断码的条件：发动机控制模块检测到进气或排气凸轮轴位置执行器电磁阀相对于曲轴有大于10°的提前或10°的延迟。在设置故障诊断码前，用一个故障诊断仪观察期望和实际的凸轮轴角度参数，可能有助于排除故障是否由某一个特定的凸轮轴或曲轴正时造成的。

以下情况也可能导致此故障诊断码设置：

（1）凸轮轴位置执行器电磁阀控制电路对搭铁短路。

（2）检查发动机最近是否进行了机械系统的维修。凸轮轴、凸轮轴执行器、凸轮轴位置传感器、曲轴位置传感器或正时皮带安装不当。

（3）曲轴端隙过大会导致设置此故障诊断码。

（4）凸轮轴执行器处于最大提前或延迟位置。

（5）曲轴变磁阻转子与上止点（TDC）的相关性被改变。

根据维修手册上的故障码诊断信息进行分析，此发动机的配气相位存在问题。如果当配气相位偏差较大时，发动机的真空度会低于正常值（国标规定57～71kPa），为了便于操作，首先观察进气压力传感器（MAP）的数据，根据“大气压力＝进气压力＋真空度的绝对值”的公式，数据流显示大气压力100kPa（正常）；进气压力32kPa（正常）。本着由外到内的原则，外围已经检查完毕，开始对正时系统拆检。拆下正时侧盖，用专用工具校对正时齿轮记号，结果正常（图6-105）；拆下气门室盖，用专用工具校对凸轮轴位置，结果正常（图6-106）。

至此维修陷入僵局。将车辆状态恢复，在发动机怠速运转时，重新查看数据流时发现故障码P0016和P0017的故障状态是当前，故障码无法清除。查看手册关于发动机VVT系统的工作特点，见表6-5。

图 6-105 校对正时齿轮记号

图 6-106 校对凸轮轴位置

表 6-5 发动机 VVT 系统的工作特点

行驶条件	凸轮轴位置的改变	目标	结果
怠速	无变化	最小气门重叠角	怠速稳定
发动机轻载	气门正时延迟	气门重叠角减少	发动机输出稳定
发动机中等负载	气门正时提前	气门重叠角增加	高燃油经济性和低排放
重载时，高转速	气门正时延迟	进气门延迟关闭	发动机输出提高

根据表 6-5 的内容分析，VVT 系统在发动机怠速运转时是不参与工作的，排除了 VVT 执行器出问题的可能，而同时显示进气和排气两侧的故障很有可能是曲轴位置传感器信号和实际的曲轴正时位置不同步造成的。查看此车的维修记录，发现此车在过保后便再也没有在 4S 店做过维修和保养。此故障出现前一个月，在一家修理厂更换过正时皮带，行驶大约 200km 后故障灯点亮，为了解决故障已经先后在多家修理厂进行过维修和检测，一直都没有解决。通过与车主的沟通分析此故障的产生原因很有可能是人为造成的，加上之前的判断和分析，故障点被锁定在更换正时皮带时所拆装过的零部件。对涨紧器进行检查（正常），对正时惰轮检查（正常），当检查到曲轴皮带轮的时候发现花键槽磨损严重，表面已经呈现出金属的光泽（图 6-107），检查曲轴皮带轮的背面发现有曲轴正时齿轮的印痕（图 6-108）。

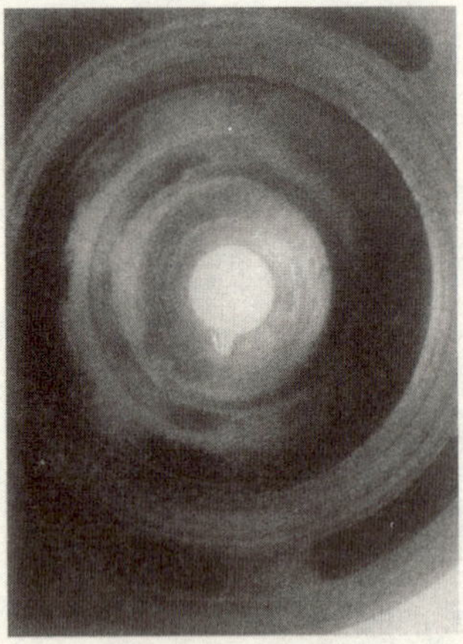

图 6-107 花键槽磨损严重

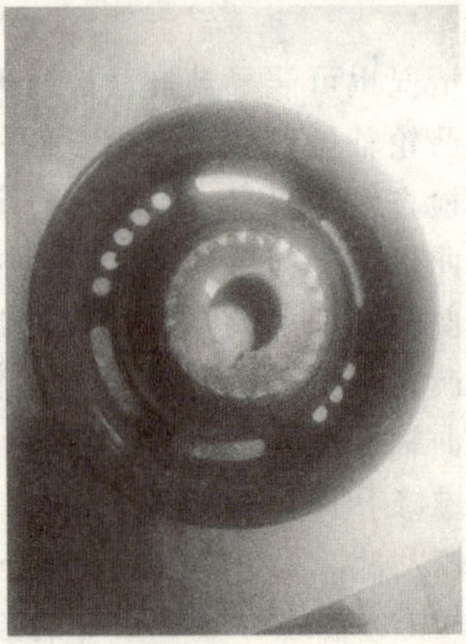

图 6-108 背面有曲轴正时齿轮的印痕

在检查曲轴正时齿轮和曲轴花键槽时发现惊奇一幕，正时齿轮和曲轴上的花键槽均磨掉一块（图 6-109）。至此故障原因已经找到，并跟之前的分析是一致的。此时有两种维修方案。

方案一：由于此车行驶里程较高，加之来 4S 店保养记录不全，同时为了保证一次性修复率，建议更换原厂发动机曲轴、曲轴正时齿轮、曲轴皮带轮和大、小瓦轴承，以及在修理厂更换的非原厂正时皮带和涨紧轮。由于费用较高车主表示不能接受。

方案二：为了降低维修费用，更换原厂曲轴正时齿轮、曲轴皮带轮、正时皮带和涨紧轮，同时对曲轴花键槽进行机加工修复。此方案没有质保，但车主同意接受本方案。

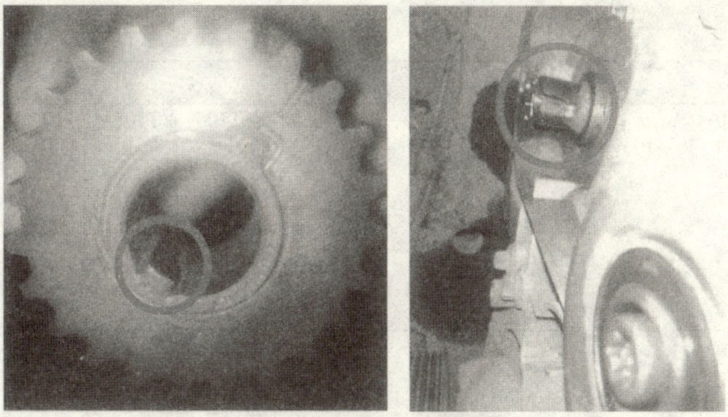

图 6-109 正时齿轮和曲轴上的花键槽被磨损

车辆修复竣工清除故障码后，进行路试车辆各功能使用正常，路试结束后电脑检测无故障码，发动机数据流显示无异常，故障彻底排除。

3. 维修小结

在对故障车辆进行诊断时，往往是人为的故障最难诊断，因其没有规律可循。只能凭借对故障元件的测量和对数据的分析进行判断。在维修后不禁要思考，曲轴和正时齿轮为什么花键会磨损呢？这个问题不难分析，由于在更换正时皮带时曲轴皮带轮没有对准花键槽便被安装上了，再加上螺钉没有紧到规定的力矩，行驶里程稍长便导致了元件的异常磨损和变形。这是一个由路边修理厂的修理工制造的故障，建议广大车主尽量多选择去正规的 4S 店进行维修和保养，千万不要等故障解决不了再来 4S 店维修，到时候花费高昂的维修费用就得不偿失了。

二十五、2016 款奥迪 A4L 启动后熄火

1. 故障现象

一辆 2016 款奥迪 A4L 轿车，装备 CUJ 型发动机，行驶里程为 59600km。发动机启动后故障灯点亮，随后发动机熄火。重新启动，发动机正常运行较短时间后，出现明显抖动并再次熄火。

2. 故障诊断与排除

接车后试车，故障属实。启动发动机，当水温升到 99℃时，车辆开始出现明显抖动，随后熄火。期间，水温上升得非常快，几乎达到了 1s 上升 1℃的速度。

首先连接诊断电脑 ODIS 查询故障码，“01 发动机电控系统”中存储有下述故障代码：

(1) 传感器参考电压“A”过低，静态；

(2) 节气门电位计不可信信号，静态；

(3) 由于接受到错误数值功能受限，静态；

(4) 发动机冷却装置不足够，静态。

结合故障现象和故障码分析，导致发动机抖动最可能的原因是节气门故障。拆检节气门和插头线路，未发现有异常，拔下插头后也未发现有异常，怀疑是节气门故障。于是调换节气门，但故障未发生改变，说明节气门是正常的，故障可能与参考电压过低有关。

查询资料得知，发动机电脑的某个端子给几个特定的传感器提供电压，这个电压被称为参考电压。参考电压是发动机电脑程序设计好的模拟电压，一般为 5V。参考电压分为两种：参考电压 J 和参考电压 B。此车的传感器电压 A 分配给 A35（T105/35）、A54（T105/54）、B32（T91/32）和 B33（T91/33）等端子。查询相关电路图，如图 6-110 和图 6-111 所示。

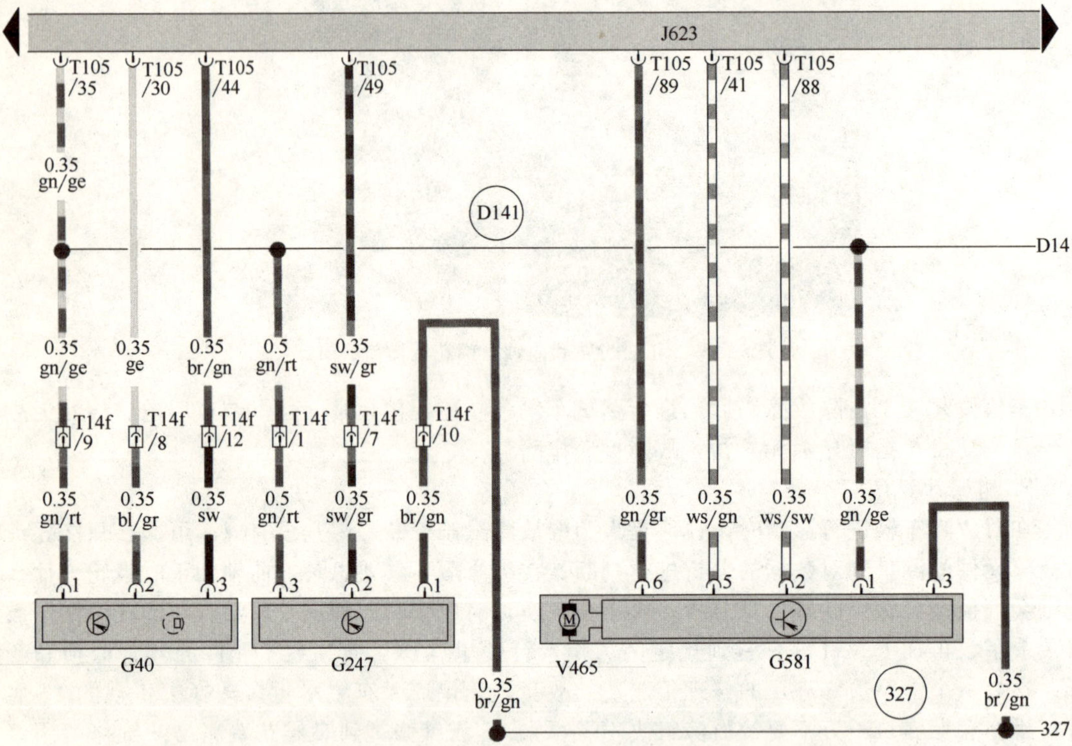

图 6-110 发动机控制单元电路图 1

J623—发动机控制单元；G40—霍尔传感器；G247—燃油压力传感器；G581 和 V465—增压压力调节器总成；D141—参考电压供电 5V

由图 6-110、图 6-111 所示发动机控制单元电路图得知，其中 A35（T105/35）端子为以下传感器提供参考电压：发动机转速传感器 G28、进气温度传感器 G42、进气管压力传感器 G71 和发动机温度调节执行元件 N493。A54（T105/54）端子为节气门控制单元 J338 的 T6/2 端子提供参考电压，T6/2 端子即为电位计传感器 1 和 2 的供电端子。A35 和 A54 是电脑程序设计好的参考电压 A。因此，怀疑是以上部件中某一个内部出现了短路现象，致使参考电压降低，从而导致节气门的供电电压不足，而无法正常工作。

测量节气门插头 T6/2 的供电电压为 1.8V，正常应为 5V 左右，说明供电电压过低，依次拔下电路图中涉及的传感器插头，并再次测量节气门处供电电压，当拔下发动机温度调节执行元件 N493 时，节气门端子 T6/2 的电压变为了 5.0V，参考电压恢复正常，此时启动发动机，运行平稳，因此说明是温度调节执行元件 N493 出现了问题。分解执行元件 N493（图 6-112），发现其内部渗入了冷却液，元件已被腐蚀。

断开 N493 插头并读取故障码，“01 发动机控制单元”记录的故障码由之前的四个，变成了以下两个：

（1）冷却液旁通阀启动，断路，静态；

（2）冷却液不足显示传感器，电气故障，静态。

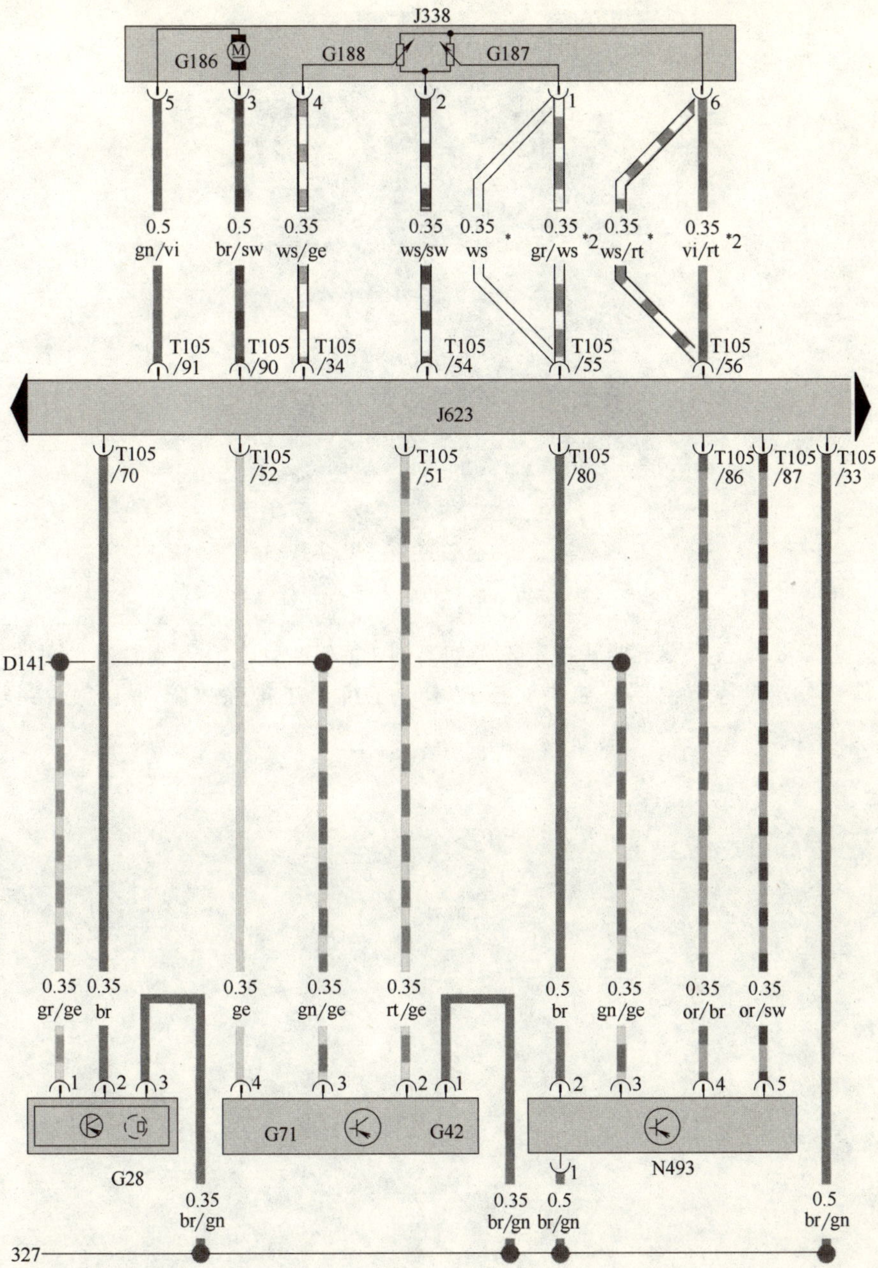

图 6-111　发动机控制单元电路图 2

G28—发动机转速传感器；G42—进气温度传感器；G71—进气管压力传感器；J338—节气门总成；N493—发动机温度调节执行元件；327—接地；D141—参考电压供电 5V

由于温度调节执行元件 N493 和水泵为一整体，只好整体进行更换。重新订购一个 N493 和水泵总成，测量 1、2 端子电阻为 48Ω，装车试车，一切正常。

3. 维修小结

该车由于 N493 内部短路，拉低了参考电压 A 的供电电压，导致众多执行器和传感器无法正常工作，其中包括发动机转速传感器，因此发动机出现熄火故障。遇到电路方面的故障一定要站在全局的高度来考虑问题，如果局限在故障本身或只按照故障码提示，则容易被引入歧途。

图 6-112　被拆解的温度调节执行元件 N493

另外，也需要注意学习车辆新技术，例如奥迪 B9 车型就取消了节温器，而使用温度调节执行元件 N493 代替节温器，如果对该技术不了解，在排除故障时也会遇到障碍而走弯路。

参考文献

[1] 钟利兰. 汽车维修必备技能——汽车故障诊断方法及应用实例. 北京：化学工业出版社，2013.

[2] 王胜年. 汽车故障诊断技术. 上海：同济大学出版社，2012.

[3] 孙志刚，董大伟. 汽车故障诊断与排除. 第2版. 北京：北京理工大学出版社，2016.

[4] 张钱斌. 汽车故障诊断技术. 北京：人民邮电出版社，2010.

[5] 周华新. 汽车故障诊断与排除方法. 北京：中国水利水电出版社，2015.

[6] 刘艳莉. 汽车故障诊断思路与排除方法. 北京：人民邮电出版社，2013.

[7] 张能武，杨光明. 汽车故障检测诊断基础与实例. 北京：化学工业出版社，2017.

[8] 嵇伟. 汽车故障诊断与典型案例分析. 北京：机械工业出版社，2011.

[9] 周乐山. 汽车故障诊断与排除. 南京：江苏教育出版社，2013.

[10] 闫光辉. 汽车检测与故障诊断技术. 北京：人民交通出版社，2017.